Rauscher (Hrsg.)
Wider den Rassismus

Wider den Rassismus

Entwurf einer nicht erschienenen Enzyklika (1938)

Texte aus dem Nachlaß von Gustav Gundlach SJ

Herausgegeben, eingeleitet und kommentiert von
ANTON RAUSCHER

2001

FERDINAND SCHÖNINGH
Paderborn – München – Wien – Zürich

Die Deutsche Bibliothek – CIP-Einheitsaufnahme

Gundlach, Gustav:
Wider den Rassismus: Entwurf einer nicht erschienenen Enzyklika (1938);
Texte aus dem Nachlaß von Gustav Gundlach SJ / hrsg. Anton Rauscher.
Paderborn; München; Wien; Zürich: Schöningh, 2001
ISBN 3-506-77022-5

Umschlaggestaltung: INNOVA GmbH, D-33178 Borchen

Gedruckt auf umweltfreundlichem, chlorfrei gebleichtem
und alterungsbeständigem Papier ⊗ ISO 9706

2., unveränd. Auflage

© 2001 Ferdinand Schöningh, Paderborn
(Verlag Ferdinand Schöningh, Jühenplatz 1, D-33098 Paderborn)

Internet: www.schoeningh.de

Alle Rechte vorbehalten. Dieses Werk sowie einzelne Teile sind urheberrechtlich
geschützt.

Jede Verwertung in anderen als den gesetzlich zugelassenen Fällen ist ohne vorherige
schriftliche Zustimmung des Verlages nicht zulässig.

Printed in Germany. Herstellung: Ferdinand Schöningh, Paderborn.

ISBN 3-506-77022-5

Inhalt

Vorwort 7

Anton Rauscher
Einführung in den Text-Entwurf
für eine Enzyklika „Societatis Unio" 11

   Die Aktenlage 11
   Warum erfolgt die Veröffentlichung erst jetzt? 15
   Der Auftrag des Papstes an John LaFarge 19
   Die Entstehung der Texte 24
   Die Urfassung und die Übersetzungen 27
   Abweichungen in den Texten 31
   Verschiedene Positionen im letzten Teil 32
   Das Problem des Antijudaismus 34
   Wurden die Texte „unterschlagen"? 41
   Katholischer Antikommunismus? 47
   Das „Schweigen" Pius' XII. 51
   Zum Stellenwert des Kapitels über den Rassismus 58

Gustav Gundlach S.J.
Einleitende und erläuternde Bemerkungen zur Vorlage
des Textes einer Enzyklika „Societatis Unio" 64

Gustav Gundlach S.J.
Die Gliederung des Text-Entwurfs 67

Gustav Gundlach S.J.
Der Entwurf einer Enzyklika „Societatis Unio" (1938) 76

Anton Rauscher
Gegenüberstellung der bezifferten Abschnitte in der
deutschen und in der französischen Fassung 168

Gustav Gundlach S.J.
Sechs Briefe an P. LaFarge in der Zeit von
Oktober 1938 bis Mai 1940 171

Gustav Gundlach S.J.
Was ist politischer Katholizismus?
(1. April 1938) 188

Gustav Gundlach S.J.
Meine Bestimmung zur Sozialwissenschaft
(23. Februar 1962) 192

VORWORT

Gustav Gundlach SJ, der maßgeblich zur Begründung, Vertiefung und Ausgestaltung der katholischen Soziallehre beitrug, ist am 23. Juni 1963 im Franziskus-Krankenhaus in Mönchengladbach gestorben[1]. Nach seiner Emeritierung in Rom, wo er von 1934 bis 1962 die Professur für Sozialphilosophie und Sozialethik an der Päpstlichen Universität Gregoriana innehatte, kam er im November 1962 nach Mönchengladbach, um die von den deutschen Bischöfen errichtete „Katholische Sozialwissenschaftliche Zentralstelle" aufzubauen.

Der Nachlaß Gundlach umfaßt eine Reihe von bisher nicht veröffentlichten Manuskripten, einige wenige Briefe und Schriftstücke sowie persönliche Erinnerungen[2]. Obwohl er in den römischen Jahren eine ausgedehnte Korrespondenz mit einflußreichen Persönlichkeiten aus Kirche, Politik und Gesellschaft unterhielt, sind im Nachlaß nur wenige Schriftstücke erhalten geblieben. Dies ist bedauerlich, nicht zuletzt im Hinblick auf den intensiven Briefwechsel, den er mit seinem Ordensbruder Oswald von Nell-Breuning SJ in Frankfurt/St. Georgen über aktuelle ordnungspolitische Fragen in Wirtschaft und Gesellschaft führte.

Der Nachlaß enthält allerdings einige Dokumente von großer Bedeutung, über die Gundlach mit niemandem gesprochen hat. Dazu gehört eine Art Selbstbiographie mit dem Titel „Meine Bestimmung zur Sozialwissenschaft". Sie trägt den Vermerk: Rom, 23. Februar 1962. Das Manuskript ist gegen Ende des Wintersemesters

---

[1] Vgl. Anton Rauscher: Gustav Gundlach (1892–1963), in: Zeitgeschichte in Lebensbildern. Aus dem deutschen Katholizismus des 20. Jahrhunderts, hrsg. v. Rudolf Morsey, Bd. 2, Mainz 1975, 159–176.

[2] Johannes Schwarte: Gustav Gundlach S.J. (1892–1963). Maßgeblicher Repräsentant der katholischen Soziallehre während der Pontifikate Pius' XI. und Pius' XII., München–Paderborn–Wien 1975, 627ff.

1961/62, im letzten Jahr, in dem Gundlach an der Gregoriana lehrte, abgefaßt worden. Das Manuskript sollte nach dem Tode seinem Ordensobern, dem Provinzial der damals noch existierenden Ostdeutschen Provinz des Jesuitenordens in Berlin, zugeleitet werden. Dies ist auch geschehen. Allerdings kam es, aus welchen Gründen auch immer, nicht zur Veröffentlichung des Manuskripts, obwohl der originell geschriebene Rückblick auf wichtige Stationen in seinem Leben nicht nur das Interesse der Historiker gefunden hätte. Unter diesen Umständen lag es nahe, einigen Personen, die mit Gundlach befreundet waren, Einblick in das Selbstbildnis zu geben. Das Manuskript, das über so manche Details und Zusammenhänge, auch über Hintergründe und Einschätzungen von Personen und Ereignissen Aufschluß gibt, ist in diesen Band aufgenommen.

Der Nachlaß Gundlach enthält auch Angaben über eine Arbeitsgruppe, die sich auf Veranlassung Papst Pius' XII. während des Heiligen Jahres 1950 in mehreren Sitzungen mit Fragen der Vorbereitung eines Konzils befaßte. Damit knüpfte der Papst an Überlegungen an, die ihn schon seit Beginn seines Pontifikats im Jahre 1939 bewegten. Sollte das Vatikanische Konzil, das 1870 abgebrochen werden mußte, fortgeführt werden, um den Kurs der Kirche in den Auseinandersetzungen mit den großen weltanschaulichen und sozialen Fragen der Gegenwart neu zu bestimmen? Da dieser ganze Komplex noch im Vatikanischen Archiv schlummert, ist es zur Zeit noch nicht möglich, diesen Teil des Nachlasses der Öffentlichkeit zugänglich zu machen.

Das wohl wichtigste Dokument im Nachlaß Gundlach ist der in deutscher Sprache abgefaßte Entwurf für eine Enzyklika Pius' XI. gegen Nationalismus und Rassismus. Beigefügt sind drei Seiten „Einleitende und erläuternde Bemerkungen zur Vorlage des Textes einer Enzyklika ‚Societatis Unio'", die von Gundlach selbst auf seiner Schreibmaschine geschrieben sind. Außerdem fand sich im Nachlaß eine elf Seiten umfassende Gliederung des Text-Entwurfs mit Überschriften, und zwar sowohl zu den großen Kapiteln als auch zu den einzelnen Abschnitten, wobei die Nummern im Text den dazugehörigen Überschriften in der Gliederung in Klammern beigefügt sind. Diese Gliederung ist deshalb von Bedeutung, weil sie die von Gundlach beabsichtigte Systematik des Entwurfs der Enzyklika von Anfang bis zum Schluß erkennen läßt. Die genannten einleitenden Bemerkungen, die Gliederung und der Text selbst werden in dem vorliegenden Band erstmals veröffentlicht.

In den Band wurden auch sechs Briefe von Gustav Gundlach an John LaFarge aufgenommen, die nach Beendigung der Arbeiten am Text-Entwurf für eine Enzyklika in dem Zeitraum vom 16. Oktober 1938 bis 30. Mai 1940 geschrieben wurden. Die Briefe befinden sich im Nachlaß von John LaFarge, der heute im Archiv der Georgetown-Universität in Washington liegt. Bereits Johannes Schwarte hat Teile aus diesen Briefen veröffentlicht[3]; desgleichen wurden sie in dem von Georges Passelecq und Bernard Suchecky verfaßten Buch „Die unterschlagene Enzyklika. Der Vatikan und die Judenverfolgung"[4] abgedruckt. Wenn diese Briefe Gundlachs erneut vorgelegt werden, dann geschieht dies aus zwei Gründen. Erstens geben sie Aufschluß über die Abfassung der Text-Entwürfe und ihre Einordnung. Zweitens sind sie eine zeitgeschichtlich höchst ergiebige Quelle dafür, wie P. Gundlach die Lage und die Entwicklungen in Kirche und Politik beurteilte.

Auch das „Vortragsmanuskript" Gundlachs, das am 1. April 1938 im Radio Vatikan verlesen wurde, ist für die Frage, ob die katholische Kirche in der sich zuspitzenden Situation im Frühjahr 1938 „geschwiegen" hat, von Bedeutung. Gundlach nahm die beschämende Haltung der österreichischen Bischöfe beim Einmarsch Hitlers zum Anlaß, die Ideologie und die totalitäre Herrschaft des Nationalsozialismus anzuklagen, auch wenn er dadurch zur „persona non grata" wurde und die Gestapo Pläne schmiedete, ihn bei seinem nächsten Aufenthalt in Deutschland zu verhaften.

---

[3] Johannes Schwarte, a.a.O., 81–87.
[4] Georges Passelecq/Bernard Suchecky: Die unterschlagene Enzyklika. Der Vatikan und die Judenverfolgung. Aus dem Französischen von Markus Sedlaczek, München–Wien 1997 (Titel der Originalausgabe: L'encyclique cachée de Pie XI. Une occasion manquée de L'Église face à l'antisémitisme. Préface de Émile Poulat, Paris 1995). Das Buch wird im folgenden zitiert: Passelecq/Suchecky.

Wenn die genannten Dokumente aus dem Nachlaß Gundlach erst 37 Jahre nach dem Tode des hochangesehenen Jesuiten der Öffentlichkeit zugänglich gemacht werden, so ist dies auf verschiedene Gründe zurückzuführen, die in der Einführung zum Text-Entwurf für eine Enzyklika dargelegt werden. Die neu entfachte Diskussion über die Rolle, die der Vatikan zur Judenverfolgung durch den Nationalsozialismus einnahm, bietet die Gelegenheit, mehr Licht in die damaligen Vorgänge zu bringen und Mutmaßungen, Verdächtigungen und offenen oder auch versteckten Vorwürfen und Anklagen entgegenzutreten.

Mein Dank gebührt den Mitarbeiterinnen und Mitarbeitern der Katholischen Sozialwissenschaftlichen Zentralstelle in Mönchengladbach, die mit Interesse, Umsicht und Engagement zur Entstehung dieses Buches beigetragen haben. Dem Verlag Schöningh danke ich für die gute Zusammenarbeit.

Mönchengladbach, im November 2000   Anton Rauscher

Einführung in den Text-Entwurf
für eine Enzyklika „Societatis Unio"

von Anton Rauscher

Gundlach hatte dem Herausgeber dieses Bandes gegenüber in einem Gespräch angedeutet, daß er mit dem Entwurf einer Enzyklika befaßt war, die Papst Pius XI. gegen Nationalismus und Rassismus veröffentlichen wollte. Aber er hatte sich mit keinem Wort darüber ausgelassen, ob und inwieweit ein Text beziehungsweise Texte erarbeitet wurden, ob und in welcher Weise er persönlich in die Vorbereitungen eingeschaltet war oder nicht. Die im Nachlaß Gundlach aufgefundenen Dokumente geben ebenfalls keinerlei Aufschluß darüber, ob die Texte nach ihrer Fertigstellung im September 1938 Pius XI. oder nach dessen Tod im Februar 1939 seinem Nachfolger Pius XII. übergeben wurden und so ins Vatikanische Archiv gelangt sind. Auf eine entsprechende Anfrage an das Archiv des Generalats des Jesuitenordens in Rom erfolgte die Mitteilung, daß kein Text vorhanden sei. Dieselbe Anfrage an das Vatikanische Archiv wurde ebenfalls negativ beschieden, aber eine zurückhaltende Behandlung des entsprechenden Bestandes im Nachlaß Gundlach angeraten.

Die Aktenlage

Erst um die Jahreswende 1972/73 änderte sich die Quellenlage, als ein Journalist des „National Catholic Reporter" in den USA nach dem Tode des amerikanischen Jesuiten John LaFarge in dessen Nachlaß Texte für die Enzyklika mit dem Titel „Humani generis unitas" in englischer und französischer Fassung entdeckt hatte.[1] Fünf Abschnitte (Nr. 126 bis 130) mit den Schlußfolgerungen über den Rassismus im allgemeinen wurden in dem Wochenblatt abgedruckt. Die Nachforschungen des Journalisten hatten ergeben, daß Pius XI. anläßlich einer Audienz am 22. Juni 1938 den amerikanischen

---

[1] Passelecq/Suchecky: Kap. 1: Die Suche nach den Dokumenten, 39ff.

Jesuiten John LaFarge beauftragt hatte, einen Entwurf für die beabsichtigte Enzyklika vorzubereiten. Da sich LaFarge jedoch dieser Aufgabe nicht gewachsen fühlte, bat er den General der Jesuiten, P. Wladimir Ledóchowski, ihm zwei Mitarbeiter an die Seite zu stellen. Die Wahl fiel auf den deutschen Jesuiten Gustav Gundlach, der bereits 1930 an der Vorbereitung der Sozialenzyklika „Quadragesimo anno" beteiligt war, und den französischen Jesuiten Gustave Desbuquois, der in Paris die „Action populaire" leitete. Die drei Jesuiten erarbeiteten von Juli bis September 1938 in Paris die Texte für die beabsichtigte Enzyklika. Noch ein weiterer deutscher Jesuit, P. Heinrich Bacht, stieß mit etwas Verspätung zu der Arbeitsgruppe; er sollte für die Übersetzung ins Lateinische Sorge tragen.

Der Chefredakteur des National Catholic Reporter, Gordon Zahn, meldete sich mit einem Leitartikel zu Wort: „The Unpublished Encyclical – an Opportunity Missed". Er ließ die Vermutung anklingen, ob nicht die sofortige Veröffentlichung des Enzyklika-Entwurfs noch zu Lebzeiten Papst Pius' XI. Schlimmeres hätte verhindern und die Nationalsozialisten zum Einlenken in der Judenverfolgung hätte bewegen können.[2]

Die Artikelserie weckte die Aufmerksamkeit einflußreicher Presseorgane in Deutschland und in Europa. Um nicht eine ähnliche Polemik entstehen zu lassen, wie sie das Theaterstück Rolf Hochhuths „Der Stellvertreter" (1963) provoziert hatte, erfolgte am 5. April 1973 eine Klarstellung durch den Vatikan. Der Leiter des Vatikanischen Archivs, Burkhart Schneider SJ, stellte im L'Osservatore Romano am 5. April 1973 die soeben erschienenen Bände VI und VII der Dokumentation der Politik des Hl. Stuhles während des Zweiten Weltkrieges vor.[3] Papst Paul VI. hatte, um der Verunglimpfung Papst Pius' XII. entgegenzutreten, 1964 die Veröffentlichung der 12-bändigen Reihe veranlaßt und damit die Historiker Pierre Blet, Robert A. Graham, Angelo Martini und Burkhart Schneider

---

[2] Der Artikel erschien in der Ausgabe vom 15. Dezember 1972. Abgedruckt bei: Passelecq/Suchecky, 41, 294.

[3] Actes et Documents du Saint-Siège relatifs à la Seconde Guerre Mondiale. Édités par Pierre Blet, Robert A. Graham, Angelo Martini, Burkhart Schneider. 12 Bde. Città del Vaticano, 1965–1981.

betraut. In seinem Artikel „La Santa Sede e le vittime della guerra" (Der Hl. Stuhl und die Opfer des Krieges)[4] kommt Burkhart Schneider auch auf die nicht erschienene Enzyklika Papst Pius' XI. zu sprechen, und zwar unter der Zwischenüberschrift: „Una enciclica mancata" (Eine fehlende Enzyklika). Im Auftrag Pius' XI. hätten die Jesuitenpatres Desbuquois, Gundlach und LaFarge im Sommer 1938 im Auftrag des Papstes in Paris an der Vorbereitung eines Dokuments gearbeitet, das die christliche Lehre über die Einheit des Menschengechlechts gegen alle Rassenideologien darlegen sollte. „Humani generis unitas" war der in Aussicht genommene Titel. „Das Ergebnis der Arbeit war ein Text von über hundert eng beschriebenen Schreibmaschinenseiten, die in einem spekulativ-theoretischen und etwas schwerfälligen Stil geschrieben sind und mehr die Feder des P. Gundlach als die des P. LaFarge verraten. Es existieren von diesem Text drei verschiedene Fassungen (französisch, englisch und deutsch), die nicht immer miteinander übereinstimmen. Diese Texte, die Ende 1938 oder Anfang 1939 von dem damaligen Generalobern des Jesuitenordens, W. Ledóchowski, an Papst Pius XI. weitergegeben wurden, können nicht als ein eigentliches päpstliches Dokument angesehen werden, sondern höchstens als Entwurf, der noch vieler Korrekturen und Veränderungen bedurft hätte, damit aus ihm eine Enzyklika geworden wäre."

Damit war freilich noch nicht geklärt, ob sich eine oder verschiedene Fassungen im Vatikanischen Archiv befinden und wie die Rechtslage für eine Publikation ist. Georges Passelecq, Benediktiner der Abtei Maredsous bei Namur in Belgien, war an der Klärung der Sachlage interessiert, zumal seiner Familie in der Zeit der deutschen Besatzung schweres Leid zugefügt worden war. Als Sekretär der Belgischen Nationalen Katholischen Kommission für die Beziehungen mit dem Judentum, die er seit 1969 betreute, stellte er eigene Nachforschungen nach dem Text-Entwurf und seiner Entstehungs-

---

[4] Burkhart Schneider, in: L'Osservatore Romano vom 5. April 1973. – Vgl. auch L'Osservatore Romano (deutsche Ausgabe) vom 20. April 1973, 7 und 10.

geschichte an. Zunächst allerdings vergeblich.[5] Erst 1987 schienen sich die Nebel zu lichten. 1986 lernte Passelecq in Brüssel den jüdischen Soziologen Bernard Suchecky kennen, der im Kontext der Debatten um das Karmelitinnenkloster in Auschwitz und der Seligsprechung Edith Steins im April 1987 bei der Durchsicht verschiedener Akten in der Bibliothek des „American Jewish Committee" in New York auf einen Artikel des holländischen Jesuiten Johannes H. Nota aus dem Jahre 1974 gestoßen war. Der Artikel trug die Überschrift „Edith Stein und der Entwurf für eine Enzyklika gegen Rassismus und Antisemitismus".[6] Die deutsche Philosophin hatte im Jahre 1933 versucht, eine Privataudienz bei Pius XI. zu erhalten, um ihn davon zu überzeugen, er solle eine Enzyklika verfassen und den Antisemitismus verurteilen. Bei der Suche nach diesem Brief erfuhr Nota von der Existenz eines Entwurfs für eine Enzyklika gegen Rassismus und Antisemitismus. Allerdings war es ihm nicht gelungen, außer den im National Catholic Reporter veröffentlichten Fragmenten an den vollständigen Text zu gelangen. Immerhin fand er heraus, daß vier Fassungen des Textes existieren sollen: eine englische, eine deutsche, eine französische und eine lateinische. Er äußerte die Vermutung, daß die Patres Gundlach, LaFarge und Desbuquois gemeinsam an dem Text gearbeitet hätten.

Die Hoffnung P. Notas, über die Dissertation, die der Jesuit Eduard Stanton über Pater LaFarge im Boston College angefertigt hatte, an den englischen Text-Entwurf heranzukommen, erfüllte sich nur zu einem Teil. Während im National Catholic Reporter die Abschnitte des englischen Textes mit den Nummern 126 bis 130 publiziert waren, fand Nota weitere 15 Schreibmaschinenseiten mit

---

[5] Passelecq/Suchecky, 44–47.
[6] Der Artikel erschien im „Freiburger Rundbrief" 1974 (35–41), einer Zeitschrift, die sich den jüdisch-christlichen Beziehungen widmet. Der Artikel ist ebenfalls abgedruckt in: „Internationale katholische Zeitschrift" Nr. 5, 1976, 154–166. – Manches spricht für die Vermutung, wonach bereits die Enzyklika „Mit brennender Sorge" vom 14. März 1937 auf die Initiative Edith Steins zurükzuführen sei: Ulrike Hörster-Philipps, Joseph Wirth 1879–1956. Eine politische Biographie, Paderborn, München, Wien, Zürich 1998, S. 499.

den Nummern 131 bis 152. Stanton behauptete zwar, aus den Papieren LaFarges einen französischen und zwei englische Texte des Enzyklika-Entwurfs eingesehen zu haben, aber er gab „nirgendwo klare Auskunft darüber, wo diese Papiere aufbewahrt werden oder wie er an sie herankam".[7]

Unter diesen Umständen gewannen Passelecq und Suchecky den Eindruck, daß dem fehlenden deutschen Text eine Schlüsselrolle zukomme. Fündig wurden sie beim Studium der 1975 erschienenen Dissertation von Johannes Schwarte über Gustav Gundlach. Sie enthält das Kapitel: „Der Entwurf einer Enzyklika ‚Societatis Unio' gegen den Rassismus im Auftrage Pius' XI." Als seine Quellen berief sich der Verfasser einerseits auf das Jesuitenseminar in Woodstock (New York, USA) – Th. Breslin habe ihm sämtliches Material im Nachlaß LaFarges per Mikrofilm zur Verfügung gestellt –, andererseits auf den Text im Nachlaß Gundlach.

Parallel dazu durchgeführte Nachforschungen waren erfolgreich: Bernard Suchecky machte Thomas Breslin in Florida ausfindig und erhielt von ihm die Kopie des Mikrofilms, der sämtliche Dokumente enthielt, die er 1967 im Archiv LaFarge gefunden hatte. Weitere Kopien des Mikrofilms hatte er 1972 dem National Catholic Reporter und ein Jahr später Johannes Schwarte überlassen. Allerdings: Entgegen den Erwartungen war der deutsche Text des Entwurfs nicht auf dem Mikrofilm enthalten.

Warum erfolgt die Veröffentlichung erst jetzt?

Im November 1988 wandte sich Suchecky an die Katholische Sozialwissenschaftliche Zentralstelle in Mönchengladbach. Postwendend erhielt er die Antwort, daß der deutsche Text im Nachlaß Gundlach vorhanden sei. Er möge sich wegen einer Kopie des Textes an den zuständigen Jesuiten-Provinzial in Köln, P. Alfons Höfer, wenden. Dieser antwortete ihm am 10. Januar 1989, daß es sich aus den Unterlagen des Archivs nicht exakt klären lasse, „ob die Rechte für die von P. Gundlach seinerzeit verfaßte deutsche Version der geplanten Enzyklika ‚Societatis Unio' bei der

---

[7] Passelecq/Suchecky, 53.

norddeutschen Provinz liegen". Von seiner Seite bestehe kein Vorbehalt für eine Freigabe des Textes. Er möge sich erneut mit Pater Rauscher in Verbindung setzen. „Sollte er irgendwelche rechtlichen Bedenken haben, müßten Sie sich mit ihm auseinandersetzen".[8]

Die Anfrage Sucheckys in Mönchengladbach am 19. Mai 1989 wurde am 7. Juli dahingehend beantwortet, daß sich P. Rauscher bemühen werde, den Text im Nachlaß Gundlach im Monat August zu kopieren und ihm zuzusenden. Dies geschah nicht, weil die Auskünfte über die Rechtslage, die vom Archiv der Jesuiten in Rom erbeten wurden, nach wie vor nicht präzise waren.

Passelecq und Suchecky, die ihre Nachforschungen erst im Laufe des Jahres 1994 wieder aufnahmen, konnten am 5. August 1994 den deutschen Text des Entwurfs in Mönchengladbach einsehen und mit der von ihnen mitgebrachten französischen Fassung vergleichen. Aber es wurde ihnen nicht die Möglichkeit eingeräumt, eine Kopie zu erhalten. Zur Begründung wurde darauf hingewiesen, daß (noch) keine Klarheit darüber bestehe, ob das Vatikanische Archiv für das Dokument zuständig sei. Daß es sich bei diesem Vorbehalt nicht um eine Verhinderungstaktik handelte, geht aus dem Briefwechsel zwischen Georges Passelecq und Pater J. De Cock SJ, dem stellvertretenden Archivar des römischen Archivs der Jesuiten, hervor. In einem Brief vom 22. August 1994 berichtete Passelecq, er sei im Besitz der englischen und der französischen Fassung des Enzyklika-Entwurfs sowie der fast vollständigen diesbezüglichen Korrespondenz. Die dritte Fassung bestehe aus einem von Pater Gundlach bearbeiteten Text, von dem sich ein Exemplar in der Katholischen Sozialwissenschaftlichen Zentralstelle in Mönchengladbach befinde. Eine Kopie habe nicht gemacht werden können, da das Dokument nach Pater Rauscher „Eigentum des Vatikans" sei. Es gehe darum, „die drei Fassungen, die zu drei Vierteln wörtlich identisch sind, miteinander zu vergleichen, nicht zum Zwecke einer ‚kritischen Ausgabe', sondern um mit aller Präzision die Lehrmeinung festhalten zu können, die man dem Papst zur Unterschrift vorlegen wollte". Darüber hinaus wurde die Bitte ausgesprochen,

---

[8] Der Briefwechsel ist abgedruckt: ebda., 55f.

Einsicht in die noch fehlenden Briefe zwischen den drei Verfassern und P. General Ledóchowski nehmen zu können.

Pater De Cock antwortete am 23. September 1994. Er bemerkte, daß sich im Archiv in Rom keine Kopie des deutschen Textes befinde. Wörtlich heißt es dann: „Darüber hinaus leuchtet mir ein, daß Pater Rauscher angibt, dieser Text sei Eigentum des Vatikans. Im allgemeinen richten sich unsere Archive, und speziell unser römisches Archiv, nach den Regelungen des Vatikanischen Archivs bezüglich des Zugangs zu den Dokumenten. Im Augenblick sind nur Dokumente der Zeit bis zum Januar 1922, also bis zum Tode Papst Benedikts XV., zugänglich." Das Schreiben fährt fort: „Bitte haben Sie ebenfalls Verständnis, daß die Korrespondenz zwischen Pater Ledóchowski und Pater Gundlach aus besagter Zeit noch nicht für die Forschung freigegeben ist."[9]

Bei dieser Sachlage entschlossen sich Georges Passelecq und Bernard Suchecky, auf eine weitere Klärung wichtiger Fragen zu verzichten und die Ergebnisse ihrer bisherigen Nachforschungen mit den erforderlichen Vorbehalten zu veröffentlichen. Das Buch, das mit einem zeitgeschichtlich aufschlußreichen Vorwort des bekannten Gelehrten und Intellektuellen Émile Poulat über „Papst Pius XI., die Juden und der Antisemitismus" beginnt, enthält neben dem „vollständigen Text des Entwurfs zu einer Enzyklika 'Humani generis unitas'" in französischer Sprache eine minutiöse Darstellung der Suche nach den Dokumenten, der Beauftragung John LaFarges durch den Papst und der Details über die Abfassung des Textes. Beigefügt ist auch ein Kapitel mit Mutmaßungen darüber, was mit dem fertiggestellten Entwurf in Rom geschehen ist und warum er weder von Pius XI. noch von seinem Nachfolger veröffentlicht wurde. Angefügt sind noch eine Reihe von Dokumenten, darunter sechs Briefe von Gundlach an John LaFarge nach Beendigung der gemeinsamen Arbeiten.

Leider haben die Autoren des Buches vor der Veröffentlichung in Frankreich nicht mehr den Kontakt zur Katholischen Sozialwissenschaftlichen Zentralstelle in Mönchengladbach gesucht. Dies ist vor allem deshalb zu bedauern, weil das Buch, als es 1995 in

---

[9] Ebda., 57f.

Paris erschienen war, auch auf großes Interesse in den deutschen Medien stieß und alsbald an einer deutschen Übersetzung des Buches gearbeitet wurde. Obwohl Passelecq und Suchecky den deutschen Text Gundlachs in Mönchengladbach eingesehen hatten und in einem anschließenden Gespräch die Frage erörtert wurde, ob der deutsche Text – zumindest bis zu den Nummern 130 – die Originalfassung ist, die dann ins Französische übersetzt wurde, scheuten sie nicht davor zurück, die ihnen vorliegende französische Fassung wieder ins Deutsche zurückzuübersetzen, um das Buch zwei Jahre später auch auf Deutsch herauszubringen.

Hätten die Autoren der französischen Buchausgabe die Dokumente, über die sie verfügten, offengelegt, dann hätten die Dinge besser aufeinander abgestimmt werden können. Aus Dokumenten im Nachlaß LaFarge geht nämlich hervor, daß die Texte, die in Paris entstanden sind, bereits im Frühjahr 1939 vom Jesuitengeneral freigegeben wurden und weder den Regelungen des Archivs der Jesuitenkurie noch des Vatikanischen Archivs unterliegen. Am Ostermontag – das war der 10. April 1939 – schrieb der amerikanische Assistent Maher: „Lieber Pater LaFarge, mir wurde vom Hochwürdigen Vater aufgetragen, Hochwürden mitzuteilen, daß Sie, falls Sie es wünschen, sich Ihrer jüngsten Arbeit bedienen und zu ihrer Veröffentlichung schreiten können, die natürlich der üblichen Zensur unserer Gesellschaft unterliegt.

Der Pater General legt jedoch besonderen Wert darauf, daß es nicht den geringsten Anschein des Bezuges gebe, den diese Arbeit mit dem haben könnte, was auch immer Ihnen von Seiner verstorbenen Heiligkeit aufgetragen worden war.

Ich setze Pater Gundlach von dieser Instruktion in Kenntnis und schicke ihm ebenfalls das Manuskript in deutscher Sprache zurück. Ich werde Ihnen die französische und die englische [Fassung] mit dem ersten Kurier bringen lassen, vielleicht einem jener Scholastiker aus Maryland, die auf dem Weg von Innsbruck zurück nach Woodstock hier gerade Aufenthalt machen.

Der Herr wird Sie für all Ihre Bemühungen und all die Sorgen, die diese Arbeit Ihnen bereitete, segnen, auch wenn sie nicht zu dem ursprünglich geplanten Abschluß gelangt [...]."[10]

Georges Passelecq und Bernard Suchecky haben das große Verdienst, Licht ins Dunkel der Entstehung des Entwurfs für eine Enzyklika gegen Nationalismus und Rassismus gebracht zu haben. Neben der langwierigen Suche nach den Dokumenten gehen sie in ihrem Buch den Fragen nach, wie der Auftrag des Papstes zu „Humani generis unitas" zustande kam und wie die Abfassung erfolgte.[11] Gewichtige Fragen jedoch, die für die Einordnung der Texte von Bedeutung sind, blieben offen oder wurden nicht gestellt. Die Rückübersetzung des Gundlach-Textes aus dem Französischen ins Deutsche verursacht eher Verwirrung als Klarheit.

Der Auftrag des Papstes an John LaFarge

Der Empfänger des Auftrags Pius' XI. war der amerikanische Jesuit John LaFarge (1880–1963).[12] Nach dem Erwerb des „Bachelors" in Philosophie an der Harvard University ging er nach Innsbruck, um Theologie an der den Jesuiten anvertrauten Theologischen Fakultät der staatlichen Universität zu studieren und sich im Priesterseminar auf seine seelsorgerischen Aufgaben vorzubereiten. LaFarge wurde in Österreich der deutschen Sprache in Wort und Schrift mächtig, was später in Paris dem gegenseitigen Verstehen mit Gustav Gundlach sehr zustatten kam. 1905 wurde er zum Priester geweiht und trat anschließend in den Jesuitenorden ein. Nach dem Noviziat war

---

[10] Passelecq/Suchecky, 110f. – Die Pflicht zur Geheimhaltung des ursprünglichen Auftrages war wohl der Grund, warum die Texte so lange Zeit nicht entdeckt wurden. LaFarge erwähnte im Artikel „Rassismus", den er für den erst vier Jahre nach seinem Tode erschienenen 12. Band der „New Catholic Encyclopedia" (1967) schrieb, das „Ineditum" Pius' XI. und übernahm die Abschnitte 111 bis 128 der englischen Fassung beinahe vollständig, ohne daß die Öffentlichkeit damals hellhörig geworden wäre.

[11] Vgl. Passelecq/Suchecky, 60ff. – Ohne diese Recherchen wären die Dokumente wohl erst sehr viel später veröffentlicht worden und hätten sehr wahrscheinlich nur noch ein historisches Interesse wecken können.

[12] Ebd., 60f.

er zunächst an verschiedenen Kollegien des Ordens und in der Krankenhaus- und Gefängnisseelsorge tätig. 1911 bis 1926 tat er vornehmlich in gemischt-rassigen Pfarreien im Bundesstaat Maryland Dienst, bis ihn sein Provinzial in die Redaktion der von den Jesuiten getragenen Wochenzeitschrift „America" berief.

Die Seelsorge hatte LaFarge den Blick dafür geöffnet, wie wichtig die sozialen Verhältnisse sind, in denen die Menschen leben und arbeiten. Insbesondere war er auf die Schwierigkeiten gestoßen, die das Zusammenleben von Weißen und Schwarzen im damaligen Amerika mit sich brachte. Deshalb interessierte er sich für die Sozialverkündigung der Kirche. 1931 war die Sozialenzyklika Papst Pius' XI. „Quadragesimo anno" erschienen. Intensiver beschäftigte er sich mit der Sozialenzyklika „Rerum novarum" (1891) von Papst Leo XIII., in der er „den bedeutendsten Markstein in der kirchlichen Lehre und Schlüssel für alle Probleme der Zeit" erblickte, wie er 1931 schrieb. Was ihn besonders bewegte, war die naturrechtliche Argumentation, die seinem Anliegen entgegenkam, die sozialen Verhältnisse und Probleme einzubeziehen.

1934 gründete LaFarge in New York den „Catholic Interracial Council" als „Zentrum eines Netzwerkes, in dem Schwarze und Weiße sich gemeinsam für Gerechtigkeit zwischen den Rassen als einer besonderen Form der sozialen Gerechtigkeit im allgemeinen" einsetzten. Um seine Bewegung bekannt zu machen, schrieb er 1937 ein Buch mit dem Titel „Interracial Justice". Im Vorwort heißt es: „Die Gleichstellung der Rassen ist nur ein Teil der umfassenden Aufgabe, die darin besteht, die verschiedenen Kulturen und Zivilisationen der Welt miteinander in Einklang zu bringen, um auf den wesentlichen Gebieten zu einer Zusammenarbeit und Einheit zu gelangen, ohne die Freiheit und Vielfalt des Menschen zu zerstören".

LaFarge hatte die Situation und die bestehenden Gegensätze zwischen Schwarzen und Weißen in den USA im Auge. Auch wenn er sich damals nicht ausdrücklich mit der Rassenideologie des Nationalsozialismus in Deutschland beschäftigte, so haben seine seelsorglichen Erfahrungen seinen Blick für diese Problematik geschärft.

Das Buch begann mit einigen Überlegungen über die Rasse als einen „künstlichen Begriff", einen „Mythos". Demgegenüber gehe es in der Lehre der Kirche um die Einheit des Menschengeschlechts, die in der Person und im Opfertod Christi sowie in der Kirche als dem mystischen Leib Christi ihren höchsten Ausdruck finde. Nach der breit angelegten theologischen Gedankenführung folgte auf wenigen Seiten (78 bis 83) der Bezug auf die Lehre vom Naturgesetz und von den Menschenrechten. LaFarge hatte offensichtlich die Parallelität entdeckt, die zwischen der Argumentation Leos' XIII. in „Rerum novarum" und der amerikanischen Tradition und Rechtskultur liegt, die seit der Unabhängigkeitserklärung von 1776 die Menschenrechte als ursprünglich vom Schöpfer jedem Menschen verliehene Rechte begreift. Nach der christlichen Ethik besitzen nicht nur die Individuen gleiche Grundrechte, sondern auch die verschiedenen Gruppen, die in der Gesellschaft bestehen.[13] Dieser Rückgriff auf das Naturrecht im Zusammenhang mit der Rassenfrage hat ohne Zweifel dazu beigetragen, daß zwischen LaFarge und Gundlach ein gutes Maß an Gemeinsamkeit entstehen konnte.

Den Abschluß des Buches bildete die Anwendung der Lehren der beiden Sozialenzykliken auf die Situation der Schwarzen in Amerika. Die Hauptursache für die Ungerechtigkeit sowohl zwischen den Rassen als auch auf ökonomischer, industrieller und internationaler Ebene seien die Tendenzen, die Würde der menschlichen Person dem hemmungslosen Streben nach Gewinn unterzuordnen. Dieser Entwicklung setze das Christentum nicht den Klassenkampf

---

[13] Ebd., 63. – Hier liegen die verschiedenen Ansätze und Sichtweisen der Menschenrechte und ihrer Begründung. Während die Verfassungs- und Rechtstradition in den USA davon ausgeht, daß die Menschenrechte auf Gott zurückgehen, der jeden Menschen ins Dasein ruft, setzte sich in Kontinental-Europa im Anschluß an die Französische Revolution eine Sichtweise durch, die die Menschenrechte nicht mehr in Gott begründet sah, sondern in den „Errungenschaften" der Moderne, nämlich in der völligen Autonomie des Menschen. In der katholischen Kirche blieb die Naturrechts-Tradition erhalten, die jedoch von Seiten der Gesellschaft und der Politik eher als ein Fremdkörper betrachtet wurde. Erst die Menschenrechtserklärung der UNO im Jahre 1948 – nach den furchtbaren Erfahrungen mit der Hitler-Diktatur und dem Zweiten Weltkrieg – hat mit der Qualifizierung der Menschenrechte als „unantastbar" diese Fehlentwicklung überwunden und die Verbindung sowohl zur amerikanischen Rechtstradition als auch zum christlichen Naturrechtsdenken möglich gemacht.

entgegen, der die Krankheit noch verschlimmere, sondern die Kooperation und Zusammenarbeit im Hinblick auf das Gemeinwohl.

Wie Passelecq und Suchecky darlegen, reiste LaFarge im April 1938 nach Europa, um am Eucharistischen Weltkongreß in Budapest teilzunehmen.[14] Zugleich wollte er sich ein persönliches Bild von der Entwicklung in Ungarn, in der Tschechoslowakei, in Hitler-Deutschland, im Italien Mussolinis und in dem vom Bürgerkrieg erschütterten Spanien machen. Er wollte auch Kontakt mit den von Jesuiten getragenen Zeitschriften „The Month" (London), „Études" (Paris), „L'Action populaire" (Paris), „Stimmen der Zeit" (München), „La Civiltà Cattolica" (Rom) aufnehmen. In London traf er mit dem tschechoslowakischen Gesandten, Jan Masaryk, zusammen, der ihn zum Mittagessen einlud. Er teilte LaFarge seine Befürchtungen wegen Hitler und dessen Eroberungspolitik mit. Masaryk, der 1940 Außenminister der tschechischen Exilregierung und ab 1945 Außenminister der neubegründeten Tschechoslowakei war, kam 1948 nach dem kommunistischen Staatsstreich unter ungeklärten Umständen ums Leben.

In Paris lernte LaFarge P. Gustave Desbuquois SJ kennen, mit dem er sich schon in wenigen Wochen zur gemeinsamen Arbeit wiedertreffen sollte. Auf dem Weg von Paris nach Prag und Budapest hielt sich LaFarge nur kurz in Deutschland auf. In Koblenz traf er sich mit seinem früheren Studienkollegen aus Innsbruck, Pfarrer Heinrich Chardon, der ihm die bedrückende Wirklichkeit des totalitären Regimes vermittelte. Dieses Bild war offensichtlich anders als das in Amerika damals noch vorherrschende Bild von Hitler-Deutschland. Aus heutiger Sicht ist es unbegreiflich, daß das angesehene Magazin „Time" nach den Jubelfeiern der Olympischen Spiele in Garmisch-Partenkirchen und in Berlin am 1. Januar 1937 Hitler zum „Man of the Year" küren konnte.

LaFarge traf am 5. Juni 1938 in Rom ein. Passelecq und Suchecky haben aus den verfügbaren Quellen den Hergang rekonstruiert[15], wie John LaFarge, der zunächst an einer Generalaudienz Pius' XI. in Castel Gandolfo teilgenommen hatte, am 22. Juni in

---

[14] Ebda., 65.
[15] Ebda., 70ff.

Privataudienz empfangen wurde. Vermutlich war der Papst auf das Buch „Interracial Justice" aufmerksam gemacht worden. Er ließ sich von LaFarge eine Analyse des Rassismusproblems in den Vereinigten Staaten geben und erteilte ihm den Auftrag, einen Textentwurf für eine Enzyklika zu der Thematik, die der Papst für die damals dringlichste hielt, zu erarbeiten.

Bei der einige Tage später erfolgten Unterredung mit P. General Ledóchowski, mit dem der Papst inzwischen über seine Absicht gesprochen hatte, erbat LaFarge die Unterstützung von zwei Wissenschaftlern, die ihm bei der Erarbeitung eines Entwurfs helfen sollten. LaFarge spürte wohl, daß er den Anforderungen, die an eine Enzyklika gestellt werden, nicht gewachsen war, zumal seine Stärke eher in der pastoral-praktischen Arbeit lag.[16] Die Wahl fiel auf P. Gustav Gundlach, der bei der Vorbereitung der Sozialenzyklika „Quadragesimo anno" mitgewirkt hatte, insbesondere was Inhalt und Formulierung des Subsidiaritätsprinzips betrifft, und der sich kritisch mit den großen kollektivistischen Ideologien des Nationalsozialismus und des Kommunismus auseinandersetzte.[17] Der andere Jesuit war P. Gustave Desbuquois, der die Action populaire in Frankreich im Jahre 1903 mitbegründet hatte und ihr Leiter war. Er gehörte zu dem Beraterkreis des Jesuitengenerals in sozialen Fragen. Er wurde gebeten, die Entwürfe sowohl der Enzyklika „Quadragesimo anno" (1931) als auch der Enzyklika „Divini Redemptoris" über

---

[16] Vgl. ebda., 71, und die auf S. 74 abgedruckte „Analyse des Rassismusproblems in den Vereinigten Staaten", die sich im Nachlaß LaFarges befand.

[17] Ebda., 77. – Ergänzend sei darauf hingewiesen, daß P. General Ledóchowski für die Erarbeitung eines Entwurfs für die Enzyklika „Quadragesimo anno" sich zunächst an den Moraltheologen P. Franz Hürth SJ gewandt hatte, der später ebenfalls an der Gregoriana lehrte und einer der einflußreichsten Theologen war. P. Hürth erklärte sich für nicht kompetent in sozialen Fragen der modernen Wirtschaftsgesellschaft und machte P. General auf die jüngeren Mitbrüder aufmerksam: auf P. Oswald von Nell-Breuning, der 1928 mit einer Arbeit über die Börsenmoral bei dem Moraltheologen Josef Mausbach in Münster den Doktor theol. erlangt hatte, und auf P. Gustav Gundlach, der 1927 bei Werner Sombart an der Berliner Humboldt-Universität in Nationalökonomie promoviert hatte.

den atheistischen Kommunismus (1937) kritisch durchzusehen und Verbesserungsvorschläge zu machen.

Die Entstehung der Texte

In den ersten Junitagen 1938 machten sich die drei Jesuiten im Haus der Études in Paris an die Arbeit. Aus dem Briefwechsel zwischen P. LaFarge und P. General Ledóchowski sowie einigen amerikanischen Jesuiten geht hervor, daß LaFarge, der die Geheimhaltungspflicht hinsichtlich seines Auftrages anfangs nicht sehr genau nahm und deshalb von P. General eine Ermahnung erhielt, ziemlich unklare Vorstellungen über die Mühen und Anstrengungen hatte, die die Erarbeitung des Entwurfs für eine Enzyklika mit sich brachte. Er ging zunächst davon aus, daß die Arbeit etwa einen Monat in Anspruch nehmen und er am 20. August nach Amerika zurückkehren würde. „Mir scheint", heißt es in der Antwort P. Generals vom 17. Juli, „daß das nicht möglich sein wird. Sie haben zwar keine wissenschaftliche Arbeit zu vollbringen, das Thema ist aber dennoch derart heikel, daß jede Position von verschiedenen Experten untersucht werden muß. Darüber hinaus wird man dem Ganzen die gewünschte Form geben müssen, was gar nicht so einfach ist: experto crede! ... Die Formulierung der Sätze und das Ganze wird der Geisteshaltung des Unterzeichnenden entsprechen müssen. All diese Dinge können nicht in einem Monat erledigt werden, und außerdem ist es nicht angebracht, daß Sie abreisen, bevor die Arbeit vollendet ist."[18]

Das Antwortschreiben des P. General läßt erkennen, daß LaFarge „keine wissenschaftliche Arbeit zu vollbringen" hatte. Er hatte zwar den päpstlichen Auftrag empfangen, aber seine Mitwirkung erstreckte sich mehr auf das Einbringen seiner Erfahrungen, die er während seiner Tätigkeit in Maryland gesammelt hatte und die ihren Niederschlag in seinem Buch „Interracial Justice" (1937) gefunden hatten. Dies schließt keineswegs aus, daß LaFarge die Zusammenfassung seines Buches, die er Pius XI. vorgetragen hatte, zu Beginn der Arbeit P. Gundlach und P. Desbuquois zur Kenntnis

---

[18] Abgedruckt bei Passelecq/Suchecky, 91f.

brachte und diese Überlegungen auch später in die Beratungen und Redaktionskonferenzen einbrachte. Aber damit ist wohl auch die Grenze dessen erreicht, was LaFarge zum Enzyklika-Entwurf beisteuerte.[19]

Wer aber hat die Verfasserarbeit des Text-Entwurfs geleistet? Gibt es sozusagen einen Urtext und wurde er in Französisch oder in Deutsch verfaßt und in die jeweils anderen Sprachen übersetzt? Was diese Fragen betrifft, so gibt ein Brief von P. Heinrich Bacht SJ an Johannes Schwarte vom 5. März 1973 Aufschluß. Auf dessen Anfrage schrieb er ihm: „Nach meiner Erinnerung hat die ganze Verfasserarbeit bei P. Gundlach gelegen, schon deshalb, weil der gute P. LaFarge absolut kein ‚Intellektueller' war, dem solch eine Arbeit lag. Das war ja auch der Grund gewesen, weshalb er nach Erhalt des für ihn völlig unerwarteten Auftrages zu Pater Ledóchowski ging und ihm seine schwierige Situation darlegte. P. LaFarge war natürlich bei unseren ‚Redaktionsbesprechungen' dabei. Aber seine wichtigste Aufgabe war, wenn ich mich recht erinnere, für das rechte Arbeitsklima zu sorgen, etwa dadurch, daß er P. Gundlach und mich gelegentlich ausführte. Damit soll nicht bestritten werden, daß er aus seiner Sozialarbeit unter den Farbigen in den USA wertvolle Sachinformationen beisteuerte. Aber die sozialphilosophischen Höhenflüge von P. Gundlach waren nicht ‚seine Sache'".[20] Diese Auskunft deckt sich mit der Aussage des P. General vom 17. Juli 1938, wonach P. LaFarge „keine wissenschaftliche Arbeit zu vollbringen" hatte.

In einem weiteren Brief des P. General an LaFarge vom 22. Juli heißt es: „Ich bin voll und ganz mit Ihrem Arbeitsprogramm einverstanden und zweifle nicht, daß Pater Desbuquois Ihnen eine große Hilfe sein wird." LaFarge hatte wohl dem P. General dargelegt, wie

---

[19] Passelecq und Suchecky haben die Äußerung des P. General zu wenig berücksichtigt: a.a.O., 189–192. Dies bezieht sich besonders auf die Meinung, daß nur der erste Teil des Entwurf-Textes „die Übersetzung eines anderen, früheren und wahrscheinlich auf französisch (oder deutsch?) verfaßten Textes ist" und die Richtung der Übersetzung bei den letzten beiden Teilen sich umzukehren scheine, und zwar so, daß diese zunächst auf Englisch abgefaßt und anschließend ins Französische übersetzt wurden: a.a.O., 190.

[20] Johannes Schwarte, a.a.O., 78.

er seine Mitwirkung an der Entstehung des Textes verstand. Dabei dürfte er auch die Zusammenarbeit mit P. Desbuquois erwähnt haben, der ihm in seiner praktisch-pastoralen Grundhaltung näherstand als P. Gundlach. Übrigens scheint P. Ledóchowski des ständigen Drängens von LaFarge, möglichst rasch wieder nach Amerika zurückkehren zu können, überdrüssig geworden zu sein. Am 31. August schrieb er an LaFarge: „... Ich hoffe, daß Sie vielleicht schneller als Sie denken, nach Amerika zurückkehren können. Kommen Sie nicht nach Rom, bevor Sie nicht einen weiteren Brief von mir erhalten haben ...". Einen Tag später – P. General hatte inzwischen wohl mit dem Papst gesprochen – folgte ein weiterer Brief: „Eine gute Nachricht! Ich bin ermächtigt, Ihnen mitzuteilen, daß Sie unmittelbar nach Beendigung Ihrer Arbeit nach Amerika zurückkehren können. Haben Sie bitte die Freundlichkeit, Ihre Arbeit Pater Desbuquois anzuvertrauen und ihn zu bitten, daß er sie mir auf sicherem Wege schicke ...".[21] Offenbar genoß P. Desbuquois das besondere Vertrauen des P. General. Auffallend ist, daß in diesem Briefwechsel P. Gundlach nicht genannt wird.

Allerdings hat die Mitteilung, er könne nach Beendigung der Arbeiten nach Amerika zurückkehren, bei P. LaFarge wohl eine Sinnesänderung bewirkt, wie aus seinem Brief an P. Talbot am 18. September hervorgeht: „Doch ich habe ihm geschrieben, daß ich mich nicht berechtigt fühle, sein Angebot anzunehmen, so verlockend es auch sein mag (denn ich denke nur noch an die Rückkehr). Ich bin überzeugt, daß es nötig ist, vor Ort zu sein, um die Hintergründe zu erklären; aus verschiedenen Quellen habe ich erfahren, daß dies wirklich nötig sei ... Hoffen wir, daß sie mich am 15. Oktober abreisen lassen".[22] Zu den „verschiedenen Quellen" dürfte wohl P. Gundlach gehört haben, der mit den römischen Verhältnissen vertraut war und der darauf pochte, daß derjenige, der den päpstlichen Auftrag erhalten hatte, auch persönlich den erarbeiteten Text zu vertreten habe. Im übrigen dürfte es in Paris zu einer Annäherung zwischen P. Gundlach und P LaFarge gekommen sein, weil sonst der Briefwechsel zwischen den beiden, den es nach Been-

---

[21] Die Briefe des P. General sind abgedruckt bei Passelecq/Suchecky, 95.
[22] Brief an P. Talbot in USA am 18. September, ebda., 96.

digung der gemeinsamen Arbeit gegeben hat, schwer verstehbar wäre. Demgegenüber finden sich im Nachlaß LaFarge keine Briefe von P. Desbuquois.

Die Urfassung und die Übersetzungen

Das, was P. Bacht über die Urheberschaft berichtet, wird durch die textkritische Analyse der Dokumente aus dem Nachlaß Gundlachs voll bestätigt. Da sind zunächst die drei Seiten umfassenden „Einleitende und erläuternde Bemerkungen zur Vorlage des Textes einer Enzyklika ‚Societatis Unio'". Im Unterschied zum Text selbst, der in Reinschrift vorliegt, sind diese drei Seiten wohl erst nach Abschluß der Arbeiten von Gundlach selbst auf seiner Schreibmaschine getippt worden. Schreibfehler sind korrigiert, Änderungen und Einfügungen zum Teil mit der Hand vorgenommen worden. Die einleitenden und erläuternden Bemerkungen, die nicht in französischer oder englischer Übersetzung vorliegen, wollen begründen, warum der Auftrag „zu einer Enzyklika über die Fragen des Nationalismus und Rassismus" dahingehend verstanden und ausgeführt wurde, diese Fragen „in einem breiteren und tieferen Zusammenhang zu behandeln und, wenn auch nicht ohne Rücksicht auf den Tageskampf, so doch in einer mehr wissenschaftlich begründenden Weise zu betrachten". Dafür werden „außerkirchliche" und „innerkirchliche" Gründe angeführt, sowie „Gründe aus der Sache selbst". Dabei taucht auch ein von P. Gundlach stets vertretenes Anliegen auf, nämlich der Vernachlässigung der natürlichen Erkenntnis, vor allem der „Normen der Sozialethik und des Naturrechts" entgegenzutreten. „Demgegenüber soll die Enzyklika zeigen, daß ohne diese Normen eine umfassende und befriedigende Erörterung dringender gesellschaftlicher Fragen nicht möglich und vom katholischen Standpunkt aus auch nicht richtig ist". In den Bemerkungen wird ein Titel vorgeschlagen, der von den ursprünglichen Überlegungen abweicht. Die Enzyklika soll nicht mit den Worten „Humani generis unitas" (Die Einheit des Menschengeschlechts) beginnen, sondern mit den Worten „Societatis Unio" (Die Einheit der Gesellschaft). Die Rassenideologie des Nationalsozialismus richte sich nicht nur gegen die Einheit der Menschheit, sondern ebenso, ja noch mehr gegen die Einheit des menschlichen Zusammenlebens. Durch den Begriff „Societatis Unio" soll weniger ein biologischer als ein sozialer Ansatz in das Bewußtsein gerückt werden.

Ein weiteres Argument für die Urheberschaft Gundlachs ist die umfassende Gliederung, die sich im Nachlaß Gundlach zwischen den einleitenden Bemerkungen und dem Text fand. Gundlach, der große Systematiker, entwarf eine differenzierte und in sich schlüssige Gliederung für den Text. Die 183 numerierten Abschnitte stellen ein Gefüge dar, das seinesgleichen sucht. Sehr wahrscheinlich stand am Anfang der Arbeiten in Paris ein ähnlicher Gliederungsvorschlag von Gundlach, dem LaFarge und Desbuquois im Grundsatz zugestimmt haben und der dann die Linie des Entwurfs bestimmte. Eine ganze Reihe von Begriffen wird verwandt, die dem Gundlachschen Denken eigen und in seinen frühen Veröffentlichungen zu finden sind: z. B. „mechanischer Pluralismus", mechanisch-atomisierende Auffassung des Gesellschaftslebens, „Staatlichkeit", extensive und intensive Totalität, Unterscheidung zwischen „Autorität" und „autoritär", „Begrenzung der Autorität durch die Personenwürde", „einheitstiftende Funktion", „Volkstum" usw.

Was nun den deutschen Text betrifft, so ist er bestimmt von den sozialphilosophischen und sozialethischen Erkenntnissen und Einsichten, wie sie auch in den Frühschriften Gundlachs festzustellen sind. Die „sozialphilosophischen Höhenflüge", wie P. Bacht sie nannte, durchziehen den deutschen Text. Es ist mit Sicherheit auszuschließen, daß dieser Text etwa aus der Übersetzung einer französischen oder englischen Urfassung hervorging. Ebenfalls kann man davon ausgehen, daß der deutsche Text nicht aus einer „Team-Arbeit" der drei Jesuiten zustandegekommen ist. Die Originalität des Gundlachschen Denkens, seiner Begrifflichkeit und seines Sprachstils ist vom Anfang bis zum Ende zu spüren. Das schließt nicht aus, daß in den Redaktionskonferenzen Vorschläge gemacht und Änderungen und Ergänzungen eingebracht wurden, die von Gundlach übernommen und in den Entwurf eingearbeitet wurden. Der deutsche Text ist freilich ebenso schwer zu lesen wie das gesamte Schrifttum Gundlachs. Es fehlen die sprachliche Eleganz und die Flüssigkeit. Wie sich Gundlach in seiner Autobiographie erinnert, habe auch der Sprecher von Radio Vatikan über seinen „schweren, akademischen Stil geseufzt". Dieser Hinweis bezieht sich auf den Kurzvortrag am 1. April 1938, den Gundlach verfaßte und der in diesem Buch abgedruckt ist.

Es ist schon erstaunlich, warum Passelecq und Suchecky, obwohl sie um die Sachlage wußten, die Frage der Urfassung und seines Verfassers offengelassen haben. Die Äußerung des P. General, im besonderen die Auffassungen von P. Bacht, von P. Stanton SJ und von Johannes Schwarte weisen auf P. Gundlach als den Autor der Urfassung hin. Dies deckt sich auch mit den Text-Kriterien, die hier dargelegt wurden.

Wenn Gundlach die Urfassung in deutscher Sprache erarbeitete, dann sind davon – soweit die Texte inhaltlich übereinstimmen – Übersetzungen ins Französische und Englische angefertigt worden. Es dürfte schwierig gewesen sein, den deutschen Text sinngetreu ins Französische und Englische zu übertragen. Die lateinische Fassung, zu deren Erstellung P. Bacht nach Paris gebeten worden war, ist im Nachlaß LaFarge nicht vorhanden. Sie wird auch in keinem der bisher bekannten Briefe erwähnt. Die französische Fassung ist im Buch von Passelecq und Suchecky veröffentlicht (Paris 1995; deutsch: München 1997). Im Nachlaß LaFarge findet sich auf der ersten Seite die handschriftliche Bemerkung von LaFarge: „Humani generis unitas. Pope Pius XI – The Ineditum (cf. declaration in his address quoted by Osservatore Romano, August 1938). Authentic and complete (french) text".[23] Was die englische Fassung betrifft, so ist bei Passelecq und Suchecky die Rede davon, es handele sich um „eine englische, von handschriftlichen Anmerkungen, Streichungen, Überklebungen, Verweisen, in eckige Klammern gesetzten Passagen sowie von Zusätzen, die wir LaFarge zuschreiben, übersäte Fassung". Neben dieser Fassung ist im Nachlaß LaFarge auch eine „kürzere englische Fassung" vorhanden, „die exakt dem entspricht, was von der ersten übrigbleibt, wenn man sie von den Korrekturen, von denen sie übervoll ist, befreit; diese ist wohl eine Reinschrift jener ersten Fassung"[24].

---

[23] Passelecq/Suchecky, 189.
[24] Ebda.

Passelecq und Suchecky gehen davon aus, daß es eine französische Fassung gebe, die der englischen „Kurz"-Fassung entspreche. Auch im Brief Gundlachs an LaFarge vom 16. Oktober 1938 ist die Rede davon, „daß unser Chef (sc. der General der Jesuiten) den von Ihnen (sc. LaFarge) verkürzten Text an Herrn Rosa" gegeben habe. Desgleichen spricht Pater Killeen in einem Brief an LaFarge von einer „gekürzten Fassung" des Enzyklika-Entwurfs, die P. Rosa zur Begutachtung übergeben worden sei.[25] Schließlich äußerte sich Pater Killeen in einem weiteren Brief vom 27. Oktober dahingehend, P. General habe ihn beauftragt, „eine der französischen Fassungen, die Sie (LaFarge) bei mir gelassen haben, Pater Rosa von der ‚Civiltà' zu schicken".[26] Bei der „Kurzfassung" in französischer Sprache handelt es sich sehr wahrscheinlich um die von LaFarge als „Authentic and complete (french) text" bezeichnete Fassung, die in den Ziffern 1 bis 130 den Ziffern 1 bis 170 der deutschen Fassung entspricht.[27]

Zusammenfassend kann man vermuten, daß sowohl die deutsche als auch die französische Fassung in Paris einer „minutiösen Kritik", wie sich LaFarge in einem Brief an P. Talbot am 18. September 1938 ausdrückte, von der Arbeitsgruppe unterzogen wurde.[28] Die Bemerkung von LaFarge, leider müsse das Werk „noch einmal mit der Maschine geschrieben werden, damit es vorzeigbar ist", kann sich nur auf die englische Fassung beziehen. Jedenfalls wurde der deutsche Text, bevor er zusammen mit den „einleitenden und erläuternden Bemerkungen" und mit der „Gliederung" von LaFarge nach Rom gebracht wurde, von Gundlach durchgesehen. Darauf deuten an ein paar Stellen handschriftlich vorgenommene Korrekturen hin, ebenso die handschriftliche Hinzufügung der Ziffern in der franzö-

---

[25] Für beide Briefe: Passelecq/Suchecky, 98f.
[26] Ebda., 101.
[27] Vgl. zu den vorgenommenen Kürzungen den Abschnitt „Abweichungen in den Texten" (S. 31f.) sowie die Gegenüberstellung der bezifferten Abschnitte in der deutschen und in der französischen Fassung (S. 168–170) in diesem Band.
[28] Ebda., 95.

sischen Fassung zu den Ziffern im deutschen Text im Kapitel über die Rasse und den Rassismus.[29]

Alle Texte, also der deutsche, der französische, der englische – nach erfolgter Reinschrift – und die von LaFarge besorgte verkürzte französische Fassung wurden Ende September von LaFarge dem Jesuitengeneral in Rom oder seinem Stellvertreter übergeben.[30]

Abweichungen in den Texten

Wenn alle drei Texte und die französische Kurzfassung in Rom übergeben wurden, dann dürfte dies nicht zuletzt mit den Abweichungen zusammenhängen, die zwischen dem deutschen und dem französischen Text bestehen. Der englische Text ist bisher leider nur in Teilen veröffentlicht.

Eine Abweichung betrifft den Titel beziehungsweise die Anfangsworte der Enzyklika. In seinen einleitenden Bemerkungen, die erst nach der Fertigstellung der Texte geschrieben wurden, schlug Gundlach den Titel „Societatis Unio" vor. LaFarge und die Arbeitsgruppe waren von dem Titel „Humani generis unitas" ausgegangen. Offenbar lag Gundlach sehr daran, bereits im Titel den Schwerpunkt auf die Einheit der Gesellschaft und des gesellschaftlichen Zusammenlebens zu legen. In der Tat wird damit das Bezugsfeld, in dessen Rahmen die Auseinandersetzung mit dem Nationalismus und Rassismus erfolgt, konkreter benannt. Dies wäre für den lateinischen Text der Enzyklika von Bedeutung geworden. Die Anfangsworte der deutschen und der französischen Fassung, die jetzt mit den Worten „Das menschliche Zusammenleben" beziehungsweise „L'Unité du Genre Humain" beginnen, hätten entsprechend angepaßt werden müssen.

Der Gundlach-Text ist durch eine fortlaufende Numerierung ohne Überschriften gegliedert: Nr. 1 bis Nr. 183. Die Ziffern mit

---

[29] Die Ziffern im französischen Text (111–112; 114–121; 123–125; 129–131) sind über den entsprechenden Ziffern im deutschen Text (114–170) handschriftlich eingetragen.

[30] Passelecq/Suchecky, 99. Wahrscheinlich wurden die Texte nicht dem P. General, sondern seinem Stellvertreter, dem amerikanischen Pater Killeen überreicht; vgl. Text auf S. 30 in diesem Band.

den dazugehörigen inhaltlichen Überschriften finden sich im Gundlach-Text in der detaillierten Gliederung. Im französischen Text sind die Hauptüberschriften sowie die Überschriften zu den meisten Abschnitten dem Text vorangestellt.

Bei einem Vergleich des Gundlach-Textes und der französischen Fassung stellt man fest, daß die Inhalte von Nr. 1 bis Nr. 38 weitgehend identisch sind. Die Nummern 39 bis 170 im Gundlach-Text entsprechen den Nummern 39 bis 130 im französischen Text. Die Abweichungen kommen dadurch zustande, daß in der französischen Fassung eine Reihe von Abschnitten (Nummern) fehlen und einige zusammengefaßt wurden (vgl. die dem Text beigefügte Übersicht). Es handelt sich dabei um Sachverhalte, die im Gundlach-Text entweder breiter dargelegt sind oder die weggelassen wurden. Beispielsweise fehlen in der französischen Fassung fast alle Nummern, in denen die „berufsständische Ordnung" erwähnt wird. Ebenso sind die Überlegungen zum „Volkstum" – einer für Gundlach typischen Vokabel – um etliche Nummern verkürzt. Dabei dürfte die Überlegung eine Rolle gespielt haben, daß die aus der deutschen Kulturtradition zu verstehenden Themen und die dazu entwickelte Begrifflichkeit im Französischen und in anderen Kulturtraditionen kaum nachvollziehbar sind. Schließlich sind einige Nummern in der französischen Fassung geringfügig gekürzt worden. Insgesamt aber wurden durch die Kürzungen und Weglassungen weder der Gesamtduktus noch wichtige Linien des Text-Entwurfes, die eine Sinnänderung bewirkt hätten, verändert.

Verschiedene Positionen im letzten Teil

Der Gundlach-Text und die französische Fassung gehen völlig auseinander im letzten Teil. Die Abschnitte Nr. 170 und 171 im Gundlach-Text, die den Übergang von dem Kapitel über die Rasse und den Rassismus zum Kapitel über das Judentum und dessen religiöse gesellschaftliche Besonderung behandeln, sind noch identisch mit den Abschnitten Nr. 131 und 133 in der französischen Fassung. Die Nr. 132 des französischen Textes über die Verfolgung der Juden fehlt im Gundlach-Text, wird aber hier in schärferer Formulierung in Nr. 180 behandelt. Der Gundlach-Text schließt mit der

Darlegung der religiösen Besonderung der Juden und mit der Verurteilung des Antisemitismus durch das Heilige Offizium im Jahre 1928 in Nr. 183. Ganz anders der französische Text. Er befaßt sich in einem umfangreichen Kapitel mit der „Position der Kirche gegenüber dem Judentum" (Nr. 134 bis 152). Daran schließt sich ein „Dritter Teil: Das Wirken der Kirche zugunsten der Einheit des irdischen menschlichen Lebens" (Nr. 153 bis 176) an, der ein Unterkapitel „Die Katholische Aktion: Ausdruck und Prinzip der Einheit" (Nr. 158 bis 176) enthält. Der Schluß (Nr. 177 bis 179) ist dem Gedanken „Einheit und Frieden: Früchte der Erlösung" gewidmet.

Was ist geschehen, daß im letzten Teil die französische und die englische Fassung von der deutschen Fassung nicht nur abweichen, sondern eine andere inhaltliche Richtung einschlagen? Dies ist umso überraschender, als alle Beteiligten offenkundig in den vorausgehenden Teilen, die die Grundlage der Enzyklika gegen Nationalismus und Rassismus bilden sollten, weitgehend übereinstimmten. Dies betrifft im Ersten Teil die Darlegung des Auflösungsprozesses des menschlichen Zusammenlebens in der Neuzeit, als deren Hauptursache der Einfluß der mechanisch-atomisierenden Auffassung auf alle Bereiche des Gesellschaftslebens festgestellt wird. Dieser Prozeß gehe aus von der Auflösung der menschlichen Persönlichkeit durch ihre Vermassung und setze sich fort in der Auflösung aller sozialen naturgegebenen Bindungen und Strukturen. In diesem historisch-systematischen Teil werden die Bedingungen und Ursachen markiert, die die Fehlentwicklungen zum Nationalismus und Rassismus heraufbeschworen haben.

Die Übereinstimmung unter den Beteiligten besteht auch für den Zweiten Teil des Text-Entwurfes. Gundlachs Überschrift in der Gliederung zum Text-Entwurf: „B. Die Einheit des menschlichen Zusammenlebens" (Nr. 92ff.) ist identisch mit der Überschrift des französischen Textes: „B. Deuxième Partie: L'Unité de la Vie Sociale" (Nr. 71ff.). Dies gilt auch für die beiden Kapitelüberschriften dieses Teils: „Die Menschheit als Einheit" (Nr. 92ff.) – „I. L'Unité de l'Humanité" (Nr. 72ff.), und „Die Menschheit als Vielheit" (Nr. 123ff.) – „II. La Pluralité de l'Humanité" (Nr. 94ff.). Die Inhalte der beiden Kapitel sind ebenfalls identisch. Ausgehend von der gemeinsamen Menschennatur entfaltet der deutsche Text die sozialphilosophischen Reflexionen über Raum und Zeit, über die äußere Güterwelt und das allgemeine Nutzungsrecht des Menschen sowie über die Arbeit, schließlich über Familie und Staat, wie sie für Gundlach typisch sind. Was die Menschheit als Vielheit betrifft, so behandeln beide Fassungen dieselben Inhalte – mit Ausnahme der schon erwähnten Abweichungen. Es geht um die „gesellschaftlichen Besonderungen", wozu der Staat, das Volkstum, die Nation und die Rasse, auch die religiöse gesellschaftliche Besonderung des Judentums gehören. Die Kapitel über die „Nation" (deutscher Text: Nr. 144–148; französischer Text „2. La Nationalité terrienne": Nr. 103–105, „3. La Nation": Nr. 106–110) und über die Rasse und den Rassismus (deutscher Text: Nr. 149–169; französischer Text: „4. La Race et le Racisme": Nr. 111–130) sind identisch. Gundlach ist bemüht, die Tatbestände von Nation und Rasse zu klären und ideologische Fehldeutungen herauszuarbeiten.

Warum aber konnten sich die Beteiligten für den letzten Teil nicht auf einen gemeinsamen Text einigen? Die bisher bekannten Quellen bieten für die Beantwortung dieser Frage keine Anhaltspunkte, zumal die Beteiligten in Paris beisammen blieben und die bereits erwähnte abschließende kritische Überprüfung des Textes vornahmen. Was den Schlußteil betrifft, so wollte man es wohl den Auftraggebern überlassen, für welche der beiden Positionen sie sich entscheiden würden.

Das Problem des Antijudaismus

Der Gundlach-Text spricht in dem kurzen Schlußteil über das Judentum (Nr. 170–183) die religiöse gesellschaftliche Besonderung an und bedient sich einer naturrechtlichen Sicht, wonach den Juden, auch dem jüdischen Volk, die gleichen Menschenrechte wie allen anderen Menschen und Völkern in der einen Menschheit zustehen. Der französische Text greift unter der Überschrift „5. Les Juifs et l'antisémitisme (Séparation religieuse)[31]" in den Nummern 131 und

---

[31] Wörtlich übersetzt heißt dies: religiöse Trennung; im Französischen gibt es keinen Ausdruck, der den deutschen Begriff „Besonderung" wiedergeben würde.

133 zwar die Inhalte der Nummern 170 und 171 des deutschen Textes auf, entwickelt dann aber unter der Überschrift „Position de l'Église envers le Judaïsme" in den Nummern 134 bis 152 die Sichtweise über den Judaismus, wie sie damals vor allem in der französischen und italienischen Theologie gepflegt wurde und in Lexikonartikeln, aber auch in Zeitschriften-Beiträgen ihren Niederschlag fand. Auf eine kurze Formel gebracht, könnte man sagen: Antisemitismus: nein; Antijudaismus: ja, weil biblisch begründet.

Mit diesem Tatbestand dürfte die „Enttäuschung" zusammenhängen, die den holländischen Jesuiten P. Nota befiel, als er das Kapitel in der englischen Fassung las, das mit den Abschnitten 131 bis 152 des französischen Textes übereinstimmt. Während er den Teil, der die Einheit des Menschengeschlechts betrifft, als „sehr gut", und denjenigen, der den Rassismus im allgemeinen behandelt, sogar als „exzellent" beurteilte, kamen ihm die Abschnitte über die Juden und den Antisemitismus derart dürftig vor, daß er ausrief: „Wenn man aber diese Stellen im Kontext der Rassengesetzgebung in Deutschland in denselben Jahren liest, dann kann man heute sagen: [...] Gott sei Dank ist dieser Entwurf ein Entwurf geblieben!"[32] Es war die in diesem Kapitel des langen und breiten dargelegte allzu traditionelle Theologie, die seine Enttäuschung hervorrief. Übrigens konnte Bernard Suchecky, als er im Oktober 1987 P. Nota in Toronto (Ontario) in Kanada aufsuchte, die englische Version einsehen und kopieren.

Die von P. Nota apostrophierte allzu traditionelle Theologie ist jene, die zwischen dem Antijudaismus und dem Antisemitismus unterscheidet, obwohl eine derartige Unterscheidung angesichts der Rassenideologie des Nationalsozialismus kontraproduktiv wirken mußte. In der Tat war die Theologie, insbesondere die Exegese und die Dogmatik, damals von einer Sicht des Judentums bestimmt, die geradezu den Antisemitismus provozierte, was wiederum die Abwehrkräfte gegen ihn schwächen mußte. Leider kannte P. Nota nicht den Gundlach-Text. Wenn er in seinem Artikel betonte, er

---

[32] Johannes H. Nota SJ: Edith Stein und der Entwurf für eine Enzyklika gegen Rassismus und Antisemitismus", a.a.O., 38; abgedruckt bei Passelecq/Suchecky, 49; 51.

wäre in jenen Jahren der Abfassung des Entwurfs für eine Enzyklika deutschen Jesuiten begegnet, die „viel Besseres über Israel zu sagen hatten" – er nannte Erich Przywara, Wilhelm Klein, Gustav Closen, Augustin Bea – und sich verwundert fragte, warum LaFarge und Gundlach von Desbuquois nicht in das Denken Charles Péguys, Léon Bloys oder Jacques Maritains eingeführt worden seien, dann trifft diese Kritik den entscheidenden Punkt.[33]

Die Problematik des Antijudaismus war im 19. Jahrhundert in vielen europäischen Ländern verbreitet. In Großbritannien, Frankreich und Italien, in Deutschland, besonders in Preußen, aber auch in einer Reihe von osteuropäischen Ländern kam es in der Literatur und in der Wissenschaft zu antisemitischen Ansätzen. In der evangelischen und auch in der katholischen Theologie des 19. und der ersten Hälfte des 20. Jahrhunderts wurden Vorstellungen und Tendenzen lebendig, die in der langen Geschichte des Christentums immer wieder aufgebrochen waren und die an die Aussagen der Heiligen Schrift über die Schuld des auserwählten Volkes am Kreuzestod Jesu Christi anknüpften. Sie wurden auch nicht gemäßigt durch die Besinnung auf das sittliche Naturgesetz, das allen Menschen, auch den Juden damals wie heute ins Herz geschrieben ist und universale Geltung beansprucht. Der Antijudaismus in der Theologie fiel zusammen mit der Vernachlässigung des Naturrechts als Erkenntnisquelle. Erst die katholische Soziallehre, die besonders mit den Sozialenzykliken „Rerum novarum" und „Quadragesimo anno" einsetzte, hat dem naturrechtlichen Denken wieder Anerkennung verschafft.

Diese geistesgeschichtliche Situation muß man bedenken, wenn man Gundlach und seine Klage in den „einleitenden und erläuternden Bemerkungen" gegen den verbreiteten „Supernaturalismus" verstehen will. Das Anliegen, das natürliche Sittengesetz und das Naturrecht wieder zur Geltung zu bringen, wird von Gundlach und Maritain vertreten. Aber, so muß man fragen, war Gundlach nicht wenigstens teilweise noch dem Antisemitismus verhaftet? Johannes Schwarte behauptet nämlich, der Enzyklika-Entwurf Gundlachs

---

[33] Johannes H. Nota SJ, a.a.O., 38–40; abgedruckt bei Passelecq/Suchecky, 294f. (Anmerkung 23).

lasse zwar „an Deutlichkeit und Entschiedenheit in der Verurteilung der nationalsozialistischen Rassenideologie und Judenverfolgung nichts zu wünschen übrig", aber in seiner „Argumentationsweise" zeige sich eine „gewisse Ambivalenz", insofern der Entwurf „ganz und gar ‚vorkonziliar' " sei.[34] Vor allem verweist Schwarte auf den Artikel Gundlachs über den „Antisemitismus" im Lexikon für Theologie und Kirche aus dem Jahre 1930, mit dem der Enzyklika-Entwurf „voll und ganz" übereinstimme.[35]

Diese Einschätzung Schwartes hat auf Passelecq und Suchecky abgefärbt, auch wenn sie in Kenntnis der Aktenlage nicht direkt den Verdacht des „Antijudaismus" gegen Gundlach erhoben.[36]

In dem genannten Artikel unterscheidet Gundlach zwei Richtungen des Antisemitismus: einen „völkisch und rassenpolitisch" eingestellten, der „unchristlich" sei und sich „notwendig gegen das Christentum wegen seines inneren Zusammenhangs mit der Religion des von Gott einst auserwählten jüdischen Volkes wende"; und einen „staatspolitisch" orientierten, der zwar mit der ersteren Richtung zusammenhänge, aber, weil er sich gegen die schädlichen Einflüsse des jüdischen Volksteils auf den Gebieten des Wirtschafts- und Parteiwesens, der Presse, der Wissenschaft und der Kunst richte, „erlaubt" sei.

Es ist bemerkenswert, daß Gundlach für den staatspolitisch orientierten Antisemitismus auf den einflußreichen Ökonomen und Sozialpolitiker Adolph Wagner und dessen Kritik an der Entwicklung der Wirtschaftsgesellschaft zurückgreift. Die „liberal-libertinistischen Tendenzen" des jüdischen Volksteils seien „mit sittlichen und rechtlichen Mitteln" zu bekämpfen. Dann heißt es lapidar: „Ausgeschlossen sind Ausnahmegesetze gegen jüdische Staatsbürger als Juden, und zwar vom Standpunkt des modernen Rechtsstaats". Leider hat Schwarte die Bedeutung dieses Satzes, geschrieben im Jahre 1930, nicht erkannt, sonst hätte er ihn wenigstens

---

[34] Vgl. Johannes Schwarte, a.a.O., 95–97.
[35] Artikel: Antisemitismus, in: Lexikon für Theologie und Kirche, 2. Aufl., Freiburg i. Br., Bd. 1 (1930), 504f.
[36] Vgl. Passelecq/Suchecky, 80ff.

so eingeordnet, wie dies Passelecq und Suchecky tun.[37] Schwarte hat auch übersehen, daß Gundlach, wenn er die schädlichen Einflüsse auf Wirtschaft und Gesellschaft kritisiert, zugleich die „Durchdringung des Gesellschaftslebens mit christlichem Geist, Kampf nicht nur gegen semitische, sondern auch ‚arische' Schädlinge, Stärkung der positiv sittlich-gläubigen Faktoren im Judentum gegen die liberalen, dem sittlichen Nihilismus am meisten zugänglichen ‚Assimilationsjuden'" fordert, die „jeder nationalen wie religiösen Bindung ledig" sind. Mit „Antijudaismus" hat dies nichts zu tun. Auch von einer Parallelität zu antijudaistischen Positionen kann keine Rede sein.[38] Gundlach erhoffte sich von der Stärkung der sittlich-gläubigen Faktoren im Judentum eine Verstärkung der von den Christen vertretenen naturrechtlichen Positionen in der Auseinandersetzung mit den Zeitströmungen.

Und wenn Schwarte meint, die Passagen über Rasse und Rassismus im Enzyklika-Entwurf könne man „durchaus als eine Erweiterung dieses Gundlachschen Lexikon-Artikels bezeichnen", so ist dies schlicht eine bedauerliche Fehldeutung[39]. Zumindest hätte er bemerken müssen, daß die mißverständliche Unterscheidung zwischen einem völkisch und rassenpolitisch und einem staatspolitisch eingestellten Antisemitismus im Enzyklika-Entwurf nicht mehr auftaucht.

Passelecq und Suchecky kannten die Reaktion P. Notas, die sie in ihr Buch aufgenommen haben. Sie selbst gelangten zu einer ähn-

---

[37] Passelecq/Suchecky, 82f.

[38] Wenn Schwarte behauptet, Gundlach liege „ganz auf der Linie der Jesuiten-Zeitschrift ‚La Civiltà Cattolica' ", dann ist diese Einschätzung wohl nicht nur darauf zurückzuführen, daß er die Beiträge dieser Zeitschrift nicht gelesen hat, sondern darauf, daß er die Verschiedenheiten der „traditionellen Theologie" im Sinne P. Notas und der naturrechtlichen Position Gundlachs nicht erkannt hat. Es ist wohltuend, wie Passelecq und Suchecky hier die notwendigen Grenzziehungen vornehmen: vgl. vor allem das Kapitel: Die „Civiltà Cattolica", die Juden und der Antisemitismus, a.a.O. 147–171.

[39] Johannes Schwarte, a.a.O., 97. – Auch die zur Stützung seiner Einschätzung herangezogenen Untersuchungen über die Aussagen des Zweiten Vatikanischen Konzils sind eher dürftig und zusammengestellte Hinweise ohne wirkliche Beweiskraft (a.a.O., 96–98).

lich kritischen Beurteilung des Abschnitts „Die Juden und der Antisemitismus" in der französischen Fassung, der „offensichtliche Brüche" aufweise: „Gleich zu Beginn verlassen die Verfasser plötzlich den Bereich historischer, soziologischer, ökonomischer oder politischer Analyse, in dem sie sich zunächst bewegt hatten, um in den Bereich der Theologie überzuwechseln und den langen und breiten Zeitgedanken der Apologetik und der paulinischen Erzählung (im französischen Original: „narration") abzuhandeln. Sodann lassen sie individuelle Kategorien wie die ‚menschliche Person' oder die ‚Persönlichkeit', denen sie in ihrer Kritik des totalitären Staates viel Aufmerksamkeit gewidmet hatten, gänzlich beiseite, um nur mehr ein undifferenziertes Kollektiv ins Spiel zu bringen: ‚Israel', das ‚jüdische Volk', die ‚Lehren des Judentums' usw. Schließlich muß man feststellen, daß die Ratschläge dieses Abschnitts, falls er überhaupt jemals dazu bestimmt war, Ratschläge für konkretes soziales Handeln zu geben, aufgrund ihrer Inkohärenz praktisch wirkungslos waren".[40]

Eine bessere Begründung als diese hätte Gundlach dafür nicht zuteil werden können, daß er seinen Text-Entwurf allein zu Ende brachte und damit zugleich signalisierte, für die abschließenden Teile der französischen und der englischen Fassung bestenfalls eine formale Verantwortung zu übernehmen. Erstaunlicherweise haben Passelecq und Suchecky ihre kritischen Fragen zum Bruch in der Gedankenführung der französischen und wohl auch der englischen Fassung nicht an LaFarge und auch nicht an Desbuquois gerichtet. Die Entscheidung, im Schlußteil getrennte Wege zu gehen, dürfte die Arbeitsatmosphäre bei den Beteiligten erheblich belastet haben. Nicht umsonst vermerkte Gundlach in einem Brief an LaFarge, daß P. Desbuquois, als er im Januar 1939 nach Rom kam und französischen Ordensschwestern Exerzitien gab, ihn an der Gregoriana nicht besucht habe.[41]

Als Verfasser des letzten Teiles der französischen und der englischen Fassung müssen Desbuquois und LaFarge angesehen werden. LaFarge dürfte mit der von P. Nota angesprochenen

---
[40] Passelecq/Suchecky, 182f. (In der französischen Originalausgabe: 205).
[41] Brief vom 28. Januar 1939.

"traditionellen Theologie" in Frankreich wenig vertraut gewesen sein. Vermutlich war er der Meinung, es komme auf die Aussagen zu Nation und Rasse an, aber man könne im letzten Teil durchaus biblisch-theologisch-pastorale Anliegen in traditioneller Sichtweise behandeln.

Noch stärker dürfte der Anteil von P. Desbuquois im Schlußteil der französischen Fassung Nr. 153 bis 179 gewesen sein, der eine eigene Überschrift trägt: „C – Troisième Partie: L'Action de l'Église pour l'Unité de la Vie Temporelle Humaine" (C – Dritter Teil: Das Wirken der Kirche zugunsten der Einheit des irdischen menschlichen Lebens). Dieser dritte Teil des französischen Textes hat zwei Kapitel: das eine: „L'Action Catholique: Expression et Principe d'Unité" (Die Katholische Aktion: Ausdruck und Prinzip der Einheit) (Nr. 158 bis 176); das andere: „Conclusion: L'Unité et la Paix: Fruits de la Rédemption" (Schluß: Einheit und Frieden: Früchte der Erlösung) (Nr. 177 bis 179).

Die Abschnitte 153 bis 179 wirken eher wie ein Fremdkörper im Entwurf für eine Enzyklika, die gegen Nationalismus und Rassismus gerichtet sein sollte. Wozu die langatmigen Ausführungen über die „Katholische Aktion"? Schon bei der Vorbereitung der Enzyklika „Divini Redemptoris" gegen den atheistischen Kommunismus versuchte Desbuquois seine Vorstellungen, gedacht als Ergänzung zu „Quadragesimo anno" in bezug auf die Soziallehre und die soziale Aktion, einzubringen, um es nicht bei einer simplen Verurteilung des Kommunismus bewenden zu lassen.[42] Auch in Paris dürfte die von Desbuquois vertretene Linie für den Schlußteil die Unterstützung LaFarges gefunden haben, weil er stärker praktisch-pastoral orientiert war und im Schlußteil vielleicht eine Art Gegengewicht zur Systematik Gundlachs erblickte. Allerdings war der Preis dafür, wie die Reaktion P. Notas zeigt, hoch. Ob allerdings LaFarge mit den Aussagen über „Die Juden und der Antisemitismus" (Nr. 131 bis 152 der französischen Fassung) zufrieden war, ist höchst zweifelhaft. Andernfalls hätte er, als er auf seine Anfrage in Rom die Mitteilung erhielt, die in Paris erarbeiteten Texte könne er verwenden unter der Bedingung, daß über den

---

[42] Passelecq/Suchecky, 79.

ursprünglichen Anlaß, die Beauftragung und den Zweck nichts in die Öffentlichkeit gelange, nicht nur die Aussagen über die Rasse und den Rassismus publiziert, sondern ebenso diejenigen über „Die Juden und der Antisemitismus" in der englischen Fassung.

Wurden die Texte „unterschlagen"?

Warum ist die von Pius XI. im Juni 1938 in Auftrag gegebene Enzyklika gegen Nationalismus und Rassismus nicht mehr zu Lebzeiten des Papstes und auch nicht unter seinem Nachfolger Pius XII. erschienen? Was ist mit den Texten passiert, nachdem sie Ende September[43] von LaFarge in Rom dem Jesuitengeneral als seinem unmittelbaren Vorgesetzten oder auch dessen Stellvertreter P. Killeen übergeben worden waren?

Passelecq und Suchecky hegen den Verdacht, daß die Texte von den Verantwortlichen der Jesuitenkurie nicht sofort an Pius XI. weitergegeben wurden, um die geplante Enzyklika zu verhindern. Diesen Verdacht bringt der Titel des französischen Buches zum Ausdruck: L'Encyclique cachée; noch schärfer klingt es in der deutschen Ausgabe: Die unterschlagene Enzyklika. Die Gründe für diesen Verdacht sollen die sechs Briefe, die Gundlach zwischen dem 16. Oktober 1938 und dem 30. Mai 1940 an LaFarge geschrieben hat, und eine Reihe weiterer Briefe von amerikanischen Jesuiten an LaFarge liefern.

Die Vermutung stützt sich hauptsächlich auf drei Gründe, die sich, wie Passelecq und Suchecky meinen, aus den Briefen Gundlachs herausfiltern lassen.[44] An erster Stelle werden „die Konflikte und Intrigen" genannt, „deren Schauplatz der Vatikan während der letzten Monate des Pontifikats Pius' XI. und der ersten Monate des Pontifikats Pius' XII. ist". Zweitens wird auf die Verschlechterung der Beziehungen zwischen dem faschistischen Staat und dem Vatikanstaat hingewiesen, die Stück für Stück den im Jahre 1929

---

[43] LaFarge fuhr wahrscheinlich am 20. September von Paris nach Rom, am 28. September von Rom nach Paris zurück, von wo aus er per Telegramm ankündigte, daß er am 1. Oktober von Boulogne mit dem Schiff „Statendam" in die USA zurückfahren werde.

[44] Ebda., 98.

unterzeichneten Konkordatsfrieden unterhöhlte, sowie auf das Erstarken der rassistischen Bewegung, das zur italienischen antisemitischen Gesetzgebung im Herbst 1938 führte. Drittens schließlich wird die Verschärfung der Spannungen in Europa genannt, die zur Besetzung der gesamten Tschechoslowakei im März 1939, zum Einmarsch deutscher Truppen in Polen am 1. September 1939 und zum Ausbruch des Zweiten Weltkrieges am 3. September 1939 führten.

Aber, so muß man fragen, sind die angeführten Gründe, vor allem der zuerst genannte Grund, wirklich stichhaltig, oder sollen sie eine vorgefaßte Hypothese rechtfertigen? Und was verbirgt sich hinter den „Konflikten und Intrigen" auf dem Schauplatz Vatikan?

Passelecq und Suchecky gehen davon aus, daß die in Rom übergebenen Texte geeignet gewesen wären, um – eventuell nach kleineren Korrekturen – als Enzyklika veröffentlicht zu werden. Abgesehen einmal von der Frage, ob der deutsche und der französische Text in lateinischer Übersetzung vorgelegen hat, würde in dieser Version übersehen, daß die im letzten Teil der Text-Entwürfe weit auseinandergehenden Positionen auf jeden Fall einer sorgfältigen Prüfung bedurft hätten, bevor man sich für die eine oder die andere Fassung entschieden hätte. Im Eiltempo hätte dies nicht geschehen können.[45]

Im übrigen weiß jeder, der sich mit dem Werdegang einer Enzyklika vertraut gemacht hat, daß vom Entwurf bis zur Veröffentlichung in der Mehrzahl der Fälle eine längere Wegstrecke liegt. Um ein solches Dokument abzusichern, werden verschiedene Gremien, auch Einzelpersonen um ihre kritische Meinung gebeten. Erst recht

---

[45] Es ist unverständlich, warum Passelecq und Suchecky, obwohl sie am 5. August 1994 den Text-Entwurf Gundlachs in der Katholischen Sozialwissenschaftlichen Zentralstelle in Mönchengladbach einsehen und mit der von ihnen mitgebrachten französischen Fassung vergleichen konnten, auf die auseinandergehenden Positionen im letzten Teil nicht eingehen. Diese wurden in der abschließenden Besprechung mit dem Herausgeber dieses Bandes eingehend erörtert. Es berührt merkwürdig, wenn Bernard Suchecky, der der „International Catholic-Jewish Historical Commission" zur kritischen Überprüfung der Edition der „Actes et Documents du Saint-Siège de la Deuxième Guerre Mondiale" angehört, so tut, als ob er den Text-Entwurf Gundlachs für eine Enzyklika nicht eingesehen hätte: „Preliminary report", Fragen 3 und 7.

galt dies für eine Enzyklika gegen Nationalismus und Rassismus in einer Zeit, in der sich die Fronten zwischen dem faschistischen Italien und der katholischen Kirche in der Rassenfrage versteiften.[46]

Aber hätte man angesichts der Zuspitzung der Judenverfolgung in Deutschland nicht alle derartigen Überlegungen und Bedenken zurückstellen und die Enzyklika herausbringen müssen? Weil Pius XI. auch in den Sommermonaten mehrfach gegen den Rassismus Stellung bezog[47], wußte man, daß dem Papst diese Problematik mehr als alles andere am Herzen lag. Auch Gundlach, der nach den anstrengenden Wochen in Paris einen kurzen Erholungsurlaub in der Schweiz verbrachte und am 1. Oktober nach Rom zurückkehrte, erfaßte eine tiefe Besorgnis. Es mußte ihn stutzig machen, daß der Jesuitengeneral sich von ihm nicht über die Arbeit und das Ergebnis in Paris informieren ließ. Auch der deutsche Assistent, den er in der Kurie anrief, wußte von nichts.[48] Am 3. Oktober erhielt er einen Brief von LaFarge, den dieser vor seiner Abreise nach Amerika aus Paris ihm geschrieben hatte. Vom amerikanischen Substituten (Mitarbeiter des amerikanischen Assistenten) erfuhr er, daß der „verkürzte Text" am 8. Oktober an P. Rosa von der Civiltà Cattolica zur Begutachtung gegeben worden war. Würde auf diese Weise nicht wertvolle Zeit verloren gehen?

Deutlicher wurde P. Killeen in einem Brief an LaFarge vom 27. Oktober: Eine Woche habe sich nichts bewegt; dann habe ihm P. General aufgetragen, eine der französischen Fassungen an P. Rosa zu senden, zusammen mit einem Begleitschreiben, über dessen Inhalt er nicht unterrichtet sei. P. General wollte auf Nummer sicher gehen und eine zusätzliche Meinung hören. Er fuhr fort:

---

[46] Die Ereignisse im Sommer und Herbst 1938 sind bei Passelecq und Suchecky dargestellt: a.a.O., 137–146. – Burkhart Schneider wies ausdrücklich auf die Korrekturen und Veränderungen hin, die aus einem Entwurf eine Enzyklika werden lassen (vgl. oben, 12f.).

[47] Dazu Passelecq/Suchecky, 138–147.

[48] Vgl. Passelecq/Suchecky, 99. – Auch die engsten Mitarbeiter des P. General Ledóchowski scheinen, wenn überhaupt, nur sehr bedingt in das Vorhaben der Enzyklika eingeweiht gewesen zu sein. In seiner Selbstbiographie charakterisiert Gundlach den P. General als eine „singuläre, starke Persönlichkeit".

„Aber ich bin mir dessen nicht sicher. Deshalb habe ich, um Ihren diesbezüglichen Wünschen Rechnung zu tragen, für den Fall, daß Pater Rosa die eine oder andere Veränderung vorschlagen möchte, Ihre Aufzeichnungen und Erklärungen beigefügt sowie eine Kopie der letzten Empfehlung, die Sie mir gegeben haben, in der Sie verlangen, daß, was auch immer mit bestimmten Passagen geschieht, andere unangetastet bleiben sollten, insbesondere die hervorragenden Abschnitte 126–130 ..."[49]

War die Einholung eines Gutachtens von P. Rosa ein Verzögerungsmanöver? Und warum hatte man ihm nicht auch den deutschen Text zugeleitet? Gundlach schwante nichts Gutes. Obendrein verschlimmerte sich der Gesundheitszustand Pius' XI. zusehends. Deshalb drängte Gundlach LaFarge in seinem Brief am 16. Oktober, „Herrn Fischer" (Pius XI.) zu schreiben und ihm als dem Auftraggeber mitzuteilen, daß der Text bereits vorliege und P. General zur weiteren Vermittlung übergeben worden sei. War jedoch der Papst aufgrund seines Gesundheitszustandes noch in der Lage, aus dem Entwurf eine Enzyklika auf den Weg zu bringen? Nach Gundlach hätte nur er selbst diesen Prozeß in Gang setzen können. Am 18. November schrieb Gundlach an LaFarge, daß „nach übereinstimmenden Auskünften der letzten Zeit der Zustand des betreffenden Herrn physisch sehr hinfällig geworden ist";[50] er solle zwar geistig noch frisch sein, aber doch nicht mehr viel Initiative aus sich heraus entwickeln. In diesem Zusammenhang äußerte Gundlach die Vermutung, daß nur noch das an den Papst herankomme, was andere an ihn herankommen ließen.

Gundlach war mißtrauisch geworden, zumal ihm niemand von der Jesuitenkurie sagte, wo die Texte des Entwurfs geblieben waren. Erst im Januar 1939 erfuhr er, daß die deutsche, die französische und die englische Fassung in den Händen des amerikanischen Assistenten des Ordensgenerals, Zacheus J. Maher, seien. Gundlach hatte aus Paris nur den ersten und zweiten Teil des ungekürzten französischen Textes mitgebracht. Deshalb bat er LaFarge im Brief vom 28. Januar, beim amerikanischen Assistenten darauf hinzu-

---

[49] Ebda., 101.
[50] Ebda.

wirken, daß dieser ihm den deutschen Text und das Inhaltsverzeichnis zurückgeben möge.

Man kann verstehen, wenn Gundlach seiner Enttäuschung Luft macht und im Brief an LaFarge am 10. Mai 1939 feststellt: „1) Der Entwurf ist, nachdem er ziemlich lang im Nachlaß von R[osa] gelegen hatte, entweder überhaupt nicht Fisch[er] sen. vorgelegt worden oder erst zu einer Zeit, wo – im Unterschied zum Spätsommer und Frühherbst 1938 – eine Behandlung der Angelegenheit wegen des Gesundheitszustandes physisch einfach nicht mehr möglich war. 2) Eine Vorlage bei F[ischer] jun. ist wohl überhaupt nicht mehr erfolgt, sondern die Angelegenheit dürfte mehr oder weniger im Vorbeigehen bei einer Unterredung zwischen dem höchsten Herrn und Pat[ernität] begraben worden sein ..."[51]

Diese Äußerung Gundlachs muß allerdings im Zusammenhang mit einem früheren Brief an LaFarge gesehen werden. Am 15. März 1939 schrieb ihm Gundlach und erwähnte ein Schreiben des amerikanischen Assistenten Maher an ihn vom 14. März, worin es heißt: „Die Dokumente seien, wie ich ja wisse, Herrn Fischer senior [Pius XI.] gegeben worden und seien zweifellos in seinem Arbeitszimmer zurückgelassen." Gundlach fügt hinzu, er wisse nun, „daß die Dokumente tatsächlich übergeben wurden, was also jetzt feststeht".[52] Allerdings müssen die Dokumente vom Vatikan wieder an die Jesuitenkurie gelangt sein, sonst hätten die französische und die englische Fassung nicht am 10. April an LaFarge zurückgesandt und der deutsche Text P. Gundlach zurückgegeben werden können. Deshalb konnten auch die Anfragen an das Vatikanische Archiv, ob die Texte dort aufbewahrt sind, nicht beantwortet werden. Dies ist auch der Grund dafür, daß die Historiker bei der Sichtung der Aufzeichnungen des Privat-Sekretariats Pius' XII. am 5. oder 6. März 1939 feststellten, daß sich im Hinblick auf die geplante Enzyklika

---

[51] Ebda., 112. – Wie bereits erwähnt, waren nach dem 10. April 1939 der deutsche Text an P. Gundlach, der französische und der englische Text an P. LaFarge zurückgegeben worden (vgl. oben S. 18).

[52] Abgedruckt bei Passelecq/Suchecky, 108.

Pius' XI. „keinerlei Dokumente zu dieser Frage in den Vatikanischen Archiven finden".[53]

Was P. Rosa betrifft, so war sein Leben seit 1905 mit der Civiltà Cattolica verbunden, als deren Leiter er 1915 bis 1931 fungierte. Er verteidigte die Kirche damals gegen die wütenden Angriffe des weltanschaulichen Liberalismus und des Sozialismus, auch gegen das in Italien verbreitete antikirchliche Freimaurertum. Noch in seinem letzten Beitrag in der Ausgabe der Civiltà vom 22. September 1938 bezog er Stellung gegen die nationalistischen und faschistischen Propagandisten und gegen den Antisemitismus. Das erbetene Gutachten zum Text-Entwurf konnte er nicht mehr fertigstellen, da er schwer erkrankte und am 26. November starb.[54]

Rosa war sicher ein prominenter Vertreter der damaligen italienischen Theologie, so wie auch Desbuquois in der französischen Theologie beheimatet war. Für einen Antisemitismus war da kein Platz. Anders war es mit dem biblisch begründeten Antijudaismus, der erst nach der Katastrophe des Nationalsozialismus in Kirche und Theologie überwunden wurde. Hierbei setzte das Zweite Vatikanische Konzil neue Maßstäbe. Allerdings sind die Verdächtigungen, was Rosa betrifft, bei Passelecq und Suchecky schon deswegen an den Haaren herbeigezogen, weil Rosa ja gar nicht den Gundlach-Text, sondern nur den verkürzten französischen Text erhalten hat und eigentlich keinen Anlaß gehabt hätte, dagegen Bedenken geltend zu machen. Im übrigen darf man die apologetische Position Rosas nicht nur aus heutiger Perspektive beurteilen. Sie wird ver-

---

[53] ADSS (Anm. 44) 2, 1966, 407. – Vgl. auch Burkhart Schneider, Die Briefe Pius' XII. an die deutschen Bischöfe 1939–1944, a.a.O., 316. – Aber steht diese Folgerung nicht in Spannung mit der Bemerkung Burkhart Schneiders in seinem Artikel im Osservatore Romano vom 5. April 1973, daß die Enzyklika-Vorarbeiten wie nicht wenige andere Texte zu anderen Fragen auch „finissero silenziosamente negli archivi"? Auch Gundlach gebraucht in seiner Autobiographie die Formulierung: „Wie so manche römische Arbeit ging auch die harte Frucht unserer Pariser Monate ins Aktengrab" (in diesem Band S. 205). Hier wird deutlich, daß nicht die Vatikanischen Archive gemeint sind, sondern die Privatnachlässe.

[54] Vgl. Passelecq/Suchecky, S. 101f., 147–158.

ständlich, wenn man die antichristlichen und antikirchlichen Tendenzen von damals in Rechnung stellt.

Katholischer Antikommunismus?

Bei der Beantwortung der Frage, ob die Veröffentlichung der Enzyklika gegen Nationalismus und Rassismus nicht absichtlich verzögert und blockiert wurde, spielt auch die Vermutung eine Rolle, ob nicht der „katholische Antikommunismus" am Werk gewesen sei. Diese These läuft darauf hinaus, daß die katholische Kirche oder wenigstens einige ihrer führenden Vertreter den Nationalsozialismus für weniger gefährlich hielten als den Kommunismus mit seinem kämpferischen Atheismus.

Was Pius XI. betrifft, so wird eine derartige Vermutung nur noch selten artikuliert. Unter seinem Pontifikat sind zwar die Lateranverträge mit dem faschistischen Italien (1929) und das Reichskonkordat mit dem nationalsozialistisch regierten Deutschland (1933) abgeschlossen worde. Übrigens wurde in den frühen zwanziger Jahren der vergebliche Versuch unternommen, mit Lenin über die religiösen und kirchlichen Probleme zu verhandeln. Auf der anderen Seite steht die Verurteilung sowohl des deutschen Nationalsozialismus als auch des internationalen Kommunismus im Jahre 1937 durch Pius XI., und zwar innerhalb weniger Tage: die Enzyklika „Mit brennender Sorge" vom 14. März und die Enzyklika „Divini Redemptoris" vom 19. März. Der Papst hat damit vor aller Welt deutlich gemacht, daß beide Systeme nicht nur gegen das Christentum und die Kirche, sondern auch gegen die Humanität und die Grundlagen des menschlichen Zusammenlebens radikal verstoßen.

Aber wurden diese Positionen auch von seiner Umgebung geteilt, von den einflußreichen Zentren in Rom, insbesondere vom Jesuitengeneral? Ein so engagierter Beobachter der Zeitgeschichte wie der Franzose Émile Poulat von der École des hautes études en sciences sociales (Paris) umschrieb seinen Eindruck so: „Der Fall des R. P. Vladimir Ledóchowski, Ordensgeneral der Jesuiten von 1915 bis 1942, wirft besondere Schwierigkeiten auf. Er war Pole, hegte ein instinktives Mißtrauen gegenüber den Russen und verabscheute den Kommunismus – den auch Pius XI. als ‚grundschlecht' bezeichnet hatte. Der Nationalsozialismus erschien ihm als das geringere Übel, und er hatte Verständnis für die unentschlossene Haltung der Demokratien, die zwischen der Pest und der Cholera zu wählen hatten. Das Schicksal der Juden ließ ihn nicht vergessen, wie die europäischen Mächte lange Zeit mit Polen umgegangen waren, und er zeigte Verständnis für das Zögern seiner Regierung, als sie gebeten wurde, den Durchzug der Roten Armee durch ihr Territorium zu gestatten."[55]

Hat diese Einstellung des Jesuitengenerals etwas damit zu tun, daß es im Herbst 1938 nicht mehr zur Veröffentlichung der Enzyklika gegen Nationalismus und Rassismus kam? Die kritische Einschätzung des P. General und der Jesuitenkurie durch Gundlach kommt in seinem Brief an LaFarge vom 15. März 1939 besonders deutlich zum Ausdruck[56]: Die Einstellung des P. General hinsichtlich der verschiedenen „Ismen" sei schwankend. Wenn Nachrichten aus Deutschland auf dem Gebiet der Volksmoral und besonders über die religiöse und moralische Erziehung der Jugend im antichristlichen und gesellschaftsdestruktiven Sinne kommen, könne man Dikta hören, wonach der Nationalsozialismus mindestens so gefährlich sei wie der Kommunismus. Wenn dann wiederum berichtet werde von diesem oder jenem Nachgeben (scheinbar!) des Nationalsozialismus auf religiösem Gebiet, dann schwimme alles wieder an der Kurie des Generals in Optimismus. Wenn dann noch entsprechende Berichte aus Amerika einträfen, dann sei wieder nur der Kommunismus der eigentliche Feind. Gundlach fügte hinzu: „Es fehlt eben an einer grundsätzlichen und vor allem naturrechtlich unterbauten Einstellung, die leider auch noch mit einem großen Mangel an Sachkenntnis und Kenntnis der Tatsachen sich verbindet."

Ledóchowski war mit der Geschichte und der Entwicklung Polens vertraut. Er wußte nicht nur um die leidvollen Teilungen in

---

[55] Émile Poulat: Vorwort. Papst Pius XI., die Juden und der Antisemitismus, in: Passelecq/Suchecky, 15. – Joseph Wirth, der seit 1937 seine Bemühungen zur Abwehr rassistischer und antisemitischer Tendenzen verstärkte, wies auf die antisemitische Gefahr in Polen hin: Ulrike Hörster-Philipps, a.a.O., 510ff.

[56] Abgedruckt bei Passelecq/Suchecky 108f.

der Moderne, sondern auch um das erneute Eingezwängtsein zwischen totalitären Nachbarn im Osten und im Westen. Übrigens war auch Pius XI. vor seiner Wahl zum Papst (1922) in Polen, 1918 nach der Wiedererrichtung des Staates als Apostolischer Visitator und 1919 bis 1921 als Nuntius. Beide erlebten hautnah die schweren Kämpfe zwischen Polen und der Sowjetunion um die Ostgrenze Polens, die im Rigaer Frieden (18. März 1921) festgelegt wurde. Der mörderische Kampf, den die kommunistischen Truppen gegen Christentum und Kirche in den von ihnen besetzten Teilen Polens führten, hat beim späteren Papst und ebenso bei Ledóchowski ihr Bild über den Kommunismus geprägt. Demgegenüber verfügten beide – und darauf spielt wohl der Hinweis Gundlachs auf einen Mangel an Sachkenntnis und Kenntnis der Tatsachen an – über keine persönlichen Erfahrungen und Begegnungen mit Deutschland, mit der schwierigen Lage der Weimarer Republik und ihrer Zerstörung durch die politischen Extreme von rechts und von links. Die Abhängigkeit von Nachrichten, Briefen und persönlichen Berichten hat mit dazu beigetragen, daß die Einstellung zum Nationalsozialismus bei Ledóchowski hin- und herschwankte. Man kann verstehen, wenn Poulat, auch Passelecq und Suchecky, in den kritischen Äußerungen Gundlachs den Verdacht begründet sehen, der Jesuitengeneral habe die Übergabe der Texte an den Papst womöglich absichtlich verschleppt.

Noch ein anderer Vorgang scheint in dieselbe Richtung zu deuten. In seiner Autobiographie, die in diesem Buch abgedruckt ist[57], berichtet Gundlach, P. General Ledóchowski habe ihn 1934 nach Rom kommen lassen und ihm erklärt: „ ... eine erhöhte Aufklärungsarbeit über die Weltgefahr des Kommunismus sei nötig, er wolle deswegen im und durch den Orden ein eigenes Aktionszentrum gründen und habe mich als wissenschaftlichen Leiter ausersehen. Ich bat", fährt Gundlach fort, „darüber beten und reflektieren zu dürfen, und meinte schließlich, dem Plan mich versagen zu müssen. Es war nämlich die Zeit des Berlin-Warschauer Nichtangriffspaktes und Wirtschaftsvertrags. Ich vermutete, daß

---

[57] Gustav Gundlach SJ, Meine Bestimmung zur Sozialwissenschaft, in diesem Band, S. 192ff.

unter solchen Umständen die geplante Gründung wie eine moralische Unterstützung der Achsenmächte wirken müsse, die Katholiken im Achsenraum politisch verwirren könne und außerhalb dieses Raumes an moralischem Gewicht verlieren würde. P. General nahm meine Ablehnung an, wenn auch nicht meine Gründe."

Es ist schon erstaunlich, mit welch sicherem Blick Gundlach im Jahre 1934 die braune und die rote Diktatur, aber ebenso die Misere der demokratischen Staaten einschätzte. Der Plan, ein Aktionszentrum gegen den internationalen Kommunismus in Rom aufzubauen, dürfte mit dem Papst abgesprochen gewesen sein. Aber der Jesuitengeneral – und wohl auch der Papst – war den Einwänden Gundlachs gegenüber nicht unzugänglich. Auch wenn Ledóchowski dessen Gründe nicht teilte, so war er doch davon so beeindruckt, daß er den Plan nicht weiterverfolgte.

Im übrigen dürfte nicht so sehr der von verschiedenen Seiten mit Vorliebe ins Feld geführte „katholische Antikommunismus" für die Verzögerung der Vorlage der Texte eine Rolle gespielt haben, sondern eher die Zuspitzung der politischen Situation. Das Münchner Abkommen am 29. September 1938 war, wie Poulat bemerkt[58], kein Sieg des Friedens, sondern ein Opfer, das die Demokratien für den Frieden brachten, und bedeutete für die Enzyklika einen Moment des Aufschubs. In ähnlicher Weise hat sich die Lage im Sommer und Herbst 1938 durch die italienische Rassengesetzgebung verschärft. Alle Bemühungen des Heiligen Stuhls zur Verhinderung dieser Gesetze blieben erfolglos. Pius XI. schreckte auch in diesen schwierigen Zeiten nicht davor zurück, den Antisemitismus öffentlich zu verurteilen.[59] Dennoch stellte sich die Frage, ob der Papst unter diesen Umständen die Enzyklika gegen Nationalismus und Rassismus veröffentlichen sollte. Nur wer ungeschichtlich

---

[58] Émile Poulat, a.a.O., 14.

[59] Vgl. Passelecq/Suchecky, S. 136–145. – Pius XI. schrieb eigenhändig an den Duce und an den König, so daß der Außenminister Graf Ciano in seinem Tagebuch vermerkte: „Stürmische Zeiten mit der Kirche in Sicht". Mitte Dezember hoffte der Duce auf den „baldigen Tod des Papstes, und seine Anweisung [lautete], abzuwarten und die Krise mit dem Vatikan zu vermeiden". Abgedruckt bei Émile Poulat, a.a.O., 14.

denkt und seinen Standpunkt absolut zu setzen geneigt ist, kann sich über diese Tatbestände hinwegsetzen.

Bei dem Vertrauensverhältnis, das zwischen Pius XI. und P. Ledóchowski bestand, darf man nicht unterstellen, daß der Jesuitengeneral in der Frage des Antisemitismus anders dachte als der Papst. Ohne Zweifel hat er in der Beurteilung des Antisemitismus die kompromißlose Linie des Papstes aktiv mitgetragen.

Schließlich kann die Rechnung mit dem „katholischen Antikommunismus" schon deshalb nicht aufgehen, weil der Jesuitengeneral die Position Gundlachs kannte, der von seinem naturrechtlichen Standpunkt aus den Nationalsozialismus genauso ablehnte wie den Kommunismus. Trotzdem oder gerade deshalb hatte er dafür gesorgt, daß Gundlach nicht nur mit Rat und Tat P. LaFarge in Paris beistehen, sondern den Entwurf für die Enzyklika erarbeiten sollte.

Das „Schweigen" Pius' XII.

In der Nacht vom 9. auf den 10. Februar 1939 starb Pius XI. Bereits am 2. März wurde Eugenio Pacelli zu seinem Nachfolger gewählt. Aus Verbundenheit mit seinem Vorgänger nahm er den Namen Pius XII. an. Pacelli war sicherlich über den Auftrag Pius' XI. an LaFarge informiert, den Entwurf für eine Enzyklika gegen Nationalismus und Rassismus zu erarbeiten. Schon von Amts wegen mußte der Kardinalstaatssekretär über ein Vorhaben eingeweiht sein, das das Verhältnis von Kirche und Staat im faschistischen Italien betraf, erst recht in der damals aufgeheizten Situation. Solange die Dokumente, die LaFarge am 20. September nach Rom brachte und einige Tage später in der Jesuitenkurie übergab, nicht an den Papst gelangt waren – auch P. Gundlach erfuhr erst im Januar 1939, wo sich die Texte befanden –, wußte auch Pacelli nichts über ihren Verbleib.

Aus zwei Briefen, die Gundlach an LaFarge schrieb, ergibt sich folgender Sachverhalt:

Im Brief vom 15. März 1939 heißt es, daß die Dokumente Herrn Fischer senior (Pius XI.) gegeben worden und „in seinem Arbeitszimmer zurückgelassen" seien. Des weiteren ist folgende Bemerkung wichtig: „Ein guter Bekannter hier im Haus – Sie kennen ihn auch – sprach am zweiten Tag des neuen Fischers mit dem neuen Herrn und verwies ihn unter Namensnennung – es fiel Ihr Name und meiner – auf die vorliegenden Entwürfe. Der Hohe Herr wußte von nichts (!) und sagte, er werde mal ARPN [Bezeichnung für den Jesuitengeneral] fragen, was da sei und wo die Sachen seien".[60] Gundlach bezieht sich hier offenkundig auf P. Leiber, der am Tage nach der Papstwahl, also am 3. März 1939, mit Pius XII. über die Dokumente sprach. P. Leiber, der dem Kardinalstaatssekretär als Sekretär gedient hatte, wurde von Pius XII. mit demselben Aufgabenbereich, jetzt im Vatikan, betraut.

Im Brief vom 10. Mai kam Gundlach nochmals auf die Frage zurück und meinte: „Eine Vorlage bei F[ischer] jun. [Pius XII.] ist wohl überhaupt nicht mehr erfolgt, sondern die Angelegenheit dürfte mehr oder weniger im Vorbeigehen bei einer Unterredung zwischen dem höchsten Herrn und Pat[ernität] [P. General Ledóchowski] begraben worden sein; die Gründe: zu delikate Sachen, um gleich den Anfang des neuen Herrn zu belasten, der sowieso schon durch möglichstes Schweigen und Schonen in den ersten Wochen abtasten wollte, ob von der anderen Seite Entgegenkommen gezeigt würde. Ich füge hinzu, daß dieser Versuch negativ verlaufen zu sein scheint und daß man dies wohl auch jetzt hier festgestellt hat".[61]

Für alle, die in langwieriger Arbeit die Text-Entwürfe für die geplante Enzyklika aufgespürt hatten, war die Frage naheliegend, warum Pius XII. nach dem Tode seines Vorgängers das Vorhaben nicht weiterverfolgte. Er war, wie Gundlach bemerkte, durch P. Leiber auf die Dokumente aufmerksam gemacht worden. Die Enzyklika hätte verhältnismäßig rasch erscheinen können, da genügend Spezialisten in Rom zur Verfügung standen, um dem Text den für eine Enzyklika notwendigen Zuschnitt zu geben und eventuelle Korrekturen und Vorschläge noch einzuarbeiten. Sicherlich ist kein Papst an die Vorhaben seines Vorgängers gebunden. Aber hätte die Enzyklika, wenn sie im Frühjahr 1939 erschienen wäre, den Lauf

---

[60] Passelecq/Suchecky, 108.
[61] Ebda., 112.

der Geschichte geändert? Hätte sie einen Aufschrei des Gewissens ausgelöst und die bevorstehende „Endlösung" aufhalten können?[62]

Was sind die Gründe, die Pius XII. bewogen haben, das Vorhaben Enzyklika nicht weiterzuverfolgen? Gundlach gibt einige Hinweise aus seiner Einschätzung der Lage. In seinem Brief findet sich auch das Wort „Schweigen". Pius XII. habe abtasten wollen, ob die Rassenpolitik in Italien und die antisemitischen Exzesse in Hitler-Deutschland nicht gemäßigt würden. Der Vorwurf, der Papst hätte geschwiegen, wo er öffentlich gegen die Verbrechen hätte protestieren müssen, tauchte zunächst nur vereinzelt auf.[63] Pius XII. war sehr sensibel für derartige Kritik. In einem Brief an Bischof Ehrenfried in Würzburg äußerte sich der Papst über die „Zurückhaltung", die ihm die unbestechliche Unparteilichkeit auferlege, wenn er für alle am Krieg beteiligten Nationen Ansprechpartner bleiben und für die Wiederherstellung des Friedens sich wirksam einsetzen wolle. „ ...Wo der Papst laut rufen möchte, ist ihm leider machmal abwartendes Schweigen, wo er handeln möchte, geduldiges Harren geboten"[64].

Eine neue Qualität hat der Vorwurf des Schweigens seit dem Theaterstück Rolf Hochhuths „Der Stellvertreter" erlangt, das 1963

---

[62] Émile Poulat, a.a.O., 23.

[63] Nach Émile Poulat ist es Emmanuel Mounier gewesen, der im Mai 1939 als erster den Vorwurf öffentlich erhoben habe: „das Schweigen Pius' XII." Dagegen wandte sich Jean Tonneau, ein französischer Dominikaner, mit seinem 1942 in Paris erschienenen Buch: Le Pape, la guerre et la paix. Pie XII a-t-il parlé? – Johannes Schwarte erwähnt in seiner Biographie Gundlachs den Brief eines polnischen Bischofs, der die Verbrechen des Krieges in seinem Land anklagte: „Die Kirchen werden entweiht oder geschlossen, die Gläubigen werden umgebracht oder eingekerkert. Klosterfrauen werden vergewaltigt, fast täglich werden unschuldige Geiseln vor den Augen von Kindern getötet, die Bevölkerung, alles Lebensnotwendigen beraubt, stirbt vor Hunger – und der Papst schweigt, als ob er sich nicht um seine Herde bekümmern müßte": Johannes Schwarte, S. 116.

[64] Pius XII. an Bischof Ehrenfried/Würzburg am 20. Februar 1941; abgedruckt in: Die Briefe Pius' XII. an die deutschen Bischöfe 1939–1944. Hrsg. von B. Schneider in Zusammenarbeit mit P. Blet und A. Martini (Veröffentlichungen der Kommission für Zeitgeschichte. Hrsg. von K. Repgen. Reihe A, Quellen – Band 4), Mainz 1966, 125f.

in Berlin uraufgeführt wurde und eine publizistische Legende geworden ist.[65] Die Wirkung dieses Schauspiels war deshalb so aufregend, weil nach dem Zweiten Weltkrieg mehr und mehr ans Licht gekommen war, wie sehr Pius XII. alle seine Möglichkeiten genutzt hatte, zunächst, um den Frieden zu erhalten, dann, um ihn wiederzugewinnen.[66] Zudem fand in den schwierigen Nachkriegsjahren und seit dem Kalten Krieg zwischen Ost und West das Wirken des Papstes weltweit große Anerkennung. Vor allem aber haben die Dankesbezeugungen von prominenten Repräsentanten des jüdischen Volkes in Rom und in Israel für das, was er für die Rettung der Juden getan hat, den Verdacht des Schweigens nicht hochkommen lassen. Pinchas Lapide, der bekannte israelische Historiker, nannte die Zahl von 850 000 geretteten Juden.[67]

Das, was Hochhuth ausgelöst hat, setzt sich bis in die jüngste Zeit fort. Bei den Vorwürfen, Pius XII. habe „geschwiegen" und nicht gegen die Verbrechen an den Juden öffentlich protestiert, geht es häufig nicht um die historische Wahrheit, sondern darum, Papst und Kirche an den Pranger zu stellen und ihre Autorität zu unterminieren.[68] Es ist nämlich auffallend, daß die Ergebnisse der

---

[65] Bei Johannes Schwarte findet sich ein Abschnitt über Hochhuth und die nachfolgende Diskussion: a.a.O., 100–105.

[66] Vgl. die jetzt in deutscher Sprache vorliegende Untersuchung von Pierre Blet, Papst Pius XII. und der Zweite Weltkrieg: Aus den Akten des Vatikans. Paderborn; München; Wien; Zürich 2000, bes. 1–22.

[67] Ebda., passim. – Pinchas Lapide, The last three Popes and the Jews. London 1967.

[68] Manche Autoren haben nur ihre Profitinteressen im Auge und hoffen auf kassenwirksame Schlagzeilen in den Massenmedien. Vor allem in den Wochenblättern, die seit Jahren gegen das Christentum und die Kirche arbeiten, wird der Vorwurf erhoben, die Kirche oder der Vatikan habe geschwiegen und sei damit irgendwie zum Mitschuldigen am Holocaust geworden: z. B. Der Spiegel, Nr. 43, vom 20.10.1997, 92–107. – Neuerdings John Cornwall in seinem reißerischen, aber „wertlosen" (G. Gillessen) Buch „Hitlers Pope" (deutsch: Pius XII. – Der Papst, der geschwiegen hat. München 1999).

historischen Forschung, die nach der Hochhuth-Affaire einsetzte, kaum oder gar nicht berücksichtigt werden.[69]

Kehren wir nun zur Ausgangsfrage zurück, warum es unter Pius XII. nicht mehr dazu kam, aus dem Entwurf eine Enzyklika zu machen. Die Antwort, die Émile Poulat bereithält, hat vieles für sich.[70] Seit Pius XII. scheine die Öffentlichkeit viel vom Papst zu erwarten, der als eine Art Sprecher des Weltgewissens angesehen werde. Dies hänge ohne Zweifel mit der Entwicklung der modernen Mediengesellschaft zusammen. Einerseits sei sie der Katalysator für die Säkularisierung und Dechristianisierung der Lebensbereiche, andererseits werde dem Papst eine Stellung und eine Kompetenz zugedacht, wie sie vorher nicht gegeben war. Pius XI. und Pius XII. haben viel gesprochen und seit dem Dekret des Heiligen Offiziums im Jahre 1928 den Antisemitismus immer wieder verurteilt. Warum ist ihr Reden nicht auf fruchtbaren Boden gefallen? Poulat formuliert: „Man muß es unverblümt sagen: am Vorabend des weltweiten Konflikts waren nicht die Juden das eigentliche Problem, für niemanden."[71] In der Tat: Für die westlichen Demokratien ist es kein Ruhmesblatt gewesen, wie sie auf die Judenverfolgung reagiert haben. Damit ist nicht nur ihre Appeasement-Politik gegenüber Hitler-Deutschland gemeint, sondern auch die Tatsache, daß sie der Auswanderung vieler Juden aus Deutschland und ihrer Einwanderung in andere Länder nicht wenige Hemmnisse in den Weg legten.[72]

---

[69] Vgl. Günther Gillessen, Schwieg der Papst wirklich? Ein leichtfertiger Vorwurf unter Verkennung der Situation, In: FAZ vom 12. August 2000, Nr. 186 III. – Vgl. u. a. Dieter Albrecht (Hrsg.), Katholische Kirche und Nationalsozialismus. Ausgewählte Aufsätze, Mainz 1987; Konrad Repgen, Judenpogrom, Rassenideologie und katholische Kirche 1938, in: Kirche und Gesellschaft, Nr. 152/153, Köln 1988 (mit ausgewählter Bibliographie); Heinz Hürten, Pius XII. und die Juden, in: Kirche und Gesellschaft, Nr. 271, Köln 2000 (mit Literaturhinweisen).

[70] Émile Poulat, a.a.O., 25.

[71] Ebda., 26.

[72] Vgl. z. B. den Bericht von Susanne Heim und Thomas Schmid: Wir sind kein Einwanderungsland. Wie sich 1938 auf der Konferenz in Evian 32 Staaten höflich davor drückten, die deutschen Juden zu retten. In: Die Zeit, Nr. 28 vom 2. Juli 1998, 78.

Gundlach, der ein scharfsinniger Beobachter des Zeitgeschehens und der politischen Entwicklung war, machte sich in einem der Briefe an LaFarge am 30. Mai 1940 Gedanken über den Westen: „Die Westmächte haben den Diktator [Hitler] nicht genug ernstgenommen. Zuerst haben sie nach dem Weltkrieg durch eine intransigente und wenig entgegenkommende Außenpolitik dem nationalistischen Diktator in D.[Deutschland] den Weg bereitet; dann haben sie nach 1933 seine Stellung durch Entgegenkommen und Nachgiebigkeit gestärkt und ihm eine ganze Reihe außenpolitischer Erfolge ermöglicht. Diese Grundsatzlosigkeit, diese praktisch bewiesene Gleichgültigkeit gegen[über] dem durch den Diktator tausendfach verletzten Naturrecht und Gottesrecht rächt sich jetzt furchtbar an den Westmächten. Der Diktator hat eben keine Hemmungen, weder religiös-sittliche noch rechtliche".[73]

Der Kirche wirft man vor, sie habe zur Kristallnacht in Deutschland am 9. November 1938 geschwiegen. Aber wo waren die Proteste und Ultimaten der Westmächte und ihre Entschiedenheit, Hitler Einhalt zu gebieten? Und wo waren die Vertreter aus den Medien, aus Wissenschaft und Kultur, die heute gerne über Päpste und Kirche zu Gericht sitzen wollen, aber bisher wenig zur Aufklärung beigetragen haben, warum sie oder ihre Kollegen damals nicht reagierten? Wenige Tage nach der Wahl Pius XII. fielen – trotz aller Garantie der Westmächte – die Resttschechei und Prag. Gundlach schrieb an LaFarge am 15. März 1939: man müsse sich darüber klar sein, „daß jener Rassenwahn keine geringere Weltgefahr zu werden droht als der rote Kommunismus. Möge der Herrgott andere Länder davor bewahren, daß sie erst durch praktische Erfahrung von ihrer Blindheit geheilt werden müssen."[74]

Obwohl die Phase des Schweigens zu Beginn des neuen Pontifikats Gundlach beunruhigte, ist er sich in der Beurteilung Pius' XII. sicher: „Wir erhoffen hier die Fortsetzung der geraden Linie, die war. Wir sind allerdings in Sorge, daß diplomatisierende Einflüsse mehr als recht sich Geltung verschaffen wollen. Aber sicher ist, daß der neue Herr sich nichts vergeben wird und niemals

---

[73] Passelecq/Suchecky, 118.
[74] Ebda., 109.

entgleist, mögen seine Entschlüsse und Kundgebungen vielleicht auch weniger temperamentvoll, sondern mehr fein abgewogen sein."[75]

Dieses Urteil über Pius XII. aus dem Munde Gundlachs, des unerbittlichen Gegners des Nationalsozialismus, widerlegt all jene, die sich in Verdächtigungen und Unterstellungen ergehen und sein „Schweigen" als ein Abrücken von der kompromißlosen Einstellung Pius' XI. interpretieren möchten. Pius XII. ist für Gundlach ein Bürge für „die Fortsetzung der geraden Linie" und ein Papst, der „sich nichts vergeben wird und niemals entgleist". In dieses Bild fügt sich der Bericht über die Wahl Pius XII. in der französischen kommunistischen Zeitung „L'Humanité" ein: „20 Tage nach dem Tod Pius XI. wurde ein neuer Papst gewählt. Es ist Pius XII. Wird er nicht auch mit dem Namen die Arbeit jenes Mannes wieder aufnehmen, dessen Mitarbeiter er als Staatssekretär während der letzten Jahre war? Denn wenn es sich um den Wahnsinn der Rassenlehre, die nationalsozialistische Verfolgung und die Attentate des Faschismus auf die Gewissensfreiheit und menschliche Würde handelte, waren Kardinal Pacelli und Papst nicht zu trennen."[76] – Und die New York-Times kommentierte die Wahl Pius' XII. mit den Worten: „ ... Wieder einmal steht die katholische Kirche Seite an Seite mit den demokratischen Völkern, um die Unabhängigkeit des menschlichen Geistes und die Brüderlichkeit der Menschheit gegen die ungeistigen Methoden neuzeitlicher Barbaren zu verteidigen".[77]

In den ersten Monaten seines Pontifikats spitzte sich die internationale Lage zu. Pius XII. setzte alle Hebel in Bewegung, um den drohenden Zweiten Weltkrieg doch noch zu verhindern. Um bei den Machthabern in Deutschland überhaupt noch Gehör zu finden, hielt er sich mir direkter Kritik und Verurteilungen zurück. Aber es war vergebens; die Dinge nahmen ihren Lauf. Am 20. Oktober erschien

---

[75] Ebda., 110.

[76] Zitiert bei J. Schwarte, a.a.O., 99f. – In dieselbe Richtung weisen die Überlegungen Joseph Wirths, der alles daran setzte, um den Antisemitismus zu bekämpfen und der über P. Leiber einen persönlichen Kontakt zu Kardinalstaatssekretär Pacelli pflegte: Ulrike Hörster-Philipps, a.a.O., 480 ff.; besonders 500f.

[77] J. Schwarte, a.a.O., S. 99.

die erste Enzyklika des neuen Papstes: „Summi Pontificatus". P. Gundlach hatte sie mitvorbereitet und dabei auf den in Paris erarbeiteten Text zurückgegriffen – allerdings ohne die Kapitel über den Nationalismus, über Rasse und Rassismus und ohne die Überlegungen zum Judentum. Nüchtern urteilte Gundlach in seiner Autobiographie, Pius XII. habe seine erste Enzyklika „naturgemäß einem anderen, weniger der Politik ausgesetzten Thema widmen" müssen. Jene, die dies dem Papst als Versagen anlasten möchten, müssen sich fragen, ob sie die Weltlage richtig einschätzen. Denn hätte der Papst in der damaligen Situation die Enzyklika herausgebracht, so würde man ihm heute wohl den Vorwurf machen, er habe, statt den bedrohten Weltfrieden zu retten, Öl ins Feuer gegossen. Man würde ihn wohl auch der Unfähigkeit zeihen, in so schlimmen Zeiten das Schiff der Kirche sicher durch die Stürme zu steuern.

Dabei war Pius XII. von Anfang an darauf bedacht, die Linie seines Vorgängers fortzuführen und die totalitären Herrschaftssysteme sowie die ihnen zugrundeliegenden kollektivistischen Ideologien anzuklagen. Andeutungen über seinen guten Draht zum Papst hatte Gundlach schon in einem früheren Brief an LaFarge gemacht. Jetzt teilte er ihm mit: „ ... im April ließ mir Herr Fischer sagen, ich möchte für das fünfzigjährige Jubiläum von ‚Rerum novarum' ein Dokument vorbereiten über und gegen den Kollektivismus – confidentiell! – Somit wird unsere Arbeit in Paris wieder zu Ehren kommen".[78] Kollektivismus war in der Gundlachschen Terminologie der Oberbegriff, der auf den Nationalsozialismus ebenso zutraf wie auf den Kommunismus. Die Ausweitung des Kriegsgeschehens und die damit verbundene Zunahme der Feindseligkeiten hat diese Pläne durchkreuzt.

Zum Stellenwert des Kapitels über den Rassismus

Die Einführung in den Text für eine Enzyklika gegen Nationalismus und Rassismus soll nicht abgeschlossen werden, ohne auf den Stellenwert des Kapitels über den Rassismus einzugehen. Die Betei-

---

[78] Brief Gundlachs an LaFarge vom 30. Mai 1940; abgedruckt bei Passelecq/Suchecky, 119.

ligten waren sich bewußt, daß eine Enzyklika von anderer Qualität ist als ein Dekret oder eine Erklärung des Papstes oder einer Kongregation zu aktuellen Fragen oder zu geistig-sittlichen Verirrungen im Zusammenleben der Menschen und Völker. Eine Enzyklika muß vielmehr die Tatbestände im Zusammenhang herausarbeiten und in der Beurteilung und Kritik von Fehlentwicklungen überzeugend argumentieren und das öffentliche Bewußtsein schärfen.

Wie ist Gundlach an den Auftrag, den Pius XI. dem P. LaFarge erteilt hatte, herangegangen? Die Ausgangslage war für ihn und alle Beteiligten nicht einfach. Die Sozialverkündigung der Kirche, die unter Leo XIII. begonnen hat, befand sich noch in einem frühen Stadium. Nur auf dem Gebiet der „sozialen Frage", die sich mit dem Industrialisierungsprozeß in Europa stellte, gab es zahlreiche Untersuchungen über die Ursachen und Folgewirkungen aus christlicher Sicht, auch über die verschiedenen Konzeptionen zur Lösung dieser Frage. Die Sozialenzykliken „Rerum novarum" (1891) und „Quadragesimo anno" (1931) konnten auf diesen Wissensstand zurückgreifen.

Ganz anders war die Ausgangslage für die Auseinandersetzungen mit dem Nationalsozialismus und mit dem Kommunismus in den Enzykliken „Mit brennender Sorge" und „Divini Redemptoris". Nicht die Analyse und Kritik der Rassen- beziehungsweise der Klassenideologie standen im Mittelpunkt, sondern mehr die theologischen Irrtümer des Atheismus. Mit der Vorbereitung einer Enzyklika gegen Nationalsozialismus und Rassismus betrat man Neuland. Daß hier der theologische Einstieg nicht genügte, zeigte sich am Phänomen des „Antijudaismus". Deshalb war es für Gundlach ein vordringliches Anliegen, neben der heilsgeschichtlich-theologischen Betrachtungsweise die auf der Schöpfungsordnung beruhende naturrechtliche Argumentation wiederzuentfalten. Die Erneuerung des christlich-sozialen Denkens war nur möglich, wenn es gelang, die Gestaltung und Ordnung der gesellschaftlichen Verhältnisse an den Grundwerten des Evangeliums und insbesondere des Naturrechts zu orientieren. Auch LaFarge hatte bei seinen Bemühungen, die Gegensätze zwischen Weißen und Schwarzen in den USA zu überwinden, diese Einsicht gewonnen und die naturrechtliche Betrachtungsweise in „Rerum novarum" schätzen gelernt.

Dabei konnten Gundlach und seine Mitstreiter auf eine Reihe von Äußerungen des kirchlichen Lehramts zum Rassismus zurückgreifen. Neben der Kritik am Nationalsozialismus und seiner Rassenideologie, die schon in der Enzyklika „Mit brennender Sorge" (1937) dargelegt wurde, muß hier das Dekret des Heiligen Offiziums vom 25. März 1928, das die Auflösung des Priesterwerks der Freunde Israels verfügte, genannt werden. Wie der Apostolische Stuhl allen Haß und alle Feindschaft unter den Völkern verwirft, heißt es darin, „so verurteilt er ganz besonders den Haß gegen das einst auserwählte Volk Gottes, nämlich jenen Haß, den man heute gewöhnlich ‚Antisemitismus' nennt."[79] Der deutsche wie auch der französische Text (Nr. 183 bzw. Nr. 144) weisen darauf hin.

Die schärfste Verurteilung des Antisemitismus erfolgte in dem viel zu wenig beachteten Dokument vom 13. April 1938, das bisweilen als „Syllabus gegen den Rassismus" bezeichnet wird. Es handelt sich um ein Reskript der Studienkongregation, deren Präfekt Papst Pius XI. selbst war. Es richtete sich an die Rektoren aller katholischen Universitäten der Welt. Die Professoren wurden aufgerufen, die Irrtümer des Rassismus zu widerlegen und die Wahrheit zu verteidigen. Als „höchst gefährliche Lehrsätze" werden verurteilt:

„1. Die Menschenrassen unterscheiden sich durch ihre angeborenen, unveränderlichen Anlagen so sehr voneinander, daß die unterste Menschenrasse von der höchsten weiter absteht als von der höchsten Tierart.
2. Die Lebenskraft der Rasse und die Reinheit des Blutes müssen auf jede Weise bewahrt und gepflegt werden. Was zu diesem Zwecke geschieht, ist ohne weiteres sittlich erlaubt.
3. Aus dem Blute, in dem die Rassenanlagen enthalten sind, gehen alle geistigen und sittlichen Eigenschaften als aus seiner hauptsächlichen Quelle hervor.
4. Hauptzweck der Erziehung ist die Entwicklung der Rassenanlage und Weckung der Liebe zur eigenen Rasse, weil sie den höchsten Wert darstellt.

---

[79] Abgedruckt bei Passelecq/Suchecky, 124f.

5. Die Religion untersteht dem Gesetze der Rasse und ist ihr anzupassen.
6. Die erste Quelle und höchste Regel der gesamten Rechtsordnung ist der Rasseinstinkt.
7. Das einzig lebende Wesen, das existiert, ist der Kosmos oder das Weltall. Alle Dinge, der Mensch selbst eingeschlossen, sind nichts anderes als verschiedene Erscheinungsformen des lebendigen Weltalls, die sich im Laufe langer Zeiträume entwickeln.
8. Die einzelnen Menschen existieren nur durch den Staat und um des Staates willen. Alles Recht, das sie besitzen, haben sie nur auf Grund einer Verleihung durch den Staat." (Übersetzung aus dem Lateinischen durch die Fuldaer Bischofskonferenz, August 1938).[80]

Während die politische und die wissenschaftliche Welt weitgehend schwieg, hat die katholische Kirche gesprochen und gehandelt. Im Gundlach-Entwurf werden einige der verurteilten Sätze zitiert und kommentiert.

Das Kapitel über den Rassismus ist im Text-Entwurf in zwei Teile gegliedert. Die zentrale These Gundlachs lautet: „Der Rassismus leugnet im Widerspruch mit Glaube, Wissenschaft und Erfahrung die Einheit der Menschheit" (Nr. 150 bis 164). Der Rassismus leugnet die Personalität des Menschen und die personale Verbundenheit der Menschen; er leugnet die allgemeingültigen, objektiven Ziele und Werte der Menschheit; er leugnet vor allem *eine* für alle Menschen gültige Sittenordnung, ebenso *eine* Religion, zu der sich Menschen verschiedener Rasse bekennen; er leugnet die Menschheit als „Einheit in der Vielfalt" und beansprucht eine extensive Totalität. Der „Rassismus", wie ihn der Nationalsozialismus vertritt, steht mithin im radikalen Gegensatz zum christlichen Glauben, zu den im Laufe der Geschichte gewonnenen Einsichten in das Wesen des

---

[80] Das Reskript ist abgedruckt bei: Konrad Repgen, Judenpogrom, Rassenideologie und katholische Kirche 1938 (Reihe: Kirche und Gesellschaft, hrsg. von der Katholischen Sozialwissenschaftlichen Zentralstelle, Nr. 152/153), Köln 1988, 28f. – Das Reskript wurde am 3. Mai 1938, also während Hitlers Staatsbesuch in Rom vom 3. bis 9. Mai, auf der ersten Seite des „Osservatore Romano" veröffentlicht.

Menschen und seiner Sozialität und zur Erfahrung. Unter „extensiver Totalität" versteht Gundlach das totalitäre Herrschaftssystem, das alle Bereiche des menschlichen und sozialen Lebens dem Rassenprinzip unterwirft.

Im Zweiten Teil folgen einige Überlegungen zur Verschiedenheit der Rassen. Von großer Bedeutung ist der Grundsatz, daß es keinen wesentlichen Unterschied in der Kulturbefähigung der Rassen gebe. Damit wird die Vorstellung, man könne und müsse zwischen höheren und niederen Rassen unterscheiden, zurückgewiesen. Auch ist es abwegig zu meinen, die Kulturbefähigung der Rassen sei von Natur aus unterschiedlich. Wenn Unterschiede in der Entwicklung der Kultur festgestellt werden, dann können diese, so der Gundlach-Text, nicht auf Wesensmerkmale, sondern nur auf „Umwelteinflüsse" zurückgeführt werden, denen einzelne große isolierte Menschengruppen dauernd und lange ausgesetzt waren. Im übrigen wirke sich die Rassenbesonderung positiv auf die gesellschaftliche Gruppenbildung aus. Das Vorhandensein mehr oder weniger entwickelter Rassen sei „keine eigentliche Rassenfrage, weder eine biologische noch erst recht nicht eine theologische im Sinne göttlicher Auserwählung oder Verwerfung" (Nr. 167). Diese Aussage richtet sich offenkundig gegen antijudaistische Vorstellungen.

Die Erklärung der Rassenunterschiede aus Umwelteinflüssen hat auch weitreichende Konsequenzen für das, was man heute unter Entwicklungspolitik versteht. Ausdrücklich heißt es, daß diejenigen Staaten, die in ihren Kolonien den kulturellen Tiefstand bestimmter Rassengruppen aus machtpolititischen Gründen nicht beheben, „gegen die Grundsätze des christlichen Sittengesetzes und des Naturrechts" verstoßen (ebda). Die Staaten, insbesondere die Kolonialmächte, sind verantwortlich, die Isolation der zurückgebliebenen Rassen aufzuheben und diese so zu fördern, daß die notwendige Einheit im Staat entstehen kann. Es werden schließlich noch „Vorurteile" angesprochen, die auf dem amerikanischen Kontinent vorhanden sind und zur Vorstellung „ein für allemal gegebener niederer und höherer Rassen" führen (Nr. 168). Eine Diskriminierung liege dann nicht vor, wenn Liebe und Klugheit nach Lage der tatsächlichen Verhältnisse der Rassen unterschiedliche soziale Regelungen und gesellschaftliche Besonderungen nahelegen (Nr. 169).

Der Rassismus ist für Gundlach Ausfluß der Krise, von der die moderne Gesellschaft befallen ist. Für den Ende der dreißiger Jahre erreichten Bewußtseins- und Forschungsstand sind die Ausführungen zum Problem des Rassismus und die damit verbundene Ursachenanalyse höchst eindrucksvoll. Der Rassismus in seiner ganzen Brutalität und Unmenschlichkeit ist ein Anschlag gegen die Einheit der Menschheit und gegen die Einheit der Gesellschaft. Er ist zugleich ein Verrat an den christlichen und humanen Traditionen. Auch wenn die beabsichtigte Enzyklika aus den dargelegten Gründen nicht erschienen ist, so kann die Veröffentlichung des Gundlach-Entwurfes den Standort der katholischen Kirche in der Auseinandersetzung mit dem Rassismus und Antisemitismus klären. Im Vergleich zu dem, was damals an Kritik und Widerstand gegen den Rassismus von seiten der westlichen Demokratien, der Human- und Sozialwissenschaften, auch vieler Medien vorgebracht wurde, kann sich die katholische Position sehen lassen. Das naturrechtliche Denken ist in der Lage, ideologische Fehlentwicklungen und Erwartungen aufzudecken und die Würde jedes Menschen, welcher Rasse er auch angehört, zu verteidigen. Nur von diesen Voraussetzungen her kann die Einheit der Gesellschaft und die Einheit der Menschheit gewahrt werden.

Gustav Gundlach S.J.

Einleitende und erläuternde Bemerkungen zur Vorlage des Textes einer Enzyklika „Societatis Unio"

Anlaß zur Abfassung war der Auftrag, den Text zu einer Enzyklika über die Fragen des Nationalismus und Rassismus bereitzustellen. Der grundsätzliche Standpunkt der Kirche ist an sich in mehrfachen Äußerungen aus früheren Pontifikaten und vor allem aus dem jetzigen Pontifikat gegeben und ist außerdem in der letzten Zeit mehrfach in Ansprachen des Hl. Vaters erneut klar und bestimmt zum Ausdruck gekommen. Hier durch eine Enzyklika für den *unmittelbaren* Gebrauch der Öffentlichkeit und zur *unmittelbaren Einwirkung auf den Tageskampf* wie bei der Enzyklika „Mit brennender Sorge" etwas Neues beizutragen, schien also nicht möglich und nach der Lage der Dinge wohl auch nicht gewünscht.

Vielmehr konnte die Absicht nur sein, die Frage des Rassismus und Nationalismus *in einem breiteren und tieferen Zusammenhang* zu behandeln und, wenn auch nicht ohne Rücksicht auf den Tageskampf, so doch in einer *mehr wissenschaftlich begründenden Weise* zu betrachten.

Die Gründe, die dazu bestimmten, sind folgende.

I. Außerkirchliche Gründe

1. Der Vergleich mit dem Protestantismus. Die sogenannte ökumenische Weltkirchenkonferenz in Oxford, 1937, hat einen umfassenden Bericht über ihre Tagung herausgegeben, wo auch die Probleme der Rasse und des Nationalismus behandelt werden; die Methode ist umfassend und wissenschaftlich. Eine Enzyklika kann daher mit Rücksicht auf die angelsächsischen Länder an einer gleichen Behandlung des Gegenstandes nicht vorübergehen.

2. Gerade der Vergleich mit der protestantischen Stellungnahme wird beim Leser der Enzyklika zu Gunsten der Kirche ausfallen. Denn:

a) Aufbau und innerer Zusammenhang der Enzyklika, gleichzeitig ihr Reichtum an Stoff, zeugen für die Einheitlichkeit und Geschlossenheit des katholischen Standpunkts.

b) Die Kirche erscheint als Beschützerin der wahren menschlichen Kultur und Einheit, im besonderen von Persönlichkeit und Freiheit, Wissenschaft und Friede.

c) Die Kirche erscheint als die einstige Mutter des Abendlandes, die heute allein noch die geistige Einheit retten kann.

II. Innerkirchliche Gründe

1. In manchen Ländern ist infolge des staatlichen Totalismus die kirchliche Wissenschaft entweder vollständig behindert oder unfrei. Hier ist das kirchliche Lehramt durch die Umstände berufen, irgendwie wenigstens Ersatz zu bieten.
2. Fast überall machen sich in der kirchlichen Wissenschaft und Praxis einseitig supernaturalistische Strömungen bemerkbar, die die natürliche Erkenntnis, vor allem die Normen der Sozialethik und des Naturrechts vernachlässigen oder zurückstellen. Demgegenüber soll die Enzyklika zeigen, daß ohne diese Normen eine umfassende und befriedigende Erörterung dringender gesellschaftlicher Fragen nicht möglich und vom katholischen Standpunkt aus auch nicht richtig ist.
3. Die neue Enzyklika wird durch Gegenstand und Methode in unmittelbarem harmonischen Zusammenhang mit den anderen großen wissenschaftlich-umfassenden Enzykliken dieses Pontifikats stehen, vor allem mit „Divini Magistri", „Casti Connubii" und „Quadragesimo anno"; sachlich bedeutet sie für die in diesem Pontifikat gebotene Behandlung gesellschaftlicher Fragen einen in mancher Hinsicht krönenden Abschluß.

III. Gründe aus der Sache selbst

1. Die Fragen um Rasse und Nation sind an sich eng verknüpft mit der allgemeinen Philosophie und Moral über Staat und Staatengesellschaft.
2. Diese Fragen sind in ihrer heutigen Auswirkung eng verknüpft mit den gegenwärtigen totalistischen Strömungen und den ihnen entsprechenden Gegenströmungen. Die Fragen der Minderheiten und der Nationalitäten lassen sich in ihrer heutigen Bedeutung nur im Zusammenhang mit dem Totalismus begreifen und behandeln.
3. Nur durch die vorgenommene systematische Behandlung des gesellschaftlichen Lebens läßt sich die spezifische Stellungnahme der Kirche zum Judentum und zum Antisemitismus für alle einleuchtend als eine primär religiöse und keineswegs rassische darstellen.
4. Der heutige Kampf zwischen mehr individualistischen und mehr totalen Auffassungen vom Gesellschaftsleben wird als Kampf zweier *mechanischer* Auffassungen herausgestellt: hier mechanischer Pluralismus, dort mechanischer Totalismus. Das Richtige: die echte Einheit in echter Vielheit (unio in multis: S. Thomas) kann nur verwirklicht werden, wenn man *geistige* und nicht nur materielle Kräfte im Gesellschaftsleben anerkennt, und zwar als führend anerkennt. Dies ist also der Kerngedanke der Enzyklika, der im ersten Teil mehr historisch-systematisch, im zweiten Teil rein systematisch ausgeführt wird. Eine pastorale Anweisung ergibt sich aus den ersten beiden Teilen von selbst.

Gustav Gundlach S.J.

Die Gliederung des Text-Entwurfs[1]

Einleitung (1–6)[2]

a) Die Einheit des menschlichen Zusammenlebens ist schwer beschädigt; gewisse Losungen – Einheit der Nation, der Rasse, des Proletariats, des Staates – verwirren noch mehr (1)

b) Daher muß die Kirche über die wahre Einheit des menschlichen Zusammenlebens sprechen (2–6)

   1) Sie ist durch die Verhältnisse dazu aufgerufen (2)
   2) Sie ist dazu zuständig (3–6)
      a) grundsätzlich betrachtet (3)
      b) geschichtlich betrachtet (4–6)

Ausführung

A. DARLEGUNG DES NEUZEITLICHEN AUFLÖSUNGSPROZESSES DES MENSCHLICHEN ZUSAMMENLEBENS (7–91)

I. Mechanischer Pluralismus unter dem Einfluß der mechanisch-atomisierenden Auffassung vom menschlichen Gesellschaftsleben (7–33)

a) Die Auflösung der Strukturgebilde des menschlichen Gesellschaftslebens (7–26)

   1) Die mechanisch-atomisierende Auffassung von der Struktur des menschlichen Gesellschaftslebens (7–11)
      (a) Selbstsicherheit dieses Denkens an seinem Anfang (7)
      (b) Seine Eigenart (8–11)

---

[1] Überschrift vom Herausgeber.
[2] Die in Klammern beigefügten Ziffern beziehen sich auf die entsprechenden Abschnitte des Text-Entwurfs.

       (aa) Zwei Voraussetzungen (8)
       (bb) Gemeinsame Wurzel dieser Voraussetzungen (9)
       (cc) Umweltbedingungen dieses Denkens (10)
       (dd) Seine letzte Auswirkung (11)

2) Das Versagen der mechanisch-atomistischen Auffassung (12–26)

  (a) Das Verhängnis dieses Versagens (12–13)
      (aa) Das Verhängnis in sich (12)
      (bb) Das Verhängnis gemessen am gegenteiligen äußeren Anschein (13)

  (b) Das Versagen im einzelnen (14–25)
      (aa) Hinweis auf die äußere Fehlentwicklung (14–16)
      Irrtum hinsichtlich der Entwicklung der freien Konkurrenz (14)
      Irrtum hinsichtlich der Entwicklung der menschlichen Gleichheit (15)
      Irrtum hinsichtlich der Entwicklung der allgemeinen materiellen Wohlfahrt (16)

      (bb) Nachweis der Fehlentwicklung der inneren Einheit (17–25)
      Es eint nicht das Ziel allgemeiner materieller Wohlfahrt (17)
      [Es eint nicht] der Erwerbstrieb (18)
      [Es eint nicht] der Beruf (19)
      [Es eint nicht] die Einrichtung des Privateigentums (20)
      [Es eint nicht] Raum und Zeit (21)
      [Es eint nicht] die Einrichtung der Staatlichkeit (22–25)
        – Wesenswidrige Ausweitung der Tätigkeit des Staates (23–24)
          – Folge für den Staat nach innen (23)
          – Folge für den Staat nach außen (24)
        – Entwürdigung des Staates im Bewußtsein der Menschen (25)

3) Zusammenfassung der auflösenden Tendenzen hinsichtlich der Strukturgebilde des menschlichen Gesellschaftslebens (26)

b) Die auflösende Auswirkung der mechanisch-atomistischen Auffassung hinsichtlich der Einheit der menschlichen Persönlichkeit (27–32)
1. Allgemeine Charakterisierung dieser Auflösung (27)
2. Der Auflösungsvorgang (28–32)
   a) gezeigt am Verhältnis der Person zur Arbeit, zum Besitz, zu Raum und Zeit und zur Staatlichkeit (28)
   b) Sinnwidrigkeit dieser Entwicklung (29)
   c) Ergebnis: Der Mensch als Masse (30–32)
      (aa) Seine reine Passivität (30)
      (bb) Gesteigert durch Umweltverhältnisse: Uniformierung des Lebens und moderne Beeinflussungsmittel (31)
      (cc) Vollendeter Widerspruch zum Ideal der christlichen Persönlichkeit (32)

c) Zusammenfassende Feststellung hinsichtlich der Auflösung der Einheit des menschlichen Zusammenlebens unter dem Einfluß der mechanisch-atomistischen Auffassung dieses Lebens (33)

II. Mechanischer Totalismus unter dem Einfluß der mechanisch-totalen Auffassung vom menschlichen Gemeinschaftsleben (34–91)

a) Auflösende Auswirkung der mechanisch-totalen Auffassung hinsichtlich der Strukturgebilde des menschlichen Gesellschaftslebens (34–51)
1) Einheitsgefährdende Wirkung der mechanisch-totalen Auffassung im allgemeinen (35–36)
   (a) wegen ihrer inhaltlichen Verschiedenheit an sich (35)
   (b) wegen der Schwächung der Idee der Menschheit (36)
2) Einheitsgefährdende Wirkung der mechanisch-totalen Auffassung im einzelnen (37–51)
   (a) nach aussen (37–38)

           (aa) Tendenz zur Diskriminierung anderer (37)
           (bb) Die expansive Tendenz des Dynamismus (38)
       (b) nach innen (39–41)
           (aa) Keine wahre gesellschaftliche Einheit durch die mechanische Totalität als eine rein extensive (39–41)
           (bb) Anwendung im einzelnen (42–51)
               – Neigung zu uniformierendem Kollektivismus mit Intoleranz gegen andere Gruppen (42)
               – hinsichtlich der rassischen und nationalen Gebilde im besonderen (43–50)
                   – bezüglich der Einheit des Wirtschaftslebens (43) (Falsches Wirtschaftsziel – falsche Autarkietendenz)
                   – bezüglich der Sozialordnung (44)
                   – bezüglich der Staatlichkeit (45)
                   – bezüglich des Raumes (46)
                   – bezüglich der Zeit (47–49)
                   – Zusammenfassung: Zerstörung jedes *echten* Pluralismus (50)
               – Ergänzung hinsichtlich der „staatlichen" und „proletarischen" Totalität (51)
   b) Auflösende Auswirkung der mechanisch-totalen Auffassung hinsichtlich der *Einheit der menschlichen Person* (52–55)
       1) Grundsätzliche Minderbewertung der Persönlichkeit (52–55)
           (a) Tatsache (53)
           (b) Stellungnahme dazu (54–55)
       2) Praktische Minderbewertung der Persönlichkeit (56–80)
           (a) hinsichtlich des arbeitenden Menschen (56)
           (b) hinsichtlich der Einrichtung des Privateigentums (57–59)
               – staatssozialistische Tendenz (57)
               – gesellschaftspolitische Auswirkung vor allem durch die Gefährdung des Mittelstandes (58–59)

(c) hinsichtlich der natürlichen Aktivität und Initiative des Menschen (60–62)
- Absorbierung durch Massenorganisationen (60)
- Seelische Uniformierung durch die technischen Mittel der Suggerierung der öffentlichen Meinung (61)
- Ergebnis: Der Massenmensch (62). Keine Schöpferischkeit der Kultur; heimlicher Individualismus: Flucht vor der Verantwortung; Schädigung der Jugendpsyche)

(d) hinsichtlich der wahren Beziehung zur Autorität (63–80)
- Neigung zu einer rein negativen Auffassung des Verhältnisses von gesellschaftlicher Autorität zu den Gliedern (63)
- Irreführende Bezeichnung dieser Auffassung als „autoritär" (64)
- „Autoritär" bezieht sich richtigerweise auf die technische Art der Willensbildung der Gemeinschaft (65–67)
  - Unberechtigte Begründung mit der Analogie der Kriegsführung (66)
  - Der Friede als Normalzustand – Die Bedeutung von Diskussion und freier öffentlicher Meinung in ihm (67)
- Sittliche Seite der Technik des „Autoritären" (58–80)
  - Geringschätzung der Verantwortung der Gemeinschaftsglieder (68)
  - Von der Funktion der Autorität her gesehen (69)
  - Von der Autorität an sich her gesehen (70–73)
    Begrenzung der Autorität durch die Personwürde (70)
    Wirkgebiet und Reichweite in bezug auf das jeweilige Gemeinwohl (71–73)
  - Praktische Auswirkung der Überspitzung der menschlichen Autorität (74–76)

- Nichtberücksichtigung der Verantwortlichkeit der Glieder; Kritik des absoluten Anti-Demokratismus (77–80)

3) Abfall vom Geist im Leben des Einzelmenschen (81–90)
    (a) Wiederholung desselben Vorganges wie unter dem Einfluß des mechanisch-atomistischen Denkens (81–82)
    (b) Die Ungeistigkeit der extensiven Totalität (83–84)
    (c) Wendung zum Nichtgeistigen (85–90)
        – Scheinbar lebendigere Wirklichkeit (85)
        – Preisgabe der Persönlichkeit (86)
        – Verungeistigung des Vorganges der Gesellung selbst (87)
        – Äußere Anzeichen der Wendung zum Nichtgeistigen (88–89)
        Auflösung der geist-leiblichen Einheit des Menschen.
        Auflösung des Begriffes der Wissenschaft.
        – Der Mensch des mechanischen Totalismus (90)

4) Die durch den Abfall vom Geiste bewirkte Zerreißung der Einheit der Gesellschaft und der Einheit der Persönlichkeit wurzelt im Abfall von Gott (91)

B. DIE EINHEIT DES MENSCHLICHEN ZUSAMMENLEBENS (92–183)

I. Die Menschheit als Einheit (92–122)
   a) Die gemeinsame Menschennatur (93–97)
      1) im Lichte der Erfahrung (93)
      2) im Lichte der Philosophie und der Erfahrungswissenschaften (94)
      3) nach der Lehre der Offenbarung (95–96)
         (a) über Erschaffung und Erbsünde (95)
         (b) über Menschwerdung und Erlösung (96)
   b) Der gemeinsame Raum (98–100)
      1) Seine einheitstiftende Funktion im natürlichen Leben (98)

2) Seine einheitstiftende Funktion im übernatürlichen Leben (99)
3) Symbolischer Ausdruck dafür (100)
c) Die gemeinsame Zeit (101–104)
   1) Einheitstiftende Funktion durch Traditionsverbundenheit (101–103)
      (a) Art dieser Funktion, besonders hinsichtlich der Bildung von Nationen (101)
      (b) Das Verhältnis der Kirche hierzu: "Katholische Nation" (102–103)
   2) Einheitstiftende Funktion durch die Generationen- und Zeitenfolge (104)
d) Die äußere Güterwelt (105–109)
   1) Das allgemeine Nutzungsrecht und der allgemeine Güter- und Personenverkehr (105–106)
   2) Das allgemeine Nutzungsrecht und die Befriedigung der menschlichen Bedürfnisse (107–109)
e) Die Arbeit (110–112)
   1) Die Pflicht zur Arbeit (110–111)
   2) Arbeitsgemeinschaft als Berufs- und Menschheitsgemeinschaft (112)
f) Familie und Staat (113–122)
   1) Der natürliche Ursprung von Familie und Staat (113)
   2) Der religiöse Charakter der Familie (114)
   3) Der religiöse Charakter des Staates (115)
   4) Die Krise von Familie und Staat und ihre Heilung (116–122)
      (a) bezgl. der Familie (116)
      (b) bezgl. des Staates (117–122)
         (aa) Art der Krankheit (117)
         (bb) Heilmittel (118–122)
            – im innerstaatlichen Bereich (118–119)
            – im zwischenstaatlichen Bereich (120–122)

II. Die Menschheit als Vielheit (123–183)
  a) Das Strukturgesetz; kein Internationalismus (123)
  b) Die Tatsache der Vielheit (124)
  c) Die Natur der gesellschaftlichen Besonderungen (125–183)
    1) Allgemeine Bemerkungen darüber (125–130)
      (aa) Möglichkeit negativer und positiver Feststellungen hierüber (125)
      (bb) Die negativen Feststellungen (126)
      (cc) Die positiven Feststellungen (127)
      (dd) Verhältnis von negativen und positiven Feststellungen; Ablehnung der Erfolgsethik (128–130)
    2) Spezielle Bemerkungen hierüber (131–183)
      A) *Staat* und Heilung seiner Schäden (132–135)
        (aa) Rücksichtlich seines Ordnungscharakters (132)
        (bb) Rücksichtlich seiner Willensbildung (133)
        (cc) Rücksichtlich des Dynamismus nach innen und nach außen (134)
        (dd) Tugend des Patriotismus (135)
      B) *Volkstum* (136–143)
        (aa) Zu seinem Wesen und unmittelbar unpolitischen Charakter (136–140)
        (bb) Falschheit unmittelbar politischer Ansprüche an das Volkstum (141–143)
      C) *Nation* (144–148)
        (aa) Wesen dieser Verbundenheit (144)
        (bb) Nation und Staatlichkeit (145)
        (cc) Natur und Verkehrtheit des Nationalismus (146)
        (dd) Tugend der Anhänglichkeit an die Nation (147)
        (ee) Wechsel von Nation und Heimat (148)
      D) *Rasse* (149–169)
        (aa) Begriff der Rasse (149)

(bb) Der Rassismus leugnet im Widerspruch mit Glaube, Wissenschaft und Erfahrung die Einheit der Menschheit (150–164)
  – Die Tatsache im allgemeinen (150)
  – Er leugnet die Personalität und personale Verbundenheit der Menschen (151–155)
  – Er leugnet allgemeingültige, objektive Ziele und Werte der Menschheit, vor allem *eine* Sittenordnung, *eine* Religion
  – Er leugnet die Menschheit als „Einheit in der Vielheit" und beansprucht extensive Totalität (162–164)
(cc) Grundsätze über die Verschiedenheit der Rassen (165–169)
  – Kein wesentlicher Unterschied in der Kulturbefähigung aus dem Rassenunterschied als solchem (165)
  – Entscheidende Wichtigkeit der Umwelt (166)
  – Folgerungen für die Praxis der Kolonisation und für die heutige Praxis im Verhältnis der Rassen (167–169)

E) *Die religiöse gesellschaftliche Besonderung:* Das Judentum (170–183)
  (aa) Die Tatsache des fast ausschließlichen Kampfs gegen die Juden macht den Rassismus der inneren Unehrlichkeit verdächtig (170)
  (bb) Das Judentum als primär religiöse Besonderung im menschlichen Gesellschaftsleben (171–173)
  (cc) Sowohl neuzeitliche Emanzipation wie moderne Judenbekämpfung übersehen den religiösen Grundcharakter der jüdischen Besonderung und gehen daher fehl im Ziel und in den Methoden (174–178)
  (dd) Grundsätze zur Auffassung und Behandlung des Judentums (179–183)

Gustav Gundlach S.J.

Der Entwurf einer Enzyklika „Societatis Unio" (1938)[1]

1. Das menschliche Zusammenleben, das der Einzelnen und ganz besonders das der kleineren oder größeren Gruppen, bietet heute den Anblick höchster Verwirrung. Zu allem Unglück handelt es sich hier nicht nur um eine Verwirrung der Zustände, sondern leider noch mehr um eine Verwirrung der Geister. Die verschiedenartigsten, oft ganz entgegengesetzten Losungen werden ausgerufen und gehandhabt, um den rettenden Ausweg aus dieser Verwirrung zu zeigen. Hier lockt schillernd und blendend das Zauberwort von der *„Einheit der Nation"*. Dort berauscht die Massen der Ruf zur *„Einheit der Rasse"* mit seinem aufdringlich zur Schau gestellten Kraft-und Tatwillen; und schließlich wird uns vom Osten her in einem schauerlich-blutigen Morgenrot eine neue Menschheit als weltweite *„Einheit des Proletariats"* verheißen. Hinzukommt die längst bekannte Parole *„Einheit des Staates"*; diese Forderung hat zwar in unseren Tagen nicht die Kraft, daß sie wie die vorhergenannten Losungen Gemüt und Einbildungskraft der Menschen gefangennimmt; dafür lastet sie aber beinahe überall um so schwerer und fühlbarer auf den Menschen mit einem kaum je erlebten Druck einer übersteigerten Verwaltungstätigkeit, einer überaus scharfen Belastung der privaten Sachwerte und einer schonungslosen Inanspruchnahme persönlicher Leistungen, die von Staatsbürgern jeden Standes und jeden Geschlechtes aufzubringen sind; selbst die kaum zum Vernunftgebrauch erwachte Jugend ist davon nicht ausgenommen.

---

[1] Der Titel ist vom Herausgeber gesetzt. – Im Original-Dokument sind einige Schreibfehler enthalten, die verbessert wurden.

2. In dieser Stunde nun, wo so entgegengesetzte Parolen das Zusammenleben der Menschen mehr und mehr zerstören, geschweige daß sie ihm Ordnung und Einheit geben, ist geboten, daß die Kirche spricht und wie so oft schon in den letzten hundert Jahren die irrende, rein menschliche Weisheit an die Weisheit Gottes verweist; denn Er hat als Geist der Wahrheit und Ordnung in Seiner Schöpfung die allein gültigen Grundlagen und Grundsätze des menschlichen Zusammenlebens niedergelegt.

3. Wenn die Kirche in dieser Absicht spricht, greift sie also durchaus nicht ohne Befugnis in fremde Zuständigkeiten ein; noch weniger betreibt sie damit „Politik" oder verfolgt irdische Machtinteressen, wie manche Böswillige oder Unwissende ihr immer wieder vorwerfen und einer hörigen Masse vorreden. Nein, sie ~~erfüllt damit nur den Lehr- und Hirten~~auftrag unter den Menschen, für den der göttliche Stifter der Kirche, Jesus Christus unser Herr, ihr seine eigene Autorität übertrug. Dieser Auftrag bezieht sich ja nicht nur auf das, was unmittelbar oder abgeleitet Gegenstand der christlichen Offenbarung ist, sondern ebenso auf all das, was zur Erleuchtung und sicheren Wegweisung der Gewissen in allen Fragen und Lagen des Lebens nötig ist, insofern und insoweit menschliche Zielsetzungen und Handlungen mit den alle Menschen verpflichtenden Lehren und Normen der Offenbarung Christi und der göttlichen Welt- und Sittenordnung zusammenhängen. Da nun alle Zielsetzungen und Handlungen menschlicher Gewissen ihre unaufhebbare Beziehung zur Verherrlichung des Schöpfers und Erlösers und zum Seelenheil des erlösten Geschöpfes haben, so finden sie um dieser Beziehung willen in den genannten Lehren und Normen auch die oberste und allein unbedingte Richtschnur ihrer Entscheidung. So ist es also begründet, wenn die Kirche immer wieder zu Fragen des menschlichen Zusammenlebens Stellung nimmt. Sie übt damit eine gottgegebene, religiöse Pflicht aus und ein gottgegebenes, religiöses Recht.

4. Freilich kann sich die Kirche bei dieser Stellungnahme auch auf ein gleichsam geschichtlich erworbenes Recht dazu berufen; und vielleicht ist gerade die jetzige Lage der Menschheit und der Völker der gegebene Augenblick hierfür. Die Kirche als eigengeartete, übernatürliche Gemeinschaft stellt ihrem Wesen nach die tiefste und umfassende Einheit des menschlichen Zusammenlebens dar. Darüber hinaus hat sie aber auch im Verlaufe der Geschichte diese Einheit für große und entscheidende Teile der Kulturmenschheit jahrhundertelang verwirklicht. Gewiß hat man sie seitdem in dem verhängnisvollen Prozeß der sogenannten Säkularisierung des menschlichen Lebens, seiner Losreißung von Gott und von der Religion aus ihrer segensreichen, einheitstiftenden Rolle verdrängt. Aber es wird doch schwerlich jemand leugnen können, daß, wenn selbst heute noch Reste einheitlicher Auffassung und Gesittung in der Menschheit und zwischen den Völkern lebendig sind, dies dem einstigen erzieherischen Einfluß der Kirche zu danken ist.

5. Bewußt oder unbewußt leben auch in der Gegenwart die Kulturvölker von den Lehren und Grundsätzen, die einst die Kirche als gemeinsame Mutter den heute alt gewordenen Völkern des Abendlandes mitgab und durch sie auch jenen Völkern des ganzen Erdkreises, die vom Abendland entscheidende innere Beeinflussung und Formung – gewiß nicht nur im Schlechten, sondern doch auch im Guten – empfingen und noch dauernd empfangen. – Somit kann sich die Kirche nicht nur aus ihrem gottgegebenen Wesen heraus, sondern auch im Namen der Geschichte als das wahre Lebensprinzip der menschlichen Gesellschaft bezeichnen; und deshalb kann sie jenen verhängnisvollen Säkularisierungsprozeß nicht nur als Verletzung der von Gott grundgelegten Ordnung verurteilen, sondern sie kann ihn heute, angesichts der nunmehr erreichten Verwirrung und Zerrüttung des menschlichen Zusammenlebens, auch als schändlichen Anschlag auf die Einheit und das Wohl der Menschheit und ihrer Völker vor aller Welt brandmarken.

6. Vor allem aber kann sie die Sprache einer liebenden Mutter zu den Völkern sprechen, um sie ins Heimathaus, auf den gemeinsamen geistigen Heimatgrund zurückzurufen, von dem sie sich in ihrer Verblendung verirrten; sie kann ihnen zeigen, wie sie dadurch die letzte Möglichkeit wahrer Einsicht unter dem süßen, wenn auch das Kreuz für die Einzelnen und für die Völker einschließenden Joch Christi preisgegeben haben; und sie kann ihnen vor Augen halten, wie sie gegen diesen einheitschenkenden Dienst Christi die hoffnungslose Zwietracht unter dem drückenden Joch der verschiedenartigsten, sich oft völlig entgegengesetzten und leider nicht selten von Gottes Ordnung gänzlich gelösten gesellschaftlichen Ideen und Systeme eintauschten.

7. So mag denn die Kirche sprechen und zunächst einmal zur Klarstellung der Tatsachen die Frage stellen: Wie ist es eigentlich gekommen, daß unsere Zeit eine so lähmende Uneinigkeit und eine so niederdrückende Richtungslosigkeit aufweist, sobald es gilt, das Zusammenleben der Menschheit und der Völker zu ordnen?

Wer sich an den Anfang der neuzeitlichen, erst heute zur vollen Auswirkung kommenden Entwicklung zurückversetzt, wird jedenfalls eine ganz andere Mentalität antreffen, nämlich den Geist selbstverständlicher Sicherheit und unbeirrbarer Zuversicht, daß man die wahren Grundsätze entdeckt und sich zu eigen gemacht habe, die eine dauerhafte Ordnung des menschlichen Zusammenlebens und einen unaufhaltsamen Aufstieg der Menschheit zu Wohlstand und Frieden gewährleisten. Es war damals, als ob der Mensch, der mit den jüngst aufgefundenen Kräften des Dampfes und der Elektrizität eine unerhörte Entfaltung technischen und wirtschaftlichen Könnens einleitete, auch das Geheimnis entdeckt habe, schlechthin alles zu meistern, zu ordnen und zu höchster Leistung zu bringen. Und so ging er auch an die Probleme des gesellschaftlichen Lebens mit den Anschauungen und Verfahrensweisen der neuen Technik heran; er machte sich daran, alles in seine letzten Elemente aufzulösen, alle gesellschaftlichen Verhältnisse auf letzte Gesetzmäßigkeiten zurückzuführen, die er sich als an sich rein mechanisch und zwangsläufig wirkend vorstellte und deren Kenntnis ihn, wie er annahm, befähigen würde, nach den wechselnden Erfordernissen der jeweiligen Lage gesellschaftliche Gebilde entweder aufzulösen oder umzubauen, oder sogar neu zu kombinieren und zu konstruieren.

8. Hierbei waren allerdings zwei Voraussetzungen zu machen oder besser gesagt, zwei Hindernisse zu überwinden, wenn man im Bereich des menschlichen Gesellschaftslebens so unbehindert kombinieren und konstruieren wollte: erstens mußte man sich eine *neue Auffassung von der menschlichen Natur und ihrer Wesensstruktur* zueigen machen; und zweitens mußte man eine *neuartige Auffassung von der Wirklichkeit im allgemeinen* ausbilden. –

In der Tat sah man in dieser Zeit in der menschlichen Natur nicht mehr eine unlösbare, von einer geistigen Form innerlich durchwaltete Lebenseinheit verschiedenartigster Seinsstufen, sondern man führte sie auf ein einziges Element oder auf eine rein äußerliche Kombination mehrerer Elemente zurück. – Und was die Auffassung von der Wirklichkeit überhaupt betrifft, so berücksichtigte man nunmehr an den Dingen nur das äußerlich Gegebene, ihr zufälliges und wechselvolles Nebeneinander- und Nacheinanderbestehen; dabei übersah man aber ihren inneren Aufbau aus wesenhaften, unveränderlichen und darum unantastbaren Seins-, Zweck- und Wertverhältnissen. Für das menschliche Gemeinschaftsleben war es dabei folgenschwer, daß man vor allem das geschichtlich Gewordene nicht mehr richtig zu würdigen wußte, daß man nicht mehr einsehen wollte, daß gesellschaftliche Wirklichkeit kraft ihrer geschichtlichen Wachstumsgesetze nicht ein bloßes Nebeneinander und Nacheinander in Raum und Zeit bedeutet, sondern eine innere Zusammengehörigkeit der Menschen untereinander im Dienste der Verwirklichung wesenhafter Seins- und Wertverhältnisse.

9. Will man jene beiden irrigen Voraussetzungen auf ihre gemeinsame Wurzel zurückführen, so ist festzustellen, daß man in jener Periode im Widerspruch zur gesunden Philosophie und zur christlichen Offenbarung, und im Banne der Irrlehren des Sensismus oder gar des Materialismus und des Positivismus die Geistnatur des Menschen leugnete; zum mindesten trug man der Eigenart dieser seiner Geistnatur keine Rechnung. Denn es konnte doch nur auf der Verkennung der Eigenart des Menschen als Geistwesen beruhen, wenn man außer Acht ließ, daß sein Sein und Wirken auf innere Einheit und Ordnung gestellt und bezogen ist. Aus der Geistnatur ergibt sich weiterhin, daß die menschliche Natur eine innerlich durchformte, unlösliche Lebenseinheit und Zusammenordnung verschiedener Seinsstufen ist; weil der Mensch ein geistiges Wesen ist, darum kann und darf sein Erkennen und Wollen nicht an der Oberfläche der Dinge und ihrer Mannigfaltigkeit hängenbleiben, sondern muß vordringen zum inneren Aufbau der Wirklichkeit und der Gegenstände, zu ihrem wesensmäßigen Zusammenhang in grundlegenden Seins-, Zweck- und Wertverhältnissen, der sie zu innerer Einheit zusammenfügt. Weil der Mensch ein geistiges Wesen ist, darum leben Individuen nicht wie die Tiere in Raum und Zeit zusammen, sondern sie schließen sich kraft der gemeinsamen Verwirklichung wesenhafter Ziele und Werte nicht nur äußerlich, sondern auch innerlich in Raum und Zeit zusammen; m. a. W. sie führen ein wahrhaft geschichtliches und wahrhaft gesellschaftliches Dasein.

10. Allerdings war es zu Beginn der oben gekennzeichneten neuzeitlichen Entwicklung sehr verführerisch, jene beiden falschen Voraussetzungen aufzustellen und somit den Menschen als wahres Geistwesen zu übersehen. [[2]So manche der Formen

---

[2] Hier und in einigen der folgenden Nummern sind im Gundlach-Text handschriftlich Passagen in eckige Klammern gesetzt. Daß es sich hierbei ganz offenbar um Kürzungsvorschläge Gundlachs für die Überset-

des Gesellschaftslebens, die sich im Laufe der Geschichte herausgebildet hatten, wie zum Beispiel nicht wenige der überkommenen feudalen und zünftlerischen Lebensverhältnisse, hatten sich überlebt und waren unfruchtbar geworden. Die große Revolution in Frankreich mit ihren Folgen für Europa und darüber hinaus hatte viele der geschichtlich überlieferten staatlichen Gebilde zerschlagen. So schien überall der Raum frei, um neue gesellschaftliche Gebilde sozialer und politischer Art zu konstruieren; dabei konnte man die Rücksicht auf das geschichtlich Gewordene zurückstellen und sich ausschließlich von den Erfordernissen einer rein äußerlichen Zweckmäßigkeit leiten lassen. Zur gleichen Zeit gab der unbestreitbare Erfolg der technischen Verfahrensweise, die nur mit letzten, gleichen Elementen und ihrer Analyse und Synthese arbeitete, einen starken Anreiz, auch das Gesellschaftsleben aus dem inneren Zusammenhang wesenhafter Seins- und Zweckverhältnisse herauszulösen und es dem mechanisch sich regelnden Zusammenspiel und äußeren Gleichgewicht elementarer Triebe, die man als menschliche Natur bezeichnete, anheimzugeben.]

11. [Diese Mechanisierung und Herauslösung des gesellschaftlichen Lebens aus seinen inneren geschichtlichen Zusammenhängen war im Grunde nichts anderes, als ein Loslösen der gesellschaftlichen Wirklichkeit vom geistigen Lebensgrund]. Von daher kam man ganz folgerichtig dazu, auch das Menschenwesen selbst seiner eigentlichen Würde, nämlich seiner Geistigkeit zu berauben. Daher übersah man, daß das Sein des Menschen eine innere Einheit darstellt und auf persönliche Wertfülle und Selbstmächtigkeit angelegt ist; [und aus demselben Grunde stellte man in Theorie und in Praxis in Frage, daß sein inneres Leben, das sich in Erkennen und Wollen betätigt, auf den inneren Aufbau der Wirklichkeit, auf ihre objektive Wahrheit und Werthaftigkeit hingeordnet ist.]

---

zung ins Französische handelt, zeigt ein Vergleich dieser Nummern mit denen des französischen Textes.

Was dann übrigblieb, war lediglich die Fähigkeit, die Außenseite der Dinge und des Geschehens in ihrer vorgeblich rein mechanischen Gesetzmäßigkeit zu erfassen, und die bloße Möglichkeit, darauf durch die Wahl von äußeren Mitteln und Zwecken zu reagieren.

Es war eine Täuschung, wenn man dieser Fähigkeit noch den edlen Namen „Intellekt" gab. Denn vom Geiste des Menschen, der doch geschaffen ist „nach Gottes Bild und Gleichnis" (Gen 1,26) war nichts mehr anerkannt. Auf so falscher Grundlage konnte dann die Gesellschaftslehre [die gesellschaftliche Wesenheit des Menschen überhaupt nicht richtig begreifen; ebenso mußte es ihr unmöglich werden, das Wesen der gesellschaftlichen Wirklichkeit wahrhaft zu verstehen;] vor allem aber konnte sie zur Gestaltung und Meisterung der gesellschaftlichen Ordnung nichts beitragen.

12. Und doch wäre dieser Beitrag im Dienste der Meisterung und Gestaltung der gesellschaftlichen Verhältnisse in jener Zeit besonders notwendig gewesen, [die durch den wechselseitigen Einfluß der schnell fortschreitenden Technik und der ebenso schnell sich ausbreitenden Wirtschaft] das gesamte Dasein des Menschen in den Zustand einer ungeheuren Beweglichkeit und Unstetigkeit brachte. Die Industrialisierung alter Agrarländer, die Besiedelung unermeßlicher Strecken Kolonialland rissen unzählige Menschen aus Bodenständigkeit und altgewohntem Erwerbsleben heraus und warfen sie in den Strudel eines heimatlosen Wanderlebens und eines immerfort wechselnden Erwerbslebens hinein, das kaum noch den Namen Beruf rechtfertigte. Die vom geschlossenen Raum ausgehende Bindung an den Boden und die Traditionsgebundenheit, eine Frucht der in ununterbrochener Generationenreihe gelebten Zeit, [wurden von den Theoretikern und Praktikern des Gesellschaftslebens in ihrer Bedeutung für die Ausbildung gesellschaftlicher Ordnungen verkannt. Das mußte auch so kommen, da man ja, unter Nichtbeachtung tieferblickender Kritiker, sich von jener oben gekennzeichneten rein techni-

schen Einstellung beherrschen ließ, und so darauf ausging, auch die gesellschaftlichen Beziehungen rein äußerlich zu sehen, sie in letzte Elemente aufzulösen und nach zufälligen Zweckerfordernissen immer wieder neu zu konstruieren und zu kombinieren, – oder richtiger, nach der Meinung jener Leute, sich selbst mechanisch entwickeln zu lassen.]

13. Tatsächlich gab es manches, was eine solche Einstellung scheinbar berechtigte. Mußte es angesichts der neuen, ungeheuren wirtschaftlichen und technischen Möglichkeiten nicht als das Beste für das größtmögliche Wohl der Menschheit erscheinen, wenn man alle innerlich ausprägenden und ausgeprägten Unterschiede übersah, um so die Menschen nach Art der homogenen Stoffatome nur als Träger gleicher elementarer Triebe, etwa des Erwerbstriebes, aufzufassen? War es aus demselben Grund nicht angemessen, sie dem freien Spiel einer unbeschränkten Konkurrenz mit ihren Wechselfällen zu überlassen, da man hoffen durfte, daß auch im sozialen Mechanismus sich der gesellschaftliche Gleichgewichtszustand ganz von selbst einstellen werde? Und weiter: waren die Fortschritte in der Technik des Reiseverkehrs, des Güteraustauches, von Kredit- und Nachrichtenwesen nicht so gewaltig, daß die Grenzen und Unterschiede des Raumes kaum noch eine Bedeutung für das menschliche Gesellschaftsleben und seinen Zusammenhalt zu haben schienen? War schließlich die Kraft zum Aufstieg und zum Fortschritt nicht so machtvoll und unbestreitbar, daß ein Haften am Vergangenen, am geschichtlich Gewordenen, an der Tradition als eine Verlangsamung oder gar Vereitelung einer unbegrenzten Aufwärtsentwicklung erscheinen mußte? Mußte nicht angesichts dieser neuen und bisher nie dagewesenen Schnellebigkeit und Hast im Leben und Geschehen die Bedeutung der Zeitunterschiede und Generationenfolgen für das gesellschaftliche Leben und seine Einheit unmaßgeblich erscheinen?

14. Man weiß heute, daß jener moderne Turmbau von Babel das Schicksal des biblischen erlitten hat. Wir wollen nicht aus-

führlich darauf verweisen, daß die Vorstellung von einem mechanisch sich regulierenden Gleichgewichtszustand im Gesellschaftsleben trügerisch war. Man hat statt dessen sehen müssen, wie diese angeblich auf dem freien Leistungswettbewerb freier Individuen gegründete Menschheit von Jahrzehnt zu Jahrzehnt sich in steigendem Maße und auf allen Gebieten des öffentlichen Lebens in widerstreitenden Gruppen machtmäßig organisierte: man hat erleben müssen, wie dieses rein äußerlich gehandhabte Mittel der Organisation höchstens einen gesellschaftlichen Gleichgewichtszustand in Form eines bewaffneten Friedens sowohl unter den Privaten wie unter den Staaten zeitigte.

15. Man weiß heute weiterhin, daß auch die Vorstellung von gleichen, im letzten ununterschiedenen Individuen trügerisch war; gewiß brachte man es fertig, daß die innerliche, sachlich berechtigte, auf verschiedener gesellschaftlicher Bedeutsamkeit beruhende Unterscheidung der Menschen nach Berufen unwirksam wurde; dafür trat aber um so mehr die äußerliche, für sich allein rein zufällige Unterscheidung in Besitzende und Nichtbesitzende in den Vordergrund.

16. Endlich weiß man heute, daß auch die Idee einer sich im Grunde mechanisch ausweitenden wirtschaftlichen Wohlfahrt irrig war; gewiß wurde in einem nie gesehenen Ausmaß der Zugang zu den Rohstoffen der Erde ermöglicht, häufte sich die Menge der erzeugten Güter, wurde den Menschen zu Anfang und eigentlich auch weiterhin die Möglichkeit einer gesteigerten Lebenshaltung geboten; aber bei alldem wuchs immer mehr die Zahl jener, die keinen oder nur einen verhältnismäßig bescheidenen Anteil an der materiellen Wohlfahrt hatten, ja schließlich nicht einmal mehr ihren Erwerbssinn betätigen konnten.

17. Dies alles ist bekannt und auch von Uns mehrfach in den letzten Jahren behandelt worden. Worauf Wir aber hier hinweisen wollen, ist die unleugbare Tatsache, daß im Zusam-

menhang mit jener Entwicklung die menschliche Gesellschaft selbst mehr und mehr jeden inneren Gehalt, jeden inneren Zusammenhang verlor. Was hätte ihr auch jene innere Einheit und innere Bindung noch verleihen können? Etwa das Streben nach allgemeiner materieller Wohlfahrt? Dieses Ziel verriet in sich schon eine rein äußerliche Einstellung, da es ja nur auf das äußere Glücksstreben des Menschen abgestimmt war; vor allem aber ist es völlig ungeeignet, die Menschen innerlich zu einen, schon deshalb weil es sich einfach nicht verwirklichen ließ.

18. Die vielgepriesene gesellschaftliche Rolle des in allen Menschen gleichen Erwerbstriebes besagte zunächst einmal eine Veräußerlichung, ja Verstümmelung dessen, was wirklich allen Menschen wesentlich und gemeinsam ist, insofern man in ihm das Wesen der menschlichen Natur sah. Dann aber ist es klar, daß der freischaltende Erwerbstrieb die Menschen nicht einen konnte, sondern sie notwendig entzweien und im Kampf ums Dasein die Härte der Erfolgreichen und die Verbitterung der Unterlegenen steigern mußte.

19. Weiterhin nahm die Verlegung des Schwerpunktes der Arbeit auf den Erwerbstrieb auch der Arbeit jenen die Menschen einenden Charakter, der in einem wahren Berufsleben und in einer echten Berufsgesinnung liegt und der einst in gleicher Ehre und in gleichem Sacheifer die Menschen desselben Berufes zu einer wahren Gemeinschaft oft über Grenzen des Raumes und der Zeit hinaus einte.
An die Stelle einer solchen inneren Verbundenheit traten nunmehr als Folge des einseitig betonten Erwerbstriebes das äußerliche Nebeneinander von Besitzenden und Nichtbesitzenden.

20. Die Einrichtung des Privateigentums, die ihrem ursprünglichen Sinne nach im Dienste der Nutzung der Erdengüter durch alle Menschen stehen soll und so ein Mittel gesellschaftlicher Einung sein sollte, wurde wie noch nie eine

Quelle von Zwietracht und Neid, von oft unüberwindlichen Schwierigkeiten, die den Aufstieg der Tüchtigen verhinderten, und von gesellschaftlichen Trennungen und Spaltungen.

21. Raum und Zeit endlich hatten nur zum Schein ihre die Menschheit trennende Kraft auf Grund der Fortschritte der modernen Technik und Wirtschaft verloren; sie kehrten nur zu bald ihren trennenden Charakter wieder hervor und verursachten einen noch nie dagewesenen Kampf um den Boden, der sich gleicherweise in einem maßlosen Ausdehnungsdrang wie in einer rücksichtslosen Absperrung gegen andere äußerte. Statt der erhofften Annäherung machte sich eine unerhörte Rivalität und gegenseitige Verständnislosigkeit unter den Generationen, zwischen Alt und Jung geltend und eine aufdringliche Sucht, die Gegenwart auf Kosten von Vergangenheit und Zukunft zu erheben; denn für die aus früheren Zeitaltern überkommenen Werte hatte man weder Dankbarkeit noch Ehrfurcht, und was die Zukunft angeht, so suchte man ihr ein für allemal Inhalt und Richtung zu geben, was einer vorgängigen Aberkennung jeglichen Eigenwertes gleichkommt.

22. Angesichts so vieler nach allen Richtungen durchbrechenden und die Menschen heillos trennenden Tendenzen ist es schließlich nicht zu verwundern, daß die menschliche Haltlosigkeit Zuflucht suchend sich jener gesellschaftlichen Einrichtung restlos auslieferte, die doch – unbeschadet ihres gottgegebenen geistig-sittlichen Wesens – schon von Natur aus am meisten darauf angewiesen ist, durch rein äußere Ordnungsmacht, durch den Zwang sich zu behaupten: nämlich dem Staat. Doch dieser Schritt brachte weder dem Staat, noch dem Verhältnis der Menschen zum Staat Nutzen.

23. Denn von Natur aus hat der Staat nur die Aufgabe, dem schon von sich aus durch die Werte der Persönlichkeit und des objektiven Kulturschaffens geistig verbundenen und geordneten Zusammenleben der den Staat bildenden Menschen die letzte

Sicherung in Richtung auf das Wohl aller zu bieten. Nunmehr aber sollte der Staat einer innerlich mehr und mehr haltlos und bindungslos werdenden Menschenmenge überhaupt erst einmal gemeinsame und einende geistig-sittliche Lebensinhalte geben und damit die Grundlage von Einheit und Ordnung. Das bedeutet aber schon in sich eine unmögliche und wesenswidrige Ausweitung der Zuständigkeit des Staates. Vor allem aber konnte unter solchen Voraussetzungen das staatliche Eingreifen, zumal wenn man an seinen unvermeidlichen Zwangscharakter denkt, schwerlich eine innere Verbundenheit unter den Bürgern begründen; vielmehr mußte dadurch bei den im Staat etwa noch vorhandenen geschlossenen Gruppen der Widerstand geweckt werden, unter Umständen auch der Drang nach Selbständigkeit und Unabhängigkeit.

24. Dann war es weiterhin aber auch begreiflich, daß solche Staatswesen – die beinahe notwendig im Inneren sich vor immer größer werdende Schwierigkeiten und Mißerfolge gestellt sahen – sich gedrängt fühlten, um des eigenen Bestandes und Ansehens willen in außenpolitischen Erfolgen gleichsam ein Ventil zu suchen. Dies steigerte dann wiederum die an sich jedem Machtträger eigene Versuchung zur Machtübertreibung und führte zu jenem für die modernen Staaten besonders charakteristischen Zustand dauernder gegenseitiger Spannungen; weiterhin entsprang daraus die rücksichtslose Inanspruchnahme einer übersteigerten, absoluten Souveränität der einzelnen Staaten, die es grundsätzlich ablehnt, sich einer höheren Gemeinsamkeit, etwa einem Staatenbund, irgendwie unterzuordnen. Dadurch wurde die Verschiedenheit der Staaten, die an sich entsprechend dem allgemeinen Wesen der Staatlichkeit als geistig-sittlicher Institution des menschlichen Zusammenlebens dazu beitragen soll, durch Differenzierung die Lebensentfaltung des Ganzen zu fördern, ein weiterer Faktor, der die Menschen hoffnungslos trennte.

25. Zu demselben traurigen Ergebnis gelangt man, wenn man die Wandlungen im Verhältnis der einzelnen Menschen und

Gruppen zum Staat ins Auge faßt. Da die Menschen, wie früher gezeigt wurde, nur im Staate noch Halt und Hilfe fanden, belud man ihn in steigendem Maße mit der Sorge und Verantwortlichkeit für die Einzelnen und für die Gruppen. Der Staat wurde zum bloßen Mittel, allen diesen eine Versorgung und die Befriedigung ihrer Interessen zu sichern, die natürlich jeweils verschieden und meist auch untereinander unvereinbar waren. So wurde der Staat und seine Einrichtung der Tummelplatz für den individuellen und kollektiven Egoismus, das begehrte Streitobjekt der Machtkämpfe der einzelnen und der innerstaatlichen Gruppen. So wurde auch vom Verhältnis der Menschen zum Staate her die staatliche Formung des Gesellschaftslebens zu einem Faktor unheilbarer Trennung und Entfremdung, während doch von Natur aus der Staat kraft seiner wesensmäßigen Bestimmung zur Sicherung des Gemeinwohles dafür da ist, dem Wohl und der Einheit der Menschen zu dienen.

26. Faßt man all diese Feststellungen zusammen, so besteht wohl kein Zweifel, daß sich in der neuzeitlichen Entwicklung die Begebenheit vom Turmbau zu Babel wiederholt, von dem wir in der Heiligen Schrift lesen. Begünstigt von den Formen der modernen Technik und Wirtschaft nahm der Rausch des Erwerbstriebes mehr und mehr von großen Teilen der Menschheit Besitz, trieb die Hoffnungen der Menschen auf Lebensgenuß und auf immer mehr gesteigerte Lebenshaltung wie eine riesige Pyramide in die Höhe und vereinte sie scheinbar in der einen Sprache des Begehrens hinweg über jeglichen Unterschied von Raum und Zeit, von Berufs- und Staatszugehörigkeit. Und doch müssen sie alle heute wiederum einsehen, daß der stolze Bau sich nicht vollenden läßt, aus dem einfachen Grunde, weil sie sich nicht mehr verstehen. Das ist sehr bezeichnend. Denn dieses Sich-nicht-mehr-verstehen-können, das sich ehemals in dem Auseinanderfallen in verschiedene Sprachen kundtat, bedeutet, heute wie damals, daß die Menschen ihre wahre innere Einheit im Geist verloren haben und daß die vorher genannten Faktoren, statt zu einen, nur tren-

nend und entfremdend gewirkt haben. Damals wie heute hoffte man, mit der leblosen Materie einen Bau von imponierender Majestät aufzurichten. In Wirklichkeit zerschlug man aber durch die verhängnisvolle Abkehr vom lebendigen Geist, letztlich vom Gottesgeist, das lebendige Gefüge, die innere Einheit der Menschheit. Denn diese kann nur dann und nur solange Bestand haben, wenn und soweit sie auf dem Geiste, letztlich auf dem Gottesgeiste, gegründet ist und von den gottgegebenen Zweck- und Wertverhältnissen, Gesetzen und Ordnungen wirksam durchwaltet ist.

27. Noch ein anderer Umstand rechtfertigt den Vergleich der neuzeitlichen Entwicklung mit dem Turmbau von Babel. In beiden Fällen war es nicht nur um die innere Einheit gesellschaftlichen Lebens geschehen, sondern gleichzeitig auch um die menschliche Persönlichkeit. In der Urgeschichte bedeutete die Zerreißung der Menschheitsfamilie faktisch auch das Absinken der losgetrennten Gruppen in das Horden- und Herdendasein, für das die Minderbewertung der Person, die völlige Verkennung des Persönlichkeitswertes charakteristisch ist. Analog dazu erleben wir es in der modernen Entwicklung, daß die wachsende Auflösung innerer Bindungen im Leben der Menschheit und die fortschreitende Zersetzung ihrer Einheit von einem immer bedenklicheren Abgleiten des Einzelnen in die Daseinsweise eines bloßen Massenteiles, einer bloßen Nummer neben vielen anderen begleitet ist.

28. Diese Tatsache ist angesichts dessen, was früher festgestellt wurde, nicht verwunderlich. Dieselben Faktoren, die entgegen ihrer naturhaften Bestimmung, nämlich das gesellschaftliche Leben zu gliedern und es zugleich zu einen, die Einheit der Menschengesellschaft immer mehr zersetzten, taten ihr Zerstörungswerk auch an der Persönlichkeit; und doch hätten sie ihrer Bestimmung nach den Seinsreichtum und die Wertfülle der Persönlichkeit steigern sollen. Aber eine derartige Verstümmelung und Abwertung der Persönlichkeit mußte eintreten, je mehr die Arbeit zur bloß äußeren Erwerbstätigkeit

wurde, je mehr die Größe des Besitzes zum beinahe ausschließlichen Gradmesser der Achtung und Bewertung eines Menschen wurden, je weniger die Bindung an den Boden und an die Tradition den Menschen in Raum und Zeit verwurzelte, je mehr die übersteigerte Staatstätigkeit die Selbständigkeit des einzelnen einschränkte und je mehr er gezwungen war, in der Mitgliedschaft in riesig anwachsenden Organisationen geradezu äußere Sicherungen zu suchen, die seinem entwurzelten Leben einen Halt gewährten.

29. Und doch hätte die Arbeit als Erfüllung eines wahren Berufes den Einzelnen innere Ausgeprägtheit geben sollen. Der Besitz hätte ihm vor allem eine starke Selbstsicherheit im Leben vermitteln sollen. Die Verwurzelung in Raum und Zeit, die Verbundenheit mit dem Boden und mit der Tradition, mit Heimat und Volk, mit dem geschichtlich Überkommenen und den nationalen Werten hätte dem Einzelnen eine feste Richtung seines Denkens und Wollens und Fühlens verleihen sollen. Die Zugehörigkeit zu einem Staat hätte sein Verantwortungsbewußtsein, ja seine Verantwortungsfreude steigern sollen. Die Anlage und der Drang nach Selbstorganisation hätte der Ausdruck eines kraftvollen Willens zur genossenschaftlichen Selbsthilfe sein sollen, und nicht der Ausdruck eines schwächlichen Sichanklammerns. Nur so hätten diese Faktoren dem Einzelnen einen Zuwachs an Seinsreichtum und Wertfülle gebracht und hätten ihm dazu verholfen, die Werte einer starken und selbstmächtigen Persönlichkeit zu entfalten.

30. Es ist anders gekommen. In dem Maße, wie die genannten Faktoren, statt die menschliche Gesellschaft wirklich innerlich zu gliedern und dadurch als Ganzes zu immer größerer Wertfülle zu verbinden, im Gegenteil die Menschheit immer mehr zerrissen und zersetzten, versagten sie auch an der Persönlichkeitsbildung des Einzelnen. Was übrigblieb, war ein Lebewesen, das aus Mangel an eigener Ausgeprägtheit und Bestimmtheit sich lediglich tragen und bestimmen ließ; übrig blieb nur ein passiver Schnittpunkt der verschiedenartigsten

und wechselnden Einflüsse, keineswegs aber ein Träger selbständiger Entscheidungen; übrig blieb nur, um mit der Schrift zu sprechen, „ein Schilfrohr im Winde" (Lk 7,24), ein Teil einer Masse.

31. Ein übriges in derselben Richtung tat die Uniformierung des Lebens, die als Auswirkung der Verstädterung vieler Siedlungsgebiete, der Typisierung der wirtschaftlichen Produkte und der Bedarfsgegenstände – selbst in Dingen körperlicher und geistiger Erholung – um sich griff, eine Entwicklung, die heute auch die ländlichen Gegenden ergreift, eine Folge der erhöhten Bekanntschaft mit städtischem Wesen. Dies alles hätte sich aber nicht so schädlich auswirken können, wenn die neuzeitliche Entwicklung nicht schon die Aushöhlung und Entleerung der Persönlichkeit verursacht hätte. Und nun stehen wir vor der geradezu erschütternden Tatsache, daß der moderne Durchschnittsmensch jeden Augenblick zur blind reagierenden Masse zusammengeballt werden kann; wir erleben es, wie diese Menschen ohne eigene Meinung und eigenen Willen nicht nur wie die Leute auf der Straße bei einem ungewöhnlichen Ereignis sich zur Masse der Zuschauer zusammenscharen, sondern sogar in die Masse der Mittätigen und der Zustimmenden eingehen, sooft es irgendeiner Stelle gefällt, sie durch Zeitung, Radio, Kino oder Versammlungen einer gleichen und systematischen Beeinflussung auszusetzen, um sie für etwas zu begeistern oder gegen etwas einzunehmen. Eine wirklich traurige Tatsache der Unselbständigkeit, die um so niederschmetternder wirkt, wenn man an den ungeheuren Aufwand von Menschenkraft und Sachmitteln denkt, die heute beinahe überall für das Schulwesen aufgebracht werden.

32. Aber im Grunde genommen ist diese Tatsache doch nicht verwunderlich; denn auch ein noch so ausgedehntes Wissen kann nicht ersetzen, was die neuzeitliche Entwicklung dem Menschen immerfort raubt, nämlich die innere Geschlossenheit und Wertfülle der Persönlichkeit, mit ihrer Selbstbestim-

mung und Selbstmächtigkeit, kraft deren sie die von außen kommenden Einflüsse und Einwirkungen nicht nur passiv aufnehmen, sondern auch selbständig beurteilen will und immer mehr dazu neigt, selbst etwas zu verarbeiten, als sich lediglich von außen bearbeiten zu lassen. Turmhoch steht daher der einfache Christenmensch einer gern als rückständig gescholtenen Zeit, der meistens nicht die an sich große Wohltat eines ausgebildeten Schulwesens erfuhr, über dem Massenmenschen unserer Tage, diesem von jedem Windhauch hin- und hergetriebenen Schilfrohr in Menschengestalt. Die religiöse Bildung, die Verbindung mit Gott, dem Geist der Wahrheit und der Ordnung, gab eben dem Menschen jene innere Einheit, Bestimmtheit und feste Sicherheit, die nur die Frucht des Geistes und nicht des äußeren Wissens ist. Wenn dann außerdem noch die öfters erwähnten Umweltfaktoren in der rechten Weise wirksam waren, dann erhielt der Einzelne jene Geschlossenheit und Ausgeprägtheit, die wir an dem heute leider so selten gewordenen Menschen des einfachen christlichen Sinns bewundern.

33. Abschließend kann man nur erneut die Feststellung machen: in der neuzeitlichen Entwicklung wiederholt sich die Geschichte vom Turmbau zu Babel in zweifachem Sinn. Einmal insofern, als die Menschen sich nicht mehr verstehen, d. h. innerlich auseinanderfallen und die Einheit der Menschheit verlieren; sodann insofern, als gleichzeitig der Einzelne an Persönlichkeit ständig abnimmt und dem Horden- und Herdendasein sich nähert. Für beides aber ist damals wie heute der letzte Grund darin zu suchen, daß man sich vom Geiste, letztlich vom Geiste Gottes, seinen Ordnungen und Gesetzen losgesagt hat. Denn vom Geiste durchformt sein, bedeutet für alle gesellschaftliche Wirklichkeit, also auch für die Menschheit, innere Ordnung, Einheit in der Mannigfaltigkeit aller ihr Leben gestaltenden Faktoren, und bedeutet ebenso für den Einzelnen innere Geschlossenheit, Bestimmtheit, selbstmächtige Einheit in der Mannigfaltigkeit der Seins- und Wertstufen seines Wesens.

34. Niemand, der die Tatsachen wirklich kennt, wird die Richtigkeit unserer Schilderung der neuzeitlichen Entwicklung bestreiten: sie ist ein fortgesetztes Abgleiten der menschlichen Gesellschaft von der inneren Einheit und Verbundenheit in die innere Zerrissenheit; und sie ist ein fortgesetztes Absinken des Einzelnen in das Massendasein. Wenn aber hierüber noch irgendwelche Bedenken bestünden, so müßten sie schwinden angesichts der geradezu verzweifelten, um nicht zu sagen, verbissenen Bemühungen, wieder zu irgendeiner Einheit zu kommen. Besonders seit dem Weltkriege kann man diese Anstrengungen beobachten und im Zuge dieser Bemühungen hört man die mannigfachen Parolen, von denen Wir zu Eingang Unseres Schreibens sprachen, nämlich die Losung: "Einheit der Nation", „Einheit des Volkstums", „Einheit der Rasse", „Einheit des Proletariats" und nicht zuletzt „Einheit des Staates".

35. Wir wollen hier davon absehen, daß schon die Vielheit und Gegensätzlichkeit dieser Parolen und erst recht die Versuche, sie in die Tat umzusetzen, die Menschen und die Menschheit notwendig noch weiter auseinanderreißen müssen; wir wollen auch nicht dabei verweilen, wie diese verschiedenen Richtungen und Bewegungen die Menschheit tatsächlich immer mehr in feindliche Lager aufspalten, in Lager, die in erster Linie nicht durch konkrete politische Gegensätze bestimmt sind, sondern – wie man gerne betont – durch gegensätzliche Weltanschauungen. Uns liegt vor allem die entscheidende Frage am Herzen: Sind diese Parolen geeignet, dem heraufbeschworenen Unglück von Babylon Einhalt zu tun und der Menschheit wieder ihre Einheit und den Einzelnen wieder ihre Persönlichkeitswerte zu schaffen und zu sichern? Und wenn wir eine Antwort nach den bisherigen Erfahrungen suchen, so müssen wir leider feststellen, daß von diesen Mächten her kein Heil zu erhoffen ist.

36. Zunächst fällt auf, daß man unter der Herrschaft mancher dieser neuen Parolen sich überhaupt angewöhnt hat, die Wirklichkeit einer wahren Menschheitseinheit grundsätzlich zu leugnen oder doch wenigstens gegenüber den Einheiten „Rasse" oder „Nation" als unbeachtlich hinzustellen. Man erklärt, es sei eine reine Schwärmerei oder die Frucht eines wirklichkeitsfremden Denkens, wenn man noch von der Einheit der Menschheit spreche. Manche haben sogar eine so schlechte Erinnerung an den Katechismus, den sie früher doch immerhin einmal gelernt hatten, und eine so geringe geschichtliche und theologisch-philosophische Bildung, daß sie es fertigbringen, jeden, der noch an der Einheit der Menschheit festhält, für ein Geisteskind des Rationalismus und Liberalismus zu erklären. Und doch haben diese beiden Richtungen gerade, wie gezeigt wurde, die neuzeitliche Entwicklung heraufgeführt. – Dieselbe Beobachtung kann man machen, wenn die in Frage stehenden Parolen sich bemühen, mit dem Wert der Persönlichkeit, zumal ihrer Freiheit und Selbstmächtigkeit, fertig zu werden.

37. Berechtigt schon diese Feststellung zu keiner Hoffnung, daß diese neuen Schlagworte der babylonischen Verwirrung Einhalt tun werden, so nimmt uns vollends die wenn auch nur kurze Betrachtung der konkreten Auswirkungen dieser Parolen jeden Optimismus. Wo man sich bemühte, sie im gesellschaftlichen Bereich zu verwirklichen, beansprucht man für die jeweiligen Grundwerte wie „Nation", „Volkstum", „Rasse", „Proletariat" oder „Staat" eine solche primäre und zentrale Stellung und schlechthin alle Lebensgebiete umfassende Gestaltungsmacht, daß man nach außen wie nach innen nur neue Zwietracht und neues Unheil brachte. Denn nach außen hin, d. h. zur übrigen Menschheit hin, neigen diese Gebilde dazu, das, was an Inhalten, Zielen und grundlegenden Institutionen dem menschlichen Gesellschaftsleben gemeinsam ist, zu entwerten und zu untergraben, wenn nicht gar zu leugnen. Den Gruppen, die national oder volklich oder rassisch oder

sonstwie anders geartet sind, erkannte man solche Grundwerte und Vorzüge nur mit Auswahl zu.

38. Wir wollen davon absehen, daß eine solche Auswahl nicht immer folgerichtig dem eigenen Grundprinzip entspringt, sondern sehr oft von sehr äußerlichen Gesichtspunkten einer gerade gegebenen Opportunität abhängt. Hier kommt es nur auf die grundsätzliche Feststellung an, daß jene überbetonte Einzigartigkeit und Andersartigkeit notwendigerweise in die betreffende Großgruppe einen Dynamismus hineinträgt, der innerhalb der übrigen Menschheit wie ein Separatismus wirken muß. Ja, im Zuge dieses Dynamismus geht man darauf aus, gleiche oder verwandte, aber anderen Staatsgebilden angehörende Gruppen sich mehr und mehr geistig anzugliedern. Damit ist aber die Möglichkeit weiterer, auch staatspolitischer Folgerungen nur zu sehr nahegelegt, und wir stehen dann unter Umständen vor den Formen eines – äußerlich wenigstens – nicht wirtschaftlich, sondern national oder volklich oder rassisch oder sonstwie bedingten Imperialismus. In jedem Fall aber ist das praktische Ergebnis, daß von einer so beschaffenen Bestrebung zur Einheit die Gefahr einer die Menschheit spaltenden, keineswegs aber sie einenden Entwicklung ausgeht.

39. Ähnliches wie von der Entwicklung nach außen hin ist von der Auswirkung jener Parolen auf den inneren Aufbau der gesellschaftlichen Gebilde zu sagen. Denn auch hier wird sich die Verabsolutierung einer der genannten Grundwerte auswirken. Wir haben oben von den verschiedenen Faktoren gesprochen – das gemeinsame Ziel gesellschaftlicher Wirtschaft, die Mannigfaltigkeit der Arbeits- und Berufsteilung, die Einrichtung des Privateigentums, die mit Raum und Zeit zusammenhängenden gesellschaftlichen Verbundenheiten, die menschliche Organisationsfähigkeit und schließlich die Staatlichkeit –, die alle von Natur aus das gesellschaftliche Leben zu gleicher Zeit differenzieren und innerlich verbinden sollen. Wir haben weiter gezeigt, wie unter der Herrschaft der neuzeitlichen

zeitlichen Einstellung diese Faktoren immer mehr trennend und entfremdend sich auswirkten. Fragen wir nunmehr, wie es mit diesen Faktoren unter der Vorherrschaft dieser neuen sozialen Parolen steht.

40. Die Haltung der gesellschaftlichen Gebilde, von denen wir jetzt sprechen, zu den das Gemeinschaftsleben innerlich aufbauenden und differenzierenden Faktoren ist dadurch gekennzeichnet, daß sie dazu neigen, die grundlegende Frage nach der Gesellschaftseinheit mehr mechanisch dadurch zu lösen, daß sie jenen Faktoren jede eigenständige Wirksamkeit, ja überhaupt das Recht dazu abstreiten. Sie nehmen den jeweiligen Grundwert einfachhin als die Quelle allen Lebens und alles Rechtes. Dagegen ist zu sagen, daß zunächst einmal dieser Standpunkt in sich äußerst fragwürdig ist; aber davon soll einstweilen abgesehen werden. Uns genügt die Feststellung, daß die auf diese Weise erzielte Einheit der mechanischen Einheit einer Maschine gleichkommt, oder allenfalls der Einheit eines pflanzlichen oder tierischen Organismus, daß sie aber in keiner Weise eine wahre, dem Wesen der durch sie geeinten Glieder entsprechende Einheit ist. Denn diese kann stets nur eine Einheit in der Mannigfaltigkeit sein, und zwar so, daß die Einheit des Ganzen als geistig-sittliches Gut sich in und mit dem Eigenleben der Teile dauernd behauptet und zur Geltung bringt.

41. Fälschlich spricht man also von gesellschaftlicher Einheit, wenn man eine eigenständige Wesensfunktion und in diesem Sinne ein Eigenleben der innergesellschaftlichen Faktoren weder theoretisch noch praktisch anerkennt, wenn man Form und Inhalt ihres Lebens völlig und ausschließlich vom jeweiligen Grundwert bestimmt sein läßt.
Man mag dann solche Einheitsgebilde nach der heutigen Sprachgewohnheit als „total" bezeichnen; man mag auch hingehen und behaupten, man habe so die Vielheit des sogenannten Pluralismus innergesellschaftlich trennender Faktoren überwunden. Aber es bleibt doch festzustellen, daß eine der-

artige extensive Totalität die echte Einheit des gesellschaftlichen Lebens gerade als eines gesellschaftlichen von Grund auf zerstört. In Wirklichkeit hat man nur die Einheit einer Maschine oder eines pflanzlichen oder tierischen Organismus auf etwas wesensmäßig Verschiedenes übertragen, nämlich auf das geistgeformte und auf den Geist hingeordnete menschliche Gemeinschaftsleben.

42. Praktisch liegt denn auch die Gefahr eines solchen „Totalismus" in der Neigung zu einem uniformierenden Kollektivismus. Solche gesellschaftliche Gebilde, die zum einenden Grundwert etwa die Nation oder die Rasse nehmen, entwickeln zwangsläufig Bestrebungen, die eine staatliche Einheit mit Gruppen einer anderen Rasse oder Nation grundsätzlich ablehnen oder mindestens praktisch erschweren.

43. Ferner wird das wirtschaftliche Leben, das innerhalb ihrer staatlichen Grenzen sich vollzieht, vollständig auf die Daseinssicherung und Daseinserhöhung der jeweiligen Kollektivität als oberstes und letztes Prinzip hingeordnet. Die sittlich geforderte, in der Seins- und Wertordnung der Wirklichkeit begründete letzte Ausrichtung der Wirtschaft eines Staates auf die dauernde Sicherung der materiellen Wohlfahrt der den Staat bildenden Familien als Grundlage des ganzen Kulturlebens wird als unheroischer, platter Sozialeudämonismus abgelehnt. Statt dessen betreibt man zugunsten der jeweiligen Kollektivität als solcher eine Autarkie der „nationalen" oder „rassischen" Wirtschaft, die mit dem vernünftigen und sittlich berechtigten Ziel, alle einer staatlich geeinten Gruppe zur Verfügung stehenden Produktivkräfte harmonisch zu entfalten, nichts mehr zu tun hat. Vielmehr ist jene Autarkie derartig, daß sie eine nicht mehr zu verantwortende Belastung der Einzelnen mit sich bringt und auf Kosten berechtigter Lebensansprüche und Kulturentfaltung gegenwärtiger und künftiger Generationen den sittenwidrigen Dauerzustand einer kollektiven Zwangswirtschaft verursacht.

44. Weiterhin ist klar, daß in gesellschaftlichen Gebilden von so extensiver Totalität eine irgendwie eigenständige, auf Selbstverwaltung beruhende Lebensentfaltung der einzelnen Berufsgemeinschaften und ihres Zusammenwirkens als vorgeblicher „Pluralismus" grundsätzlich abgelehnt wird. Praktisch kommt man daher trotz mancherlei anderer Versuche bei der Gestaltung der sozialen Ordnung über die alte Form des bei Arbeitsstreitigkeiten schlichtenden oder gar die Arbeitsbedingungen einfachhin festsetzenden Staates nicht hinaus. Diese Form der sozialpolitischen Wirksamkeit des Staates ist nun zwar nach den Prinzipien des Naturrechts unter bestimmten Voraussetzungen durchaus anwendbar und gegebenenfalls auch einzig anzuwenden, wenn es nämlich hart auf hart um das Gemeinwohl geht; aber es erhebt sich doch das Bedenken, ob ein Gesellschaftsgebilde von einer solchen extensiven Totalität den vom Naturrecht gemeinten objektiven Sinn von „Gemeinwohl" überhaupt anerkennt.

45. Die Frage nach dem „Gemeinwohl" führt uns zu einem weiteren gesellschaftlichen Faktor und seinem Schicksal in einer „totalitären" Gesellschaftsgestaltung, nämlich zum Staat. Denn Wesen und Existenz des Staates ist in dem sittlich-naturgesetzlichen Ziel, das Gemeinwohl dauernd zu sichern, begründet; die Gemeinsamkeit in diesem Ziel, diesem ausgesprochen politischen Wert, verbindet eine Vielheit von Familien zu der geistig-sittlichen Gemeinschaft eines Staates, dieses einzigartigen, von allen anderen gesellschaftlichen Gebilden wesentlich unterschiedenen Ordnungssystems. Gesellschaftliche Gebilde von extensiver Totalität tragen nun in sich die Gefahr, daß sie dem Staat die ihm wesensgemäße Hoheit und Eigenständigkeit rauben. Er wird zu einem bloß äußerlichen System der Bürokratie und der Verwaltung, zu einer Art Handwerkszeug in der Hand der jeweiligen Kollektivität rassischer oder nationaler Art bzw. ihrer Organisation herabgedrückt. Dadurch ist aber die sittlich-naturgesetzliche Eigenständigkeit des Staates als solchen verletzt. Weiterhin wird in offenem, inneren Widerspruch zum Begriff des „Gemein-

wohls" die in bestimmtem Sinne dem Staate eigene Aufgabe der Gesetzgebung, Rechtsprechung und Verwaltung von der naturrechtlich geforderten objektiven Norm, nämlich dem Wohl der einzelnen Staatsbürger in ihrer Gesamtheit zu dienen, vollständig gelöst und den Interessen der rassischen oder nationalen Kollektivität unterstellt. Die Folge ist dann aber, daß eine Wesensforderung der sittlichen Natur des Staates, nämlich die Forderung der Gleichheit der Rechtswahrung für alle Staatsbürger, grundsätzlich auch nicht in der bescheidensten Form mehr verwirklicht ist.

46. [Und weiter: die Gesellschaftsgebilde mit extensiver Totalität auf nationaler oder rassischer Grundlage laufen Gefahr, den von Raum und Zeit ausgehenden und natürlicherweise das Gemeinschaftsleben differenzierenden Kräften nicht gerecht zu werden, vielmehr ihnen eine naturwidrige Richtung zu geben.

Die absondernde Funktion des Raumes, die durch die sogenannten „natürlichen" Grenzen vor sich ging und auch noch heute vor sich geht, ist wohl die am meisten naturgemäße, und im Laufe der Geschichte der Menschheitsdifferenzierung wohl auch am meisten wirksame Umweltursache, aus der die jeweilige Besonderung und Vereinheitlichung der einzelnen Gruppen entspringt. Wenn nun dieser Faktor von den in Frage stehenden Kollektivitäten in seiner Bedeutung erkannt wird, dann wird man beim Erstreben und Ausfüllen „natürlicher" Grenzen dasselbe Prinzip, auf dem das eigene Dasein angeblich grundlegend beruht, bei anderen nationalen oder rassischen Gruppen, die auf demselben Raume wohnen, verletzten müssen; daß das nicht ohne dauernden Widerspruch mit sich selbst möglich ist, ist klar. – Vielleicht wird man aber die Bedeutung dieser Faktoren mißachten. Dann wird man mehr oder minder künstliche Grenzen in Kauf nehmen und dann allzu leicht zu jener gewaltsamen Wirtschaftsautarkie gedrängt, die vorhin als unsittlich bezeichnet wurde.

47. Ebensowenig werden diese Kollektivgebilde mit den zusammenschließenden Kräften fertig, die aus der zeitlichen Entwicklung, aus dem geschichtlichen Werden kommen. Die Dynamik der extensiven Totalität bringt es mit sich, daß die gegenwärtig erreichte nationale oder rassische Eigenart gleichsam absolut gesetzt wird und daß man sie aus dem geschichtlichen Prozeß herausnehmen möchte. Man nimmt ihr den wahren Zusammenhang mit der Vergangenheit, indem man die Verschiedenheit und die Mischung der Elemente, die zur Gestaltung der gegenwärtigen Eigenart zusammenkamen, völlig übersieht, oder indem man ganze Zeitperioden – bezeichnenderweise nicht selten die christlichen – in ihrer Bedeutsamkeit für die Gegenwart unterschlägt und verzerrt.]

48. Man leugnet aber auch einen echten Zusammenhang mit der richtig verstandenen Zukunft, indem man entgegen aller Erfahrung und aller tiefen Einsicht in die Gesetze des geschichtlichen Werdens das Gegenwärtige gleichsam statisiert und für die gegenwärtige nationale oder rassische Eigenart und Einheit eine absolute Konstanz, ja sogar eine Ewigkeit beansprucht. Und doch ist notwendigerweise, solange es geschichtliches Werden gibt, alle Gegenwart neben ihrem Selbstwert zu gleicher Zeit Baustein für die Zukunft, unter Umständen durch Vermischung mit anderen Gebilden zu neuen gesellschaftlichen Einheiten nationaler oder rassischer Art.

49. [Eine solche Zukunftsmöglichkeit unter Hinweis auf den naturgemäß starken Selbstbehauptungswillen der gegenwärtigen nationalen oder rassischen Gebilde von extensiver Totalität für unerfüllbar erklären wollen, würde nur den Widersinn solcher Gebilde und eines solchen Willens erweisen. Denn hier handelt es sich um sehr komplizierte, durch das Ineinander von Wirkung und Gegenwirkung unübersichtliche Entwicklungen von so großer zeitlicher Spanne, daß jede Möglichkeit einer berechenbaren Einwirkung durch Menschenkraft ausgeschlossen ist, – gar nicht zu reden von den unerforschlichen Absichten des ewigen Lenkers der Geschichte. Aus diesem

Grunde ist es auch widersinnig, – (dies sei nebenbei bemerkt) – Maßnahmen der sogenannten Eugenik – die selbstverständlich mit der christlichen Offenbarung und mit dem Sittengesetz übereinstimmen müssen – unmittelbar durch die Möglichkeit einer solchen Zukunftsbestimmung eines Volkes rechtfertigen zu wollen. Vielmehr gehören solche Maßnahmen zur Familienpflege im engsten Sinne, müssen daher auf den Einzelfall berechnet sein und daher eine große Anpassungsfähigkeit haben. Dann werden sie auch mittelbar dem größeren gesellschaftlichen Ganzen dienen.]

50. Zusammenfassend müssen wir also feststellen: Die in der Praxis sich zeigende Neigung zu uniformierendem Kollektivismus und dementsprechend die grundsätzliche Unfähigkeit, einen echten, berechtigten Pluralismus gelten zu lassen im innergesellschaftlichen Leben, das unter der Herrschaft des extensiven Totalismus steht – mag dieser nun national oder rassisch bedingt sein – schaffen Spannungen, die ebenso wie die übersteigerte Dynamik nach außen die Einheit der menschlichen Gesellschaft gefährden.

51. Dieselben Beobachtungen lassen sich auch bei solchen gesellschaftlichen Einheitsgebilden machen, die ihren Totalitätsanspruch von der „Einheit des Proletariats" oder von der „Einheit des Staates" ableiten. Hier kommt nur noch hinzu, daß im letzteren Fall eine vollkommene Verkehrung der inneren, sittlichen Natur des Staates vor sich geht. Denn dieser soll als eigenartiges Ordnungssystem die Mannigfaltigkeit des gesellschaftlichen Lebens schützen, ihre Einheit zum Wohle aller Staatsbürger garantieren; aber er soll normalerweise nicht selbst Quelle und Träger jenes Lebens, auch nicht sein erstberufener oder gar einziger Ordner sein. – Im Fall der auf ein bestimmtes Klassenprinzip gegründeten Totalität muß man außerdem fragen, was denn diese „Einheit des Proletariats" bedeutet, wenn man sie zur Grundlage und zum Ausgangspunkt einer gesellschaftlichen Totalität macht. Wenn man damit die Zusammenfassung aller Entwurzelten, aller dem Halt

der Tradition und der Sicherheit des Daseins Entrissenen meint, so hat man höchstens eine auf die Hoffnungslosigkeit des Lebens qualvoll reagierende Masse vor sich und darin den grauenvollen, vom Leben selbst erbrachten Beweis einer tiefgehenden Unordnung in der Menschheit. Aber dieser Beweis wird auch in seiner kollektiven Häufung niemals ein Prinzip der Ordnung. – Wenn man aber mit diesem Prinzip die zur Herrschaft gekommene Klasse im Sinne des marxistischen Sozialismus meint, so ist wieder nicht zu sehen, wie ein Prinzip, das nach jenem System auf Kampf und bloßer Macht beruht, Quelle innerer Ordnung und innerer Harmonie für die menschliche Gesellschaft sein soll.

52. Alle neuen Parolen zur Einheit führen also doch nicht zur Stärkung des inneren Zusammenhaltes der Menschheit. Im Gegenteil, sie bedrohen ihn nur noch mehr, statt die Wiederholung des Unheils von Babylon aufzuhalten. – Fragen wir noch, wie es mit dem anderen Gut steht, das nach unserer Feststellung eng mit der Einheit der Menschheit verbunden ist und unter der Vorherrschaft der zu Anfang beschriebenen Einstellung ebenfalls bedroht war, nämlich mit dem Wert der Persönlichkeit.

53. Auch hier werden unsere Hoffnungen auf Besserung von vornherein enttäuscht; denn in klarem Zusammenhang mit den neuen Gesellschaftsgebilden von extensiver Totalität begegnet uns eine ausgesprochene Minderbewertung der menschlichen Persönlichkeit, ein Mißtrauen gegen sie, das in Wort und Schrift vertreten wird. Ja man äussert sogar die Meinung, die Betonung der menschlichen Persönlichkeit und ihrer Freiheit sei eine Ausgeburt der angeblich von jedem Gemeinschaftsgeist gelösten und rein individualistischen Ideen der französischen Revolution.

54. Wir wollen die allseitige und gerechte Einschätzung dieser Ideen, deren kritische Beurteilung im Lichte der Glaubenslehre und der gesunden Philosophie ja bekannt ist, den zuständi-

gen Fachgelehrten überlassen. Was aber die christlichen Ideen betrifft, so ist die Betonung der menschlichen Persönlichkeit, wie doch eigentlich jedem Katholiken aus der Katechismus klar sein sollte, so alt wie das hehre Geheimnis des Kreuzesopfers von Golgatha und wie die neue Verbindung der menschlichen Persönlichkeit mit dem dreipersönlichen Gott im hl. Sakrament der Taufe.

55. Als die hl. Väter der griechischen Welt und später die großen Theologen des Mittelalters darangingen, die griechische Philosophie für die systematische Darstellung der Glaubenswahrheiten nutzbar zu machen, haben sie diese Philosophie gerade durch die klare Herausstellung und entschiedene Betonung der wahren Auffassung von Person und Persönlichkeit überwunden.– Es kann auch kein Zweifel bestehen, daß aufs Ganze gesehen die Praxis der Kirche in jeder Form der religiösen Belehrung des Volkes stets davon ausging und ausgeht, daß jeder normale Mensch zu einer seinen Lebensverhältnissen entsprechenden persönlichen Verarbeitung und Anwendung der christlichen Glaubens- und Sittenlehre fähig und berufen ist. Das bedeutet aber, daß die Kirche gewissen Anschauungen fernsteht, die heute wieder verbreitet werden, wonach man die Menschen gewissermaßen schon nach ihrer Konstitution so sehr unterscheidet und den allgemein vorhandenen gesunden Menschenverstand so sehr übersieht, daß diese Anschauungen von vorneherein und in jeder Beziehung die Menschheit aufteilen in Führer und Elite auf der einen Seite und die breite Masse auf der anderen, die ohne eigenes selbständiges Denken auf das Folgen und Geführtwerden angewiesen ist.

56. Man wundert sich daher nicht, wenn angesichts solcher grundsätzlicher Personfeindlichkeit auch praktisch das Schicksal der Persönlichkeit innerhalb von Gesellschaftseinheiten mit extensiver Totalität im Vergleich zu der bisherigen Entwicklung sich nicht bessert. So bedeutet es eine neue Entwertung der menschlichen Arbeit sowohl nach ihrer individuellen wie sozialen Seite hin, wenn man unter dem Einfluß kollektivisti-

scher und extensiv-totaler Auffassung von der Einheit des menschlichen Zusammenlebens den arbeitenden Menschen in erster Linie, ja sogar ausschließlich als Arbeitsbeauftragten der jeweiligen nationalen, rassischen, proletarischen oder staatlichen Kollektivität sieht. Die in sich schon immer schwierigen Fragen der Berufswahl, der Berufsausbildung, der beruflichen Selbstverwaltung, der Freizügigkeit und des gesellschaftlichen Aufstiegs laufen Gefahr, durch den Ausbau der jeweiligen Totalität zu dem Mechanismus einer kollektiven Wirtschaftsmaschine in sittlich bedenklicher, menschenunwürdiger Weise vereinfacht zu werden. Denn nicht ein toter Sachgütervorrat und nicht eine Kollektivität sind Sinn und Ziel der wunderbaren und an persönlichen wie sachlichen Werten gleich fruchtbaren Arbeitsteilung unter den Menschen, sondern die Persönlichkeitsentfaltung des arbeitenden Menschen, arbeitend allerdings – dies ist wesentlich – inmitten der Gesellschaft. Daher ist es eine naive und gefährliche Kurzsichtigkeit, diese inneren Zusammenhänge der Wirklichkeit zu übersehen und die schwere Gefährdung des gesamten sittlichen und kulturellen Lebens eines Volkes angesichts einer durch äußere Disziplin und Organisation für den Augenblick erzielten Behebung von Schwierigkeiten zu verkennen.

57. Um die weitere Auswirkung zu erkennen, braucht man ja nur an die Entwicklung des Privateigentums als einer sittlich-naturrechtlichen Gegebenheit zu denken, wie sie sich zwangsläufig in solchen Gesellschaftsgebilden herausstellt. Die Dynamik extensiver Totalität neigt zu Maßnahmen einer tatsächlichen, wenn auch nicht immer juridischen Sozialisierung der Produktionsmittel im allgemeinen. Sie bevorzugt schon aus Gründen der leichteren Planung und Übersichtlichkeit die großbetriebliche Form der gewerblichen und die mehr kollektiven Formen der landwirtschaftlichen Erzeugung. Sie ist der Selbständigkeit des Handels nicht günstig, da sie direkt oder indirekt die Güterverteilung in eigener Hand haben will. Sie sucht durch scharfe Steuerpolitik die Neubildung von Kapital in privater Hand zu verhindern oder sucht es wenig-

stens solchen Formen kollektiver Leihfonds zuzuführen, die technisch wegen ihrer Größe oder rechtlich wegen ihres öffentlichen oder halböffentlichen Charakters leicht dem Zugriff der ungeheuer kapitalhungrigen öffentlichen Stellen zugänglich sind.

58. Das Ergebnis all dieser Maßnahmen ist die Gefahr einer sittlich zu beanstandenden, naturrechtswidrigen Aushöhlung des Privateigentums und zwar im einzelnen und als einer gesellschaftlichen Einrichtung, insofern als es die materielle Grundlage der ruhigen Entfaltung und der freien Bewegung der Persönlichkeit und der einzelnen Familien auf allen Gebieten des kulturellen Lebens sein soll.

59. Gefährdet wird vor allem die Existenz eines breiten, selbständigen Mittelstandes schaffender und sparender Familien sowohl im Bauern- und im Handwerkertum wie auch in Handel und Industrie, also die Existenz einer Bevölkerungsschicht, die nach Ausweis der Geschichte der natürliche Garant der inneren Stabilität eines Volkes, der Quell seiner seelisch und körperlich gesunden Ergänzung und Vermehrung und der fruchtbare Boden für eine nicht künstliche und rein äußerlichpolitische, sondern naturgemäße, auf persönlicher und sachlicher Leistung beruhende Führerauslese auf allen Gebieten ist. Statt dessen wird der Zustand heraufbeschworen, daß immer mehr Menschen, schließlich sogar die Mehrheit direkt oder indirekt in ihrer materiellen Existenz von der Kollektivität als solcher abhängen, – ein Zustand, der bei der Dynamik ihrer extensiven Totalität eine bis ins Persönlichste gehende Freiheitsbeschränkung und vor allem eine die Gewissen quälende Belastung in der Erfüllung der christlich-sittlichen Aufgaben von Ehe und Familie mit sich bringen kann und leider auch schon mit sich bringt.

60. Angesichts solcher Tatsachen ist es nur zu natürlich, daß Gesellschaftsgebilde mit extensiver Totalität weit davon entfernt sind, das früher beklagte Abgleiten des neuzeitlichen Men-

schen ins Massendasein aufzuhalten. Jetzt sucht zwar der Mensch die Haltlosigkeit seiner Existenz nicht durch Anschluß an mächtige private Organisationen zu beheben; denn innerhalb der extensiv-totalen Gesellschaftseinheiten wird infolge der überspitzten, vom Kollektivismus bedingten Ablehnung eines jeden innergesellschaftlichen Pluralismus das Koalitionsrecht, das der Naturrechtsordnung entstammt, meist nicht anerkannt oder doch wenigstens unwirksam gemacht. Dafür aber kann oder muß der Einzelne meistens die Vertretung seiner Interessen in großen, von der umfassenden Totalität ausgehenden Einzelorganisationen suchen, die gewissermaßen die in die Masse hineingreifenden Arme der alles bestimmenden, alles lenkenden und führenden Totalität sind.

61. Hinzukommt dann noch die ebenfalls von der vorhergehenden Entwicklung schon eingeleitete, nunmehr aber mit ausgesuchten Mitteln durchgeführte Uniformierung der öffentlichen Meinung durch Wort und Schrift, durch Zeitung und Theater, Kino und Radio, durch Kunst und sogar Wissenschaft, durch Schule und Betrieb, ja schändlicherweise auch durch Gesinnungsdruck mit und bei Hilfswerken am bedürftigen Menschen. Das traurige Ergebnis ist der moderne Massenmensch. Er hat keine eigene Meinung und Willenshaltung, er ist nichts weiter als passiver Gegenstand der Führung. Jede frische Initiative des Einzelnen ist gefährdet, ohne die doch menschliche Kultur gerade als Anliegen der Gemeinschaft nicht bestehen kann.

62. Unter diesen Voraussetzungen ist es begreiflich, daß die vergewaltigte Individualität des Menschen auf verkehrte, meist heimliche Wege abgedrängt wird. Das gegenseitige Vertrauen unter den Menschen wird erschüttert. Das gesunde und sachlich fruchtbare Verhältnis zwischen Vorgesetzten und Untergebenen wird vergiftet, weil alle nur ein Bestreben haben, nämlich nichts zu verantworten und den eigenen Platz zu behaupten oder zu verbessern. Die naturgemäße Entwicklung des jungen Menschen wird verbogen, weil sein natürlicher

Drang, zu fragen und zu diskutieren in den entscheidenden Jahren der Reife durch äußere Disziplinierung und durch eine Art Mystik des unbedingten Führertums völlig unterdrückt wird und weil daraufhin auch kein Verständnis für echte Autorität und Unterordnung in den folgenden Jahren und jenen Lagen des Lebens übrig bleibt, wo es unumgänglich nötig wäre.

63. Hiermit sind wir zu einem ungemein wichtigen Problem des modernen Gesellschaftslebens gekommen, nämlich zur Frage der Autorität. Die Betonung der Autorität war in der vorhergehenden neuzeitlichen Entwicklung so sehr vernachlässigt worden, daß die neuen Einheitsbestrebungen neben der Totalität in der entschiedenen Betonung der Autorität geradezu den eigenen Vorzug sehen. Aber genauso wie die ausschließlich extensive Auffassung der Totalität eine wahre Einheit des Gesellschafslebens nicht begründen kann, so führt auch die ausschließlich negative Auffassung der Autorität, wie sie in diesen neuen Einheitsgebilden vorausgesetzt wird, weit von echter gesellschaftlicher Einheit fort. Daß nun diese Autoritätsidee tatsächlich rein negativ ist, zeigt die Tatsache, daß in autoritären Systemen die Bildung des Willens von gesellschaftlichen Einheiten ohne die irgendwie geschaffene dauernde Mitwirkung der Einzelnen geschieht und daß vielmehr diese Willensbildung in einer von der irgendwie bestimmend mitwirkenden Willensäußerung der Glieder unabhängigen Weise sich zu vollziehen hat. Wenn die Meinung der Glieder überhaupt angerufen wird, so geschieht dies so, daß die Veranlassung und Initiative dazu von seiten der Glieder meistens grundsätzlich, immer aber praktisch unmöglich ist.

64. Man pflegt heute dieses Vorgehen bei der Willensbildung gesellschaftlicher Einheiten als „autoritär" zu bezeichnen. Dieser Ausdruck ist insofern irreführend, als er den Eindruck erweckt, als ob „autoritäre" Gebilde in besonderer Weise das Prinzip der Autorität im Gesellschaftsleben pflegten. Aber in Wirklichkeit bezieht sich dieser Ausdruck zunächst nur auf

eine bestimmte Technik der gesellschaftlichen Willensbildung, keineswegs aber auf das Wesen der Autorität selbst. Das besagt aber, daß an sich in solchen „autoritären" Gebilden das Bewußtsein echter Autorität keineswegs ohne weiteres geschützt ist und daß es sehr wohl möglich ist, daß in gesellschaftlichen Gebilden mit anderer, vielleicht entgegengesetzter Technik der Willensbildung echtes Autoritätsbewußtsein vorhanden ist, vielleicht sogar in viel stärkerer Weise.

65. Es handelt sich also bei den sogenannten autoritären Gesellschaftsgebilden nicht um die Autorität als solche, vielmehr um die Sicherheit, daß die Willensbildung der gesellschaftlichen Einheiten gegebenenfalls überhaupt zustandekommt und daß sie möglichst schnell und reibungslos sich vollzieht. Beides war besonders bei der Willensbildung des Staates im Verlauf der von uns geschilderten neuzeitlichen Entwicklung vielfach gefährdet; und es ist auch bekannt, daß gerade die demokratischen Mittel und Maßnahmen der Willensbildung es waren, durch die jene Gefährdung sich am meisten auswirkte.

66. Ohne Zweifel sind möglichste Schnelligkeit und Reibungslosigkeit der gesellschaftlichen Willensbildung ein wichtiges Anliegen. Aber es bleibt doch zu fragen, ob dieses Anliegen unter allen Umständen vordringlich ist und ob man zu seiner Befriedigung Formen wählen muß, durch die Wichtigeres und vor allem die Grundlagen des menschlichen Zusammenlebens Betreffendes geopfert oder auch nur schwer geschädigt wird. Als Antwort weist man gerne auf das Beispiel der Kriegsführung hin und auf den dort angeblich unbedingt geltenden Satz, es sei besser zu handeln und der Gefahr eines falschen Handelns sich auszusetzen als überhaupt nicht zu handeln. Aber es dürfte wohl schon von vornherein bedenklich sein, das Beispiel für die Volks- und Staatsführung aus der doch in sich für ein Volk anormalen Lage der Kriegsführung zu nehmen.

67. Allerdings sei es vor dem Gott des Friedens geklagt, daß man nicht mehr überall das gesellschaftliche Leben unter den Be-

dingungen der Kriegsführung als anormal zu betrachten scheint; denn es ist, selbst in den Bildern der Sprache und in der Prägung von Schlagworten, da und dort die Unsitte aufgekommen, das bürgerliche Leben in militärische Formen zu kleiden, gleich als ob der Zustand des Friedens in sich nichts anderes sei als die Organisierung des Krieges. Wer aber am Frieden als der normalen Lage gesellschaftlichen Lebens festhält, wird um der Stabilität dieses Lebens willen die das Für und Wider abwägende und besonders den inneren Zusammenhang der Gesetze wahrende, verstandesmäßige Seite der gesetzgeberischen Arbeit als das vordringliche Anliegen bei der staatlichen Willensbildung betrachten. Er wird deshalb aber auch den Wert einer sachlichen Diskussion und die sachliche Beteiligung der freien öffentlichen Meinung an ihr schätzen; davon hängen in hohem Maße die größere Sicherheit jener Willensbildung und das allgemeine Vertrauen in sie ab, ganz abgesehen davon, daß eine gewisse Verborgenheit und Plötzlichkeit der staatlichen Willensbildung ein dem Wesen der staatlichen Aufgabe geradezu entgegengesetztes Element ständiger Beunruhigung ins gesellschaftliche Leben hineinträgt.

68. Hier stoßen wir freilich auch darauf, daß die Betrachtung sogenannter autoritärer Formen der gesellschaftlichen Willensbildung nicht nur eine gewisse technische Seite betrifft, sondern in wesentliche und damit die sittliche Seite menschlichen Zusammenlebens tief berührende Fragen hineinführt. Die den autoritären Formen eigene Abneigung gegen die Diskussion und gegen den Wert der freien öffentlichen Meinung weisen auf jene oben bemerkte geringere Schätzung der Persönlichkeit und ihrer durchschnittlichen Fähigkeiten hin. Dies stärkt dann die Neigung, bei der gesellschaftlichen Willensbildung die irgendwie beschaffene Beteiligung der Glieder der Gesellschaft hintanzusetzen und jene Willensbildung dem Träger der Autorität in jeder Weise allein zu überlassen.

69. Es liegt die falsche Auffassung zugrunde, als sei das Prinzip der Autorität in sich und isoliert genommen das Prinzip der Einheit gesellschaftlicher Gebilde. Aber dieses Prinzip ist nicht in sich und isoliert genommen, sondern im inneren Zusammenhang mit der die Glieder im Gemeinschaftswert verpflichtenden Verbundenheit das Prinzip der Einheit gesellschaftlicher Gebilde. Daher sind Wirkgebiet und Würde der Autorität jeweils von dem Inhalt des Gemeinschaftswertes bestimmt, begründet und begrenzt. Daher ist aber auch das Prinzip der Autorität, gerade in seiner einheitstiftenden Funktion, innerlich auf die im Gemeinschaftswert die Glieder verpflichtende Verbundenheit als solche dauernd hingewiesen. Und während die dem Prinzip der Autorität eigentümliche einheitstiftende Funktion die der Leitung ist, darf man nicht übersehen, daß eine andere einheitstiftende Funktion mit der die Glieder im Gemeinschaftswert verpflichtenden Verbundenheit als solcher bleibend und grundlegend gegeben ist. Dies übersehen, wenn auch nur praktisch, führt dazu, daß die Wirkweise der Autorität, statt die geistig-sittliche Verantwortlichkeit und Verantwortungsfreude der Glieder gegenüber dem Gemeinschaftswert, also ihre Persönlichkeitswürde, einzusetzen und zu fördern, die Einheit gesellschaftlicher Gebilde zu einem äußerlich an die Glieder herangetragenen Zusammenschluß aus Zwang und Disziplin macht. Man wird nicht finden, daß die sogenannten autoritären Formen dieser leider auch sonst nicht seltenen Gefahr leicht entgehen.

70. Dieser Zusammenhag der Funktion des Prinzips der Autorität mit der Würde der Gemeinschaftsglieder als Personen ergibt sich auch bei der Betrachtung der menschlichen Autorität an sich. Die menschliche Autorität an sich stammt von Gott. Aber in dieser erhabenen Herkunft der Autorität ist auch gleichzeitig die Würde der menschlichen Person betont und unterstrichen. An sich bedeutet nämlich die menschliche Autorität ein geistig-sittliches, die Menschen als Personen betreffendes Unterworfenheitsverhältnis von Menschen unter Menschen; dieses ist aber wegen der Würde der Person, vor allem

wegen ihrer wesenhaften Selbstmächtigkeit, etwas so Eigenartiges, daß es von den Menschen, sowohl einzeln wie auch kollektiv genommen, nicht verursacht sein und auch in sich nur als Auswirkung mitgeteilter Teilnahme an Gottes Autorität begriffen werden kann.

71. Dieser Zusammenhang von Herkunft und Wesen der Autorität an sich mit der Würde der menschlichen Person ist ungemein wichtig, um die Reichweite der den menschlichen Gesellschaftsgebilden als solchen eigenen Autorität zu bestimmen und gegenüber leichtfertigen, heute üblichen und der echten Autorität nur schädlichen Übertreibungen auf das rechte Maß zurückzuführen. Gewiß ist das Wirkgebiet menschlicher Autorität durch den jeweiligen Gemeinschaftswert der einzelnen Gesellschaftsgebilde gegeben. Aber dadurch ist nicht ohne weiteres die Reichweite der betreffenden Autorität festgelegt, d. h. das, was die Autorität auf ihrem Wirkungsgebiet anordnen kann. Mit anderen Worten: dadurch, daß etwas im Hinblick auf die Verwirklichung des Gemeinschaftswertes eines gesellschaftlichen Gebildes förderlich oder gar notwendig ist oder scheint, ist nicht unmittelbar aus dieser Rücksicht die Berechtigung zu entsprechenden Maßnahmen für die betreffende Autorität gegeben. Denn man muß auch auf die innere Natur der Autorität achten, auf Herkunft und Wesen jenes eigenartigen Unterworfenheitsverhältnisses von Menschen unter Menschen.

72. Dieses kann an sich, wie schon gesagt wurde, nicht von Menschen, auch nicht von einer in einem Gemeinschaftswert geeinten Gruppe von Menschen verursacht sein. Würde dies der Fall sein, dann würde die Rücksicht auf das Gemeinwohl des betreffenden Gesellschaftsgebildes nicht nur das Wirkgebiet der Autorität bestimmen, sondern auch ihre volle Reichweite; mit anderen Worten: jede Maßnahme der Autorität, die einer Rücksicht auf das Gemeinwohl des betreffenden gesellschaftlichen Gebildes tatsächlich oder vermeintlich entspringt, würde daraus auch unmittelbar ihre sittliche Berechtigung ableiten

können. Nun ist aber die menschliche Autorität an sich nicht von der gesellschaftlichen Verbundenheit verursacht, sondern stammt unmittelbar von Gott, und zwar, weil die Würde der menschlichen Person eine andere Begründung des in der Autorität liegenden Unterworfenheitsverhältnisses von Menschen unter Menschen nicht zuläßt.

73. Also ergibt sich, daß nicht jede Maßnahme der menschlichen Autorität, die einer wirklichen oder vermeintlichen Rücksicht auf das Gemeinwohl des betreffenden gesellschaftlichen Gebildes entspringt, daraus auch unmittelbar ihre sittliche Berechtigung ableiten kann. Und zwar gilt, wie ebenfalls aus dem Zusammenhang sich ergibt, jene Einschränkung der Reichweite der den menschlichen Gesellschaftsgebilden als solchen eigenen Autorität gerade für jene Maßnahmen, die unmittelbar die Person, ihre wesentlichen Pflichten und Rechte berühren. Die Berechtigung oder Nichtberechtigung solcher Maßnahmen muß vielmehr nicht unmittelbar der Rücksicht auf das Gemeinwohl des betreffenden gesellschaftlichen Gebildes entnommen, sondern in weiteren Zusammenhängen der göttlichen Sittenordnung festgelegt werden.

74. Und nun: was müssen wir tatsächlich erleben?
Die Feststellung oder Behauptung, daß etwas für das Gemeinwohl des Staates, der nationalen oder rassischen oder proletarischen Kollektivität nützlich oder notwendig sei, genügt, um unmittelbar daraus die sittliche Berechtigung der menschlichen Autorität zu Maßnahmen schwerwiegender Art abzuleiten, die tief in die Personenrechte des Menschen eingreifen. Mit dieser Begründung bricht man in das Lebensrecht der menschlichen Person ein: man tötet sie im Mutterschoß oder bezeichnet ihr Leben als unwertig; man beraubt sie der körperlichen Integrität; man setzt sie ohne hinreichenden Grund schweren Gefahren für die Gesundheit von Seele und Leib aus; man konstruiert fälschlich, nämlich unmittelbar aus der Rücksicht auf das Gemeinwohl des Staates oder irgendeiner anderen Kollektivität, das Recht auf die Todesstrafe und

wendet sie allzu leicht an, während man unter Umständen aus der gleichen Rücksicht die Bestrafung eines Mörders für schlecht hält und ihn gar als solchen ehrt.

75. Mit derselben Begründung bricht man in andere persönliche Rechte ein: man beraubt ohne Bedenken Menschen einfachhin der Freiheit und verletzt ebenso bedenkenlos die Heiligkeit von Haus und Heim; man beschränkt ohne Zuständigkeit, unmittelbar aus Rücksichten der rassischen, nationalen oder proletarischen Kollektivität die Freiheit der Eheschließung, der Kindererziehung, ja, des Gebrauchs der ehelichen Rechte; und – dies ist das Schlimmste –, man will dem Einzelnen das Recht zum Gewissensurteil, zur inneren Selbstentscheidung vor seinem Herrgott bestreiten und durch die Entscheidung der totalen Gesellschaft ersetzen.

76. Bei solchen Zuständen hören wir gar oft die Menschen klagen und sagen: es gibt keine Freiheit mehr. Wir aber klagen und sagen: es gibt keine wahre Autorität mehr. Und Wir erinnern daran, was schon klargestellt wurde: in der unumstößlichen Wahrheit, daß alle menschliche Autorität unmittelbar von Gott ist, ist auch die Würde der menschlichen Person betont und unterstrichen. Man kann also nicht die Autorität im Bewußtsein ihrer Herkunft von Gott handhaben, wenn man die Würde der menschlichen Person in der geschilderten Weise verletzt. In solchem Vorangehen offenbart sich, viel mehr als im Niederbrennen von Kirchen und in der Vernichtung gottgeweihter Personen und Sachen, der Geist von Gottlosigkeit, der innerste Gehalt des Bolschewismus im öffentlichen Leben.

77. Ferner: wie steht es mit der praktischen Verwirklichung jener anderen Wahrheit, daß die Autorität in Verbindung mit einem anderen einheitstiftenden Prinzip die Einheit gesellschaftlichen Lebens ausmacht, nämlich mit der die Glieder im jeweiligen Gemeinschaftswert verpflichtenden Verbundenheit als solcher? Gewiß ist dieses Prinzip in anderer Weise einheitstiftend als die Autorität; aber darf es deswegen im wirklichen

Gesellschaftsleben völlig unberücksichtigt bleiben? Und doch bergen sogenannte autoritäre Formen die Gefahr dazu in sich, wenn sie in rein negativer Auffassung der Autorität bei der Bildung des gesellschaftlichen Willens die irgendwie beschaffene, dauernde Mitwirkung der Glieder ausschließen.

78. Behandelt wurde schon, welche schlechten pädagogischen Folgen es hat, wenn man seitens der Autorität die Verantwortlichkeit der Gemeinschaftsglieder gegenüber dem Gemeinschaftswert als positiven Faktor des Gesellschaftslebens völlig unbeachtet oder nur nach eigenem Gutdünken zur Geltung kommen läßt. Darüber hinaus aber entsteht die andere Frage: ist es als Dauer- und Normalzustand überhaupt rechtens, das einheitstiftende Prinzip der Verbundenheit der Glieder in dem Gemeinschaftswert, also zuletzt ihre geistig-sittliche Verantwortlichkeit für ihn, die persönliche Würde der Glieder im Gemeinschaftsleben als solchem überhaupt nicht wirksam und somit auch nicht dauernd irgendwie zur Geltung kommen zu lassen?

79. Man muß diese Frage schon deshalb verneinen, weil eben das erwähnte Prinzip besteht; man muß sie erst recht verneinen, wenn man bedenkt, wie sehr heutzutage beispielsweise die Angehörigen der Staaten mit Gut und Blut durch die mannigfachen, häufigen Entscheidungen der gesellschaftlichen Autorität betroffen werden. Und was man auch mit vielem Recht zur Kritik aller Arten demokratischer Formen sagen kann und mag, so bleibt doch wahr, daß jene Formen das eben erwähnte Prinzip zur Geltung bringen konnten. Wenn sie es unvollkommen zur Geltung brachten und heute besonders schwere Schäden aufweisen, so liegt der Grund nicht in der irgendwie demokratischen Verfassung an sich, sondern in der von Uns dargestellten fortschreitenden Atomisierung der neuzeitlichen Gesellschaft, nämlich in der wesenswidrigen Gestaltung der verschiedenen natürlichen Faktoren des Gesellschaftslebens und in dem Absinken des Einzelnen zum Massenmenschen, zutiefst in der Loslösung vom Geiste, in dem Schwinden ge-

meinsamer, nicht der Diskussion und Abstimmung unterworfener Überzeugungen der in Gesellschaft lebenden Menschen.

80. Dadurch schwanden immer mehr die Ansatzpunkte und Voraussetzungen, die Verantwortlichkeit des Einzelnen für das Gesellschaftsganze an der rechten Stelle und in der rechten Weise zur Geltung zu bringen. Nun aber ändern die extensivtotalen Formen, wie wir sahen, gerade an jener schlimmen Entwicklung gar nichts, sondern steigern sie noch. Wenn sie nun von vornherein wegen ihres „autoritären" Charakters auch noch darauf verzichten, die persönliche Würde des Menschen, seine geistig-sittliche Verantwortlichkeit für das Gesellschaftsleben als solches irgendwie wirksam fruchtbar zu machen, dann kann auch das äußere Bild einer disziplinierten, plötzlich handelnden Einheit über die unerfüllte Forderung, die aus jener eben gestellten und beantworteten Rechtsfrage entspringt, nicht hinwegtäuschen. Dahinter droht der endgültige Tod der Persönlichkeit und, was damit innerlich zusammengehört, der endgültige Umschlag der Autorität als einer geistig-sittlichen Macht in den äußeren Zwang der brutalen Gewalt.

81. So ist denn die neuzeitliche Gesellschaft krank, und auch die neuen Einheitsparolen und Einheitsformen einer extensiven Totalität können sie nicht heilen, eher noch kränker machen. Denn auch sie lösen wie das mechanisch-atomisierende Denken und Gestalten den inneren Zusammenhalt des menschlichen Gesellschaftslebens auf, sowohl die natürlichen Faktoren seines Aufbaus wie auch seine natürliche Grundlage, die Einheit der menschlichen Persönlichkeit. Auch sie halten also die neuzeitliche Wiederholung der Tragödie des Turmbaus von Babel nicht auf. Ja, auch sie haben die Ursache ihres Unvermögens genau an dem gleichen Punkte, an dem noch jeder Turmbau von Babel gescheitert ist bis hin zu jenem von uns betrachteten mechanisch-atomistischen Weltbild und Weltbau unserer Zeit. Diese letzte Ursache ist immer – die Verwirrung

der Sprache, dieses Kennzeichen des Geistes, deutet es an – die Abkehr vom Geiste, letztlich vom Geiste Gottes.

82. Braucht es dafür hinsichtlich der Einheitsformen extensiver Totalität noch einen Beweis? Das mechanisch-atomistische Denken konnte wegen seiner Ungeistigkeit die verschiedenen natürlichen Faktoren des Gesellschaftsaufbaues und ihren wesentlichen Zusammenhang, also die Einheit in der Vielheit, nicht mehr sehen; es konnte nicht mehr zu wahrer Einheit und Ganzheitlichkeit des Weltbildes vorstoßen, die intensive Totalität, d. i. echte Einheit in echter Vielheit bedeutet; was ihm vom Geiste sozusagen übrig blieb, war nur der Intellekt, der aber gerade seinen tiefsinnigen Namen, wie wir sahen, nicht mehr verdiente, dafür aber umso mehr den Kampf, den man später gegen einen solchen, sogenannten Intellekt führte.

83. Die Gesellschaftsformen extensiver Totalität zeigen aber die Ungeistigkeit ihrer Weltauffassung dadurch, daß sie aus der Vielheit der natürlichen Faktoren des Gesellschaftsaufbaus einen einzigen Faktor herausnehmen und ihn als bestimmenden Faktor derartig auf alle anderen Faktoren ausdehnen, daß diese jeden eigenständigen Sinn und Wert verlieren. Was aber dabei herauskommt, ist zwar Einheit, aber eine rein mechanische, durch bloße Ausdehnung eines einzigen Faktors erreichte Einheit; man hat eben lediglich eine extensive, eine mechanische Totalität. Zerstört ist die echte Einheit in echter Vielheit, das Kennzeichen eines vom Geiste erfaßten und vom Geiste geformten Gesellschaftsaufbaues.

84. Dieselbe Ungeistigkeit zerstörte nicht nur die innere Einheit des menschlichen Gesellschaftslebens, sondern auch seine Grundlage, die innere Einheit der menschlichen Person und Persönlichkeit. Das mechanisch-atomistische Denken ließ als angebliche Natur des Menschen immer nur irgendwie ein einziges Element, einen Trieb oder einen Instinkt, übrig. Dies war der Ausgangspunkt, von dem aus dann der völlig äußerlich aufgefaßte Intellekt das Gesellschaftsleben wie ein

mechanisches Kräftespiel erklärte und konstruierte. Von inneren Zwecken und Werten, die in wesensnotwendigem Zusammenhang und einheitlichem Aufbau die geistgeformte Wirklichkeit konstituieren und sie so zu einem entsprechenden Betätigungsfeld des ebenfalls geistgeformten Menschenwesens machen, war keine Rede mehr. Kein Wunder, daß sich der lebendige Mensch, vor allem die Jugend, gegen diese aller objektiven Werte beraubte Wirklichkeit immer mehr sträubte und geradezu aufbäumte. Eine solche Wirklichkeit konnte nur müde und blasierte Menschen erzeugen, die in und aus ihrer Leere an gemeinsamen, einsichtigen Überzeugungen alles, aber auch schlechthin alles der Diskussion und dem Stimmschein überlieferten.

85. In dieser Lage gab und gibt es nur zwei Möglichkeiten: entweder Rückkehr zum Geiste oder entschlossene Wendung ins Nichtgeistige, in den Trieb und Instinkt, ins Gefühl oder ins strebende Handeln als solches. Griff man mit der zweiten Möglichkeit nicht ins eigentlich Lebendige des Menschen, ja der gesellschaftlichen Wirklichkeit überhaupt hinein? Stieß man nicht hier auf bleibende Einheiten und Ganzheiten, während der Geist in der dargelegten Weise des Intellekts nur eine zerteilte, zerrissene und stets fließende, haltlose Wirklichkeit übrig ließ? Stellte sich von hier aus nicht die gesellschaftliche Wirklichkeit zutiefst und zuletzt als ein dem Einzelnen Halt bietendes Kollektivgebilde dar von gewaltiger Einheit und Totalität, zusammengeballt und immer wieder erneut jeweils aus den tausendfachen Äußerungen eines der eben erwähnten Elemente? So kam man zu den mannigfachen neuen Vorstellungen vom Gesellschaftsleben kollektivistischer Prägung: vom Trieb aus gemeinsamem Blut zur Rasse als einem alles Leben spendenden Gebilde; vom Gefühl und Bewußtsein gemeinsamer, historisch erworbener und in sich abgeschlossener Werte zur Nation als einem alles andere Leben bewegenden Dynamismus; vom Klasseninstinkt zum kämpferischen Proletariat; vom menschlichen Macht- und Selbstbehauptungs-

streben gegen einen Feind zur gesellschaftlichen Zusammenhaltung dieses Strebens in der totalen Staatlichkeit.

86. Aber jene Wendung des Menschen zur kollektivistischen Totalität ist mit dem unverantwortlichen Opfer seiner Persönlichkeit bezahlt und somit wieder mit der Preisgabe des Geistes. Jetzt ist der Einzelne nur Glied und nichts als Glied der jeweiligen alles umfassenden gesellschaftlichen Einheit; ja, er ist nichts ohne sie und lebt nur von ihr und in ihr; ein Tropfen in ihrem Lebensstrom ist er und nicht mehr. Die geistgeformte Wirklichkeit der menschlichen Person, die sich in der inneren Einheit ihres mannigfachen Lebens und in ihrer Selbstmächtigkeit ausprägt, die verhindert, daß der Einzelne in seinem Gliedsein nur Glied und nichts als Glied ist, hat keinen Platz mehr; denn höchste und letzte Einheit und Wirklichkeit soll nur die kollektive Zusammenballung eines materiell-sensitiven Lebensstromes sein.

87. Auch die Natur der menschlichen Gesellung selbst ist nicht mehr die wesensnotwendige Äußerung der geisterfüllten Person, insofern sie in ihrer Hinordnung auf objektive Werte und Ordnungen von ihrem Leben mitteilt und von anderen gleichen Wesen wieder empfängt; vielmehr ist die Natur der Gesellung der mechanische oder nach pflanzlich-tierischer Art organische Vorgang der Zusammenballung oder des Zusammenwachsens der Individuen zur gemeinsamen Art und ihrer Entfaltung. Die Abkehr vom Geiste ist vollendet.

88. Ein bedeutsames Zeichen dieser Abkehr vom Geiste liegt darin, daß in allen Gesellschaftsformen extensiver Totalität eine falsche Lehre bevorzugt wird, die den Geist, die geistige Seele, grundsätzlich dem Trieb und Instinkt zu Gunsten des Letzteren entgegensetzt und also die wahre Lehre von der geist-leiblichen Lebenseinheit des Menschenwesens leugnet. Dasselbe Zeichen liegt auch da vor, wo man das Verhältnis von Geistigem und Materiellem im Menschen derartig ungeklärt läßt, daß man die formende, einheitgebende Funktion des

Geistigen im Gesamtzusammenhang des menschlichen Lebens nicht mehr sieht. Endlich liegt noch ein Zeichen jener Abkehr darin, daß man den Intellekt endgültig entthront und zum bloßen Werkzeug des jeweiligen kollektiven Instinkts oder Daseinswillens macht.

89. Am schlimmsten wirkt sich dies in der Auffassung von der Wissenschaft aus, die in allen ihren Zweigen von entsprechenden Voraussetzungen kollektiven Lebens abhängig gemacht wird. Und doch hat die Wissenschaft als ein Vorgang wahrhaft geistigen Lebens nur eine einzige Voraussetzung, nämlich das Ziel, das zu erkennen und zu übermitteln, was ist und weil es ist. Wird dieses Ziel wirklich ernsthaft und mit peinlicher Sorgfalt gewollt, dann ist die Wissenschaft auch als Vorgang gesellschaftlichen Lebens gerechtfertigt; dann ist dem Menschen der Wissenschaft aber auch lediglich jene einzigartige, ihn auszeichnende Haltung als besondere sittliche Pflicht auferlegt, nämlich die Ehrfurcht vor dem Sein in seinem gesamten Umfang, eine Ehrfurcht, die sich ausprägt in dem, was er sagt und wie er es sagt.

90. Sind aber jene drei Anzeichen vorhanden, dann ist die Abkehr vom Geiste vollendet. Der Mensch kollektivistischer Totalität ist in Gefahr, auf die höchste natürliche Leistung des menschlichen Lebens zu verzichten, die im Geistigen liegt; er verzichtet nämlich darauf, über alle wechselnde Mannigfaltigkeit hinweg zu inneren Einheiten vorzustoßen, zu Prinzipien und Normen des Erkenntnis- und Willenslebens, zu bleibenden Wesens- und Wertverhältnissen der Wirklichkeit. Das Höchste, was er leistet, ist die äußere Zusammenballung des Mannigfaltigen zu äußerlich geeinten Gebilden des Instinkts, des Gefühls und des Strebens, die sowenig den Namen von Begriffen und Werten verdienen, daß sie nur mit sinnlichen Mitteln dem Menschen zugänglich werden. Er verzichtet von vornherein auf die seinsmäßige und logische Begründung seines Standpunkts, er bejaht ihn einfach, er handelt nicht nach der Erkenntnis dessen, was ist, sondern er erkennt nur, indem

er handelnd erstrebt. Er diskutiert nicht gern und stimmt noch weniger gern ab – auch darin ein Gegner des Menschen des mechanisch-atomistischen Denkens; aber er kommt mit ihm überein in der Leere an gemeinsamen, begründeten oder einsichtigen Überzeugungen, eine Leere, die freilich durch umso entschiedenere, gefühlsmäßige und willentliche Bejahung und Verabsolutierung des jeweiligen Kollektivwertes überwunden werden soll. Deshalb wird der Mensch der ungeistig-totalen Gesellschaft durch jene Leere nicht müde und blasiert wie der Mensch der ungeistig-atomistischen Gesellschaft, sondern er trägt im Gegenteil die Haltung eines unwahrscheinlich andauernden Heroismus und kämpferischer Anspannung zur Schau. Aber da doch auch hier die Leere an echten, einsichtigen oder bewiesenen Werten da ist, die allein dem Dasein des Menschen Halt geben können, ist jene kämpferische, bezeichnenderweise oft fanatische Tapferkeit um den jeweiligen Kollektivwert etwas rein Negatives, ein ständiges Sichaufbäumen gegen das Versinken des bloßen Daseins ins Nichts.

91. So vermag die neuzeitliche Gesellschaft weder auf den Wegen eines mechanischen Atomismus noch auf denen einer mechanischen Totalität dem Gesellschaftsleben und der menschlichen Person innere Verbundenheit und Einheit zu sichern. Der tiefste Grund liegt in beiden Fällen in der Abkehr vom Geiste, zuletzt vom Geiste Gottes, dem Fundament und Ausgang aller Einheit und Ordnung. Man hat tatsächlich auch bei uns in den mehr als hundert Jahren der neuen Zeit einen Turmbau von Babel versucht, und zwar wieder ohne Gott. Celebremus nomen nostrum, haben die Menschen dieses Gesellschaftsbaues wie damals gesprochen. Und wieder ist das Ende furchtbare Trennung und Zerreißung. Die Menschen verstehen sich nicht mehr. Und vor allem: die versuchte Verherrlichung des menschlichen Namens ohne Gott und gegen seinen Geist endet mit der tiefsten Entwürdigung dieses Namens, d. i. des Wesens des Menschen und seines gesellschaftlichen Lebens. Man trennt sich vom Geiste und vom Geistigen und damit vom Eigentlichen und Ewigen im Menschen, das allein dem

Dasein Halt, der Persönlichkeit und der Gesellschaft Einheit und Ordnung verbürgt. Irgendwie hat man Ordnung und Einheit vom Ungeistigen erwartet und erwartet sie da und dort noch immer. Aber die Wirklichkeit, die vom Geiste stammt und zutiefst vom Geiste geformt ist, vergilt diese Mißhandlung, indem sie scheinbar nur noch Kräfte der Unordnung und der Trennung birgt. Rächend ist wie damals der Ewige Geist zu den Menschen hinabgestiegen und hat gesprochen: „ich will ihre Sprache verwirren".

92. Nach dieser Darstellung der neuzeitlichen Verirrung der menschlichen Gesellschaft sind wir Christen erneut darin bestärkt, daß der Unterricht über die wahre Einheit der Menschheit nur vom Geiste kommen kann. Sein persönlicher göttlicher Ursprung ist in geheimnisvoller Fülle „in unseren Herzen ausgegossen"; er ist es, der in den Geburtsstunden der Kirche „ein Herz und eine Seele" aus allen machte und der damals in wunderbarer Weise bewirkte, daß die Vertreter der verschiedensten Völker wieder eine einzige Sprache verstanden. Er ist der Geist der Einheit als die unendliche Liebesfülle des dreieinigen Gottes; wo er daher schenkt, schenkt er Einheit, und, wo er formt, formt er innere Ordnung. Erleuchtet durch sein unerschaffenes Licht, den „Geist Gottes, der in uns wohnt", bereichert durch seine Gnadenspendung im Glauben und festhaltend an den natürlichen, jedem Menschen gegebenen Kräften des geschaffenen Geistes in uns erkennen wir, daß die Menschheit wirklich vom Geiste geformt und eine Einheit ist; sie ist nicht eine einheitliche Wirklichkeit wie der einzelne Mensch, auch nicht wie die Maschine und nicht wie der pflanzliche oder tierische Organismus, was manche in einer Art von mystizisierendem Biologismus meinen; sie ist vielmehr eine Einheit der Ordnung, nämlich die Einheit vieler, mannigfacher und selbständiger Glieder in der inneren Hinordnung auf gemeinsame Ziele und Werte. Eine solche Einheit ist allerdings nur in der Formung durch den Geist möglich: eine solche Einheit in der Vielheit, dies ist die Menschheit. Betrachten wir zuerst ihre Einheit und dann ihre Vielheit.

93. Die Einheit der Menschheit hat zunächst eine schon dem natürlichen Wissen und Erkennen zugängliche Grundlage. Der feste, die gesamte Menschheit tragende Boden ist die gemeinsame Menschennatur. Gewiß sind die Menschen und die Gruppen der Menschen einander sich nicht in mechanischer Weise gleich wie Atome. Wir sehen vielmehr ein buntes Bild seelischer und körperlicher Merkmale und Fähigkeiten; mannigfach ist die Art, wie die Einzelnen und die Gruppen auf die Wechselfälle des Lebens reagieren und wie sie die Dinge überhaupt auffassen und nehmen; schwankend zwischen bedeutenden Extremen ist oft sogar im einzelnen Menschen und in derselben Gemeinschaft die Äußerung des Menschenwesens. Aber immer finden wir Übergänge und niemals schroffe, völlig ungleiche Gegensätze. Es gibt eine allgemeine Gesetzmäßigkeit im Denken, eine Gleichheit der ursprünglichen Regungen und Zustände des Gefühlslebens, eine Gemeinsamkeit grundlegender Strebungen und Wollensrichtungen. Wo und wann wir auch immer auf den Menschen stoßen, ob im Leben der Gegenwart oder in der fernen Urzeit, ob unter den Bedingungen der modernen Zivilisation oder im Zustand des Naturvolks, wie man sagt, immer treffen wir die gleiche Menschennatur an. Und selbst diejenigen, die dies zu leugnen versuchen, geben durch ihr Leugnen diese Wahrheit indirekt zu; denn sie machen ja den Anspruch, angeblich völlig fremdes Seelenleben innerlich zu verstehen, was ohne eine tiefgreifende Gemeinsamkeit nicht möglich ist.

94. Deutet schon diese Beobachtung auf eine gemeinsame Abstammung des Menschen hin, so weisen die zuständigen Fachwissenschaften und die gesunde Philosophie in dieselbe Richtung. Freilich muß man die wahre Wissenschaft befragen, nicht jene Pseudowissenschaft, von der Wir am Schluß des ersten Hauptteils dieses Schreibens sprachen und die gerade in der vorliegenden Frage so leicht eine verhängnisvolle und sehr aufdringliche Rolle spielt. Die wahre Wissenschaft aber verfolgt die Entwicklung des Menschen bis zu einem Menschen-

typ von sehr einheitlicher Kultur mit sehr einheitlichen körperlichen Merkmalen zurück.

95. Somit liegt das Ergebnis der Wissenschaft so, daß die Wahrheit, die die Offenbarung des Alten und des Neuen Bundes über die Einheit des Menschengeschlechts enthält, bestätigt wird. Keiner, der den christlichen Glauben bekennt, kann zweifeln, daß der Bericht der Heilige Schrift über die Erschaffung des Menschen die Einheit des Menschengeschlechts aussagt. Ja, dieser eine und einheitliche, durch Gottes Willen bestehende Blutstrom, an dem alle Menschen Anteil haben, ist so sehr einheitstiftend – gewiß nicht aus sich, sondern durch Gottes unmittelbaren Ratschluß –, daß ohne ihn die traurige Gemeinschaft aller Menschen in der Erbschuld jedes Einzelnen nicht bestünde. Somit, wo immer Eltern, selbst in der heiligmachenden Gnade stehende Eltern, ihr heiliges Amt, neues Leben zu wecken, ausüben, können sie es nicht, ohne als Träger jenes Blutstroms dem Kind mit ihm auch die Gliedschaft an jener todbringenden Gemeinschaft zu vermitteln, die allerdings glücklicherweise und möglichst bald durch die hl. Taufe, im Bad der Wiedergeburt zu neuem, göttlichem Leben, gelöst werden kann und soll.

96. Noch mehr: ebenfalls nach Gottes Ratschluß ist auch die Erlösung aus den Banden der Erbschuld nicht geschehen, ohne daß zuvor der gottmenschliche Erlöser Jesus Christus durch seine gebenedeite Mutter an jenem der Menschheit gemeinsamen Blutstrom Anteil nahm und ward „wie einer von uns, die Sünde ausgenommen". „Quod non est assumptum, non est sanatum", sagen daher die Hl. Väter, d. h. die Menschheit ist nur erlöst, weil die zweite Person in der Gottheit in der Hypostatischen Union wahre Menschennatur annahm, und zwar vermittels der wahren Mutterschaft Marias.

97. Dies ist das wahre „Geheimnis des Blutes", wo freilich nicht aus sich, sondern durch Gottes unmittelbaren Willen – das Blut und die Blutsverwandtschaft wirklich eine über die

Familie hinausgehende, ja, alle Menschen umfassende und am tiefsten im Menschen, nämlich an seiner Beziehung zu Gott anknüpfende Gemeinschaft begründen. Traurig genug, daß es heute Menschen gibt, die vielleicht noch Christen sein wollen oder wenigstens sich noch so nennen und die jenes Geheimnis des Blutes, wahrhaftig ein Fundament der christlichen Religion, leugnen. Dabei übertreiben dieselben Menschen die etwa vorhandenen, jedenfalls aber sehr oberflächlichen Wirkungen von Blut und Blutsverwandtschaft bei den über die Familie hinausgehenden Gruppenbildungen so sehr, daß sie entgegen aller Erfahrung, entgegen dem Ergebnis aller Wissenschaften, ja, sogar entgegen dem katholischen Glauben die Einheit des Menschengeschlechts bestreiten und unüberbrückbare Gegensätze zwischen einzelnen Bluts- und Rassegemeinschaften behaupten. Demzufolge lassen sie sich sogar zu dem Satz hinreißen, daß die menschlichen Rassen durch ihre natürlichen und unveränderlichen Eigenschaften so sehr voneinander verschieden sind, daß die niedrigste Rasse von der am höchsten entwickelten weiter entfernt ist als von der höchsten Tierart.

98. Nicht nur die gemeinsame Menschennatur begründet die Einheit der Menschheit, sondern dasselbe gilt auch von den beiden notwendigen Formen der Entfaltung und Entwicklung des Menschenlebens, nämlich von Raum und Zeit. Ist es nicht das Nebeneinanderleben auf demselben Boden, wo sich die Pilgerschaft aller Menschen aller Zeiten zu ihrem ewigen Ziel abspielt, wo jene endlose Karawane sich bewegt, von der der Hl. Augustinus (De Civ. Dei. Lib. XIX, c. 17) spricht? Derselbe Boden trägt von jeher Freud und Leid, Erfolg und Mißerfolg der Menschen; er gibt immer wieder die materiellen Kräfte zu neuem Leben und nimmt immer wieder die Toten auf; er trägt und hört nicht auf zu tragen Haus und Herd der Menschen, prägt sie sogar in seiner Weise zu wohltuender Festigkeit bis in ihre Seelen hinein aus und macht sie bodenständig, wie man so bezeichnend sagt; er knüpft die Menschen aneinander im Bewußtsein der Nachbarschaft, der Heimat und läßt sie als Land ihres Ursprungs nicht aus seinem Bann, auch

wenn sie in der Ferne sind. Überall und bei allen Menschen wirkt sich das Nebeneinanderleben im Raum, auf demselben Boden so aus. Ist er also nicht eine Grundlage wahrer Einheit, in der sich alle verstehen?

99. Merken wir es wohl, daß das glücklichste und reichste, leider so schuldbar verlorene Gemeinschaftsleben der Menschen einmal auch an den Boden geknüpft war. Merken wir es wohl, daß er nunmehr auch unter dem Fluche Gottes von dieser gemeinschaftstiftenden Kraft noch genug behalten, ja, in gewissem Sinne noch gewonnen hat, weil die Menschen gewöhnlich an jenem Boden umso fester hängen, der mit ihrem Schweiß, mit ihrem Blut und ihren Tränen benetzt ist.

100. Das sind die gemeinsamen Gefühle aller Menschen aller Zeiten gegenüber dem Boden, der uns alle trägt. Deshalb richten sie überall in heiligem, nicht genug zu empfehlenden Brauch das Hl. Kreuz, das Zeichen höchster Gemeinsamkeit, auf dem Boden auf; und niemals und nirgendwo hat die Kirche aufgehört, in derselben Absicht, oft in denselben, uralten Worten den Boden, auf dem die Menschheit lebt, auf dem der erste und der zweite Adam wandelte, zu segnen.

101. Wie der Raum durch das Nebeneinander der Menschen sie eint, so ist es auch mit dem Nacheinanderleben in der Zeit. Große Ereignisse, freudige oder traurige, und gemeinsame Erlebnisse prägen sich dem Gedächtnis ein und schweißen eine Folge von Generationen zu einer Einheit desselben Empfindens und derselben Schätzungen zusammen. So wirkt die Zeit vereinigend auf die Menschen und gibt sogar den Einzelnen ein einheitliches Gepräge; in dem Nacheinanderleben der Menschen entsteht Tradition, es wird zur Geschichte. Viele stellen gerade in diesem Zusammenhang die Wurzel dessen fest, was man Nation oder nationale Verbundenheit nennt. Wenn dem so ist, dann wird jene Auswirkung der zeitlichen Einbettung unseres gesellschaftlichen Lebens von den Menschen allüberall und immer in der gleichen Weise empfunden.

Mit anderen Worten: wie viele Nationen auch entstanden sind und noch entstehen werden, in der nationalen Verbundenheit als solcher liegt etwas Allgemein-Menschliches, also an sich auch eine Forderung des Sich-Verstehens und der Einheit aller Menschen und nicht nur ihrer Verschiedenheit.

102. Ganz besonders hat die Kirche Verständnis für die einende allgemein-menschliche Bedeutung der Zeit, für die gesellschaftliche Wirkung von Tradition und Geschichte im Leben der Menschen. Ja, die Kirche ist selbst darin verwurzelt, und zwar so wie keine andere gesellschaftliche Wirklichkeit und Verbundenheit. Und zwar ist die Kirche gerade durch das Göttliche, den Gnadenfaktor an ihr und in ihr, in der Zeitlichkeit verwurzelt. Denn Gott ist Mensch geworden nicht in einem beliebigen, sondern in einem bestimmten Augenblick, nämlich „als die Zeit erfüllt war"; als unsere menschliche Geschichte ihren bestimmten Augenblick erreicht hatte, ging Gott durch die Menschwerdung des Sohnes Gottes in unsere Geschichte, in diese zeitliche Einbettung des menschlichen Zusammenlebens, nicht äußerlich, sondern innerlich, eben als Gottmensch ein.

103. Und so ist auch sein weiteres Leben und Gnadenwirken durch die Kirche und in der Kirche ein Wirken, das als solches ein geschichtliches ist, mithin in der dauernd lebendigen Bildung von Tradition und Einheit verläuft. So begegnet sich die Kirche bei all ihrer Einzigartigkeit dennoch mit allen anderen Gesellschaftsgebilden, deren innere Natur ebenfalls in der Geschichtlichkeit, in der Traditionsverbundenheit, in der Zeitlichkeit unseres gesellschaftlichen Lebens wurzelt; so begegnet sie sich also innerlich und positiv auch mit den Nationen. Und wenn es Staatsgebilde gibt, die sich katholisch nennen, sei es weil sie mit einer katholischen Nation zusammenfallen, sei es weil sie sich um eine von der Kirche gesalbte Dynastie oder Krone bildeten, so war da einmal am Anfang eine Begegnung mit der Kirche in der Geschichte, wo diese Begegnung nicht wie mit den übrigen Nationen nur eine positive,

sondern sogar eine heilige war. Diese Staatsgebilde begegneten sich mit der Kirche in der Geschichte, die ja für das Bewußtsein beider seit der Menschwerdung des Sohnes Gottes in besonderer Weise die Geschichte Gottes und seines Gnadenwirkens war und ist. Welche Einheit, fruchtbar und tief, konnte daraus entstehen! Aber auch welcher Verfall, welcher Fall ob mißbrauchter oder verscherzter besonderer Gemeinschaftsgnaden, wenn jenes Bewußtsein beim politischen Gebilde praktisch zersetzt und die Katholizität zur politischen Phrase wurde. Anklagend bleiben dann vielleicht nur noch die herrlichen Kathedralen als steinerner Ausdruck umfassender, kraftvoller innerer Einheit der Vorfahren übrig und vielleicht läßt auch daran noch der rächende Arm Gottes rühren. Es ist eben ehrenvoll, aber auch voll schwerer Verantwortung, als katholische Nation sich mit der Kirche in der Geschichte zu treffen.

104. Jedenfalls ist die traditionsbildende Kraft des menschlichen Zusammenlebens in der Zeitlichkeit ein Element der Einheit, in dem sich wiederum alle Menschen aller Zeiten verstehen; dies gilt auch von der ununterbrochenen Folge der Generationen und von der Folge der Zeitalter im Leben der menschlichen Gesellschaft. Was in diesen beiden Folgereihen an lebenspendender Kraft, oft gerade in der Spannung von Alt und Jung, von vergangener und moderner Zeit liegt und immer wieder liegt, ist wiederum ein Erlebnis, das allen Menschen allüberall und immer gemeinsam ist. Und ebenfalls ist gemeinsam, daß wie von der Tradition so auch von den Generationen- und Zeitalterfolge eine an sich fruchtbare Ausprägung und Verfestigung der einzelnen Menschen, besonders ihres Charakters, ausgeht. Und verstehen die Menschen der einzelnen Generationen und Zeitalter sich nicht, und zwar weit über Grenzen und künstliche Schranken hinweg, wenn man sie nur zu Wort kommen läßt? Ihrerseits verklärt die Kirche auch diese einigenden Werte der Zeitlichkeit des menschlichen Lebens, indem sie daraus für sich selbst bei ihrem Gang durch die Geschichte immer wieder neues Leben schöpft. Und

weiterhin ist sie allen Zeitaltern, allen Generationen in ihrer Eigenart eine wahre Mutter. Sie ist, um den hl. Augustinus wieder sprechen zu lassen, „Kind mit den Kindern, kraftvoll mit der Jugend, gütig und mild mit dem Alter ..." (.. pueriliter pueros, fortiter juvenes, quiete senes .." – les enfants avec ingénuité, les jeunes gens avec force, les vieillards avec sérénité.." De moribus cath. Eccl. I,30, P.L. t. 32, col. 1336).

105. Die Entwicklung der gemeinsamen menschlichen Natur vollzieht sich nicht nur in Raum und Zeit, sondern auch in Verbindung mit den äußeren Dingen der Welt. Auch in dieser Richtung stoßen wir wieder auf ein wichtiges, die Menschheit einigendes Element. Zu den Persönlichkeitsrechten des Menschen gehört nämlich das Nutzungsrecht an den äußeren Gütern der Erde. Wenn auch dieses Recht wegen des geordneten und friedlichen Zusammenlebens aller notwendig durch die Einrichtung des Privateigentums näher bestimmt werden muß, so wird es doch dadurch an sich und als solches nicht ausgeschlossen oder aufgehoben, sondern übt eine weitreichende, die Menschen einende Funktion aus. Aus diesem Nutzungsrecht aller fließt – auch in der Privateigentumsordnung – die Pflicht aller, den gegenseitigen Austausch und Verkehr der Güter und auch der Personen möglichst zu erleichtern. Und abgesehen von den geselligen Triebkräften der menschlichen Natur besteht eine aus dem allgemeinen Nutzungsrecht sich ergebende Verpflichtung auch der Völker, den Austausch von Personen und Gütern auch über ihre Grenzen hinaus und hinein an sich zu ermöglichen, jedenfalls nicht grundsätzlich zu erschweren.

106. Es ist traurig, zu welchen Zuständen wir heute in dieser Beziehung gekommen sind. Während sogar bei vielen Heidenvölkern das Gastrecht heilig war, also der Anspruch, ins fremde Land zu kommen, sich dort niederzulassen und wirtschaftlich sich zu betätigen, anerkannt war, sehen wir heute nicht selten den Fremden, seine Person und seine Güter geradezu wie einen Feind behandelt, wenn es ihm überhaupt nach un-

glaublichen Schwierigkeiten gelingt, ins fremde Land zu kommen oder das eigene Land zu verlassen. Mögen auch in den einzelnen Umständen der Länder besondere Gründe berechtigter Beschränkung des Fremden- und Güterverkehrs gegeben sein, so ist doch mit aller Schärfe wieder das Bewußtsein zu wecken, daß der heutige allgemeine Zustand naturwidrig ist und dem Sinn jenes ursprünglichen Nutzungsrechtes durchaus nicht entspricht.

107. Weiterhin: Das allgemeine Nutzungsrecht besteht auch insofern, innerhalb der Eigentumsordnung, weiter, als die Güter der Erde bestimmt bleiben, allen Personen, näherhin allen Familien der Menschheit, den notwendigen Lebensunterhalt zu sichern. Ein Massenverbrauch von Erdengütern, der diesem Ziel nicht entfernt dient, ist also naturwidrig, mag dabei auch das Privateigentumsrecht in keiner Weise verletzt werden. Ein solcher Massenverbrauch lag aber vor, als man in dem unseligen Weltkrieg über vier Jahre lang unermeßliche materielle Werte der Erde entgegen ihrer letzten Bestimmung verwendete und vergeudete. Kein Wunder, daß dieses furchtbare, von den Völkern gemeinsam unternommene Attentat auf die Lebensbasis der Familien der Welt bis heute noch nicht wiedergutgemacht werden konnte.

108. Und als es sich um die sogenannten Reparationen handelte, wiesen Unser Vorgänger, Benedikt XV., und Wir selbst, Sieger und Besiegte wiederholt darauf hin, daß es sich nicht nur um eine Frage der Gerechtigkeit handle, sondern um die Erhaltung und Wiedergewinnung der gemeinsamen Lebensbasis aller. Ausdrücklich sprachen Wir noch einmal im Jahre 1923 von der Gefahr, die die Nichtbeachtung dieser klaren Sachlage herbeiführe, nämlich – Wir wiederholen genau unsere Worte – von der „Gefahr einer Zerrüttung des gesellschaftlichen Lebens, die den endgültigen Zusammenbruch Europas herbeiführen würde", und von der Gefahr „einer Atmosphäre von

Haß und Bitterkeit, die Europa immerfort mit neuen, noch furchtbareren Brandkatastrophen bedrohen würde."[3]

109. Man hat Uns damals mit Unrecht der Parteilichkeit für den Schuldner[4] geziehen; niemand wird angesichts der seitherigen Entwicklung und der gegenwärtigen Lage diese schmähliche Anklage wiederholen. Ein neuer Krieg droht mit einer noch größeren Massenvergeudung von Erdengütern; in der Aufrüstung ist sie schon eingeleitet. Nicht, daß Wir die evidente wirtschaftliche Nichtrentabilität eines Krieges für alle Teile gegen ihn ins Felde führen wollen, denn dieser rein utilitaristische Gedanke ist kein durchschlagender Beweis. Aber Wir wollen im Namen der Millionen von Familien der ganzen Welt in diesem Zusammenhang gegen den Krieg protestieren, weil er mit Sicherheit ihnen die einheitliche, der Menschheit vom Schöpfer gegebene Grundlage des physischen Lebens noch weiter zerstört und das natürliche Nutzungsrecht aller an den Gütern der Erde noch weiter aushöhlt. Wir protestieren gegen den Krieg im Namen aller, besonders der schon heute mit schwersten Sorgen bedrückten Familienväter und Familienmütter, die allüberall und in allen Sprachen beten und dieses Gebet vor allem im großen Opfer am Altar wiederholen: „unser tägliches Brot gib uns heute".

110. Die Menschen wollen und sollen nicht Krieg führen; aber sie wollen und sollen arbeiten. Die Bestimmung zur Arbeit ist ein neues Element der Einheit, in dem sich alle Menschen treffen. Die gleiche Menschennatur bei allen ist es, die die Entwicklung der geistig-sittlichen und der körperlichen Vervollkommnung an die Arbeit knüpft; nunmehr, seit dem traurigen

---

[3] „...danger de bouleversements sociaux qui seraient la ruine définitive de l'Europe et de rancunes qui entretiendraient une menace continuelle de nouvelles et plus désastreuses conflagrations". Lettre au Card. Gasparri. 24.6.23. „Quando nel Principio".

[4] Im Gundlach-Text ist nur das Wort „Schuld" lesbar, das aber sinngemäß ergänzt werden muß durch „Schuldner".

Ende des paradiesischen Glücks, ist außerdem noch der Befehl Gottes hinzugekommen: „Im Schweiße Deines Angesichts sollst Du Dein Brot essen". Die Arbeitspflicht ist also zu allererst eine einheitliche Persönlichkeitspflicht aller Menschen, die wiederum in dem Familienvater und in der Vorbereitung auf diese Würde sich vor allem konkretisiert.

111. Die Arbeitspflicht ist mithin, worauf schon im ersten Hauptabschnitt Unseres Schreibens hingewiesen wurde, nicht zunächst die Auswirkung eines Auftrags irgendeiner staatlichen, nationalen oder rassischen Gruppe oder menschlichen Autorität, sondern sie ist ganz einfach eine unmittelbare Persönlichkeitspflicht und macht also aus den Menschen aller Zeiten und Zonen eine große Gemeinschaft von Arbeitern. Die sachlichen gesellschaftlichen Bedürfnisse rufen dann die verschiedenen Berufe hervor, in denen dann die Menschen sich jeweils wieder zu gemeinsamer Leistung zusammenfinden, leitende und ausführende, lehrende und lernende Arbeit verrichten.

112. Solche wahre Berufsarbeit ist an sich geeignet, Verstand und Herz der beteiligten Menschen zu einer wahren Lebensgemeinschaft zu verbinden, sogar über die Grenzen des Raums und der Zeit und der Altersunterschiede hinaus. Zeiten, wo nicht alles so unheilvoll und unnatürlich durch politische Rücksichten und staatliche Einschränkungen bestimmt war, waren Zeiten wunderbarer gegenseitiger Befruchtung der Berufsgenossen, sogar über gebietliche und nationale Unterschiede hinweg. Die gemeinsame Arbeitspflicht war ein Aufruf zum „opus Dei", die Schöpfung in all ihren Möglichkeiten zu erschließen, zu formen und aufklingen zu lassen zur Ehre des Schöpfers. Und wenn die Berufsgenossen unter dem Geleit himmlischer Patrone allüberall in der Welt an bestimmten Festtagen sich zum Hl. Opfer zusammenfanden, so war dies nicht eine zufällige Andacht zufällig geeinter Menschen, sondern die Vereinigung mit dem Opfer Christi, in dessen und durch dessen Erlösungswerk alles andere Menschenwerk

übernatürlich erhoben, alle geteilte Arbeitsleistung der Menschen zu einem einzigen, erhabenen „opus Dei" vereinigt ist: „Durch Ihn und mit Ihm und in Ihm ist Dir, Gott, Vater, dem Allmächtigen in der Einheit mit dem Hl. Geist alle Ehre und Herrlichkeit". Unsere volle Sympathie gehört daher den vielen Vereinigungen katholischer berufstätiger Menschen, die diese wahre Einheit des Reiches der Arbeit in neuzeitlichen Formen immer mehr verwirklichen, und an die Stelle von Klassenspaltung und berufsfremder Trennung setzen wollen.

113. Das reiche mannigfaltige Leben, das Inhalt der Menschheit als eines Ganzen ist, enthält nicht nur die eben genannten Elemente der Einheit, sondern hat zwei einheitliche Gebilde, die als Institutionen durch ihre Dauer und Festigkeit die Einheit der Menschheit noch mehr sichern. Diese gesellschaftlichen Einrichtungen, die gleichzeitig lebendige Gemeinschaften sind, sind Familie und Staat. Wo immer und wann immer wir das geist-leibliche Leben der Menschen sich entfalten sehen, treffen wir Familie und Staat an; sie stammen aus der vom Schöpfer geschaffenen geist-leiblichen Menschennatur als solcher; sie sind innerlich notwendig, damit die Menschheit entsprechend ihrem geistigen und religiösen Ziel immer wieder durch neue und geeignet vorbereitete Menschen sich ergänzt und in ihrem Zusammenleben und Zusammenwirken eine dauernde Ordnung hat.

114. Dieser Ursprung aus der von Gott gegebenen gemeinsamen Menschennatur und die innere Hinordnung auf das ebenfalls vom Schöpfer der Menschheit gegebene einheitliche Ziel seiner Ehre und Verherrlichung legten von jeher auf beide Gemeinschaften, Familie und Staat, den Glanz einer religiösen Weihe. Bei der Familie sehen wir dies schon im glücklichen Urzustand des Paradieses, wo die Ehe als Grundlage der Familie bereits ein innerlich religiöser Bund war. Die Erinnerung daran hat sich auch bei den Heiden mannigfach erhalten, und schließlich hat Christus unser Herr bekanntlich den Ehevertrag zwischen Mann und Frau zur Würde eines Sakraments

erhoben. Dieser erhabene Ursprung der ehelichen Gemeinschaft verklärt auch das Band der Familie, das zudem der Gottmensch selbst in seinem Erdenleben übernommen hat. Er hat selbst jenem heiligen Joch der von Gott stammenden Autorität in der Familie sich unterstellt, wo „der Mann das Haupt und die Frau das Herz" ist. Er hat durch sein Beispiel die Pflicht des Gehorsams gegenüber den Eltern bestätigt und geadelt, eine Pflicht, die schon dem Gesetz der allgemeinen Menschennatur entstammt, das der Schöpfer in die Herzen einschrieb.

115. Und auch die religiöse Weihe des Staates ist dadurch gegeben, daß seine Autorität ebenfalls von Gott stammt und daß ihr Träger sie handhabt als „Diener Gottes". Ferner ist diese religiöse Weihe dadurch gegeben, daß die Hinordnung auf den Staat unabhängig von dem Sündenfall, notwendig, wie schon gesagt wurde, aus der vom Schöpfer gegebenen Menschennatur folgt; die Staatsbürgerschaft ist also in ihrem Kern eine religiöse Pflicht und Würde. Bei den sogenannten Naturvölkern hat sich das dunkle Bewußtsein davon in feierlichen Gebräuchen erhalten, die bei der Aufnahme in den Stamm, der eine Art Anfang von Staatlichkeit ist, angewandt werden. Auch bei den entwickelten heidnischen Völkern ist ein mannigfacher äußerer Ausdruck der religiösen Weihe der staatlichen Gemeinschaft vorhanden. Daher gereicht es dem modernen Staat unter Christen durchaus nicht zur Ehre und zum Besten und es ist natürlich auch nicht die Schuld der Kirche, wenn die heutigen Staaten meistens so selten oder gar nicht den religiösen Charakter der Staatlichkeit äußerlich ausdrücken, ja nicht einmal ausdrücken wollen.

116. Die dargestellte Bedeutung von Familie und Staat für die Einheit der Menschheit macht es verständlich, daß die Menschen allüberall der Grundlage ihres Zusammenlebens sich bedroht wissen, wenn Familie und Staat angetastet sind. In der Tat ist die Familie heute als seelische, rechtliche und wirtschaftliche Einheit sehr bedrängt, wie sich aus den zahlreichen Hinweisen

unseres Schreibens klar ergibt. Wenn sie sich trotz allem immer noch als widerstandsfähige Zelle der menschlichen Gesellschaft bewährt, so zeugt dies für die tiefen Wurzeln, die sie in der Menschennatur hat. Freilich muß man gerade hier die Menschennatur in der inneren Einheit ihres geist-leiblichen Lebens nehmen; nur so ist sie die Wurzel der Familie, nicht etwa nur als Quellgrund körperlicher Eigenschaften, die man rein für sich nimmt. Nur als innere Einheit geist-leiblichen Lebens ist die Menschennatur die Wurzel der Familie als des geistigen Mutterschoßes der menschlichen Gesellschaft. Hier werden wirklich alle für das menschliche Gesellschaftsleben notwendigen Elemente bereitgestellt, alle notwendigen formenden Einflüsse – seelische und leibliche – grundgelegt. In weitem Umfang gilt: die Menschen einer Gemeinschaft sind, was ihre Familien sind. Von diesen Zusammenhängen her ergibt sich die Bedeutung der Familienpflege in ihrem wahren und vollen Umfang. Falsch dagegen ist trotz ihrer großen Worte jene Familienpflege, die von dem irrigen Satz ausgeht: „Vom Blut als dem Sitz der Rasse-Merkmale stammen alle intellektuellen und moralischen Eigenschaften des Menschen als aus ihrer Hauptquelle". Hier sind im Widerspruch zum katholischen Glauben, zur gesunden Philosophie und zur Erfahrung, Menschennatur und Familie, natürlich auch die Ehe, einseitig körperlich gesehen; die Folge ist ein verhängnisvolles, teilweise geradezu sittlich schwer anstößiges Fehlgehen einer solchen Familienpflege im Ziel und in den Mitteln.

117. Neben der Familie macht die tatsächliche Entwicklung der Staatlichkeit den Menschen heute große Sorge, weil sie mit Recht auch hier eine Bedrohung von Grundlage und Einheit der Menschheit sehen. Die Krankheit des modernen Staates wurde im ersten Hauptabschnitt unseres Schreibens dargelegt; sie liegt teils in einem Zuwenig, teils in einem Zuviel; teils wird die Staatsautorität überspitzt, teils zersetzt; teils wird der Wirkbereich des Staates zu extensiver Totalität überspannt, teils im Ökonomischen, Nationalen oder Rassischen aufgelöst; fügen wir hinzu, daß, wenn nicht ernsthafte Mittel der Heilung

angewandt werden, die schlimmste Krise des Staates auszubrechen droht, die eine Krise der Staatsidee selbst ist und damit eine wahre Krise des menschlichen Zusammenlebens überhaupt.

118. Was den Wirkbereich des Staates angeht, so kann die Heilung nur in der Richtung einer Beschränkung auf die eigentlichen Aufgaben des Staates liegen; diese Beschränkung muß zu Gunsten der Entwicklung jener gesellschaftlichen Gebilde erfolgen, die sich auf der Grundlage räumlicher und beruflicher Zusammengehörigkeit der Menschen aufbauen und als dem menschlichen Gesellschaftsleben natürliche, wenn auch nicht wesentliche Gemeinschaften ein prinzipiell eigenständiges, nicht vom Staate abgeleitetes Recht auf die Selbstverwaltung haben und aus sich öffentlich-rechtlichen Charakters sind. Die Entlastung des Staates und die Entwicklung der kleineren, natürlichen Lebensräume der Menschen würde auch gestatten, die Beteiligung der Menschen an der Bildung des gesellschaftlichen Willens in einer Weise zu gestalten, die dem Ganzen, einschließlich des Staates, nicht abträglich und dem Einzelnen vernünftigerweise zumutbar ist. Man würde dann die in gleicher Weise irrigen Wege eines mechanischen Atomismus und einer mechanischen Totalität aufgeben, denn beide führen zu einer Staatsgestaltung, wie wir dargelegt haben, die weder der Gottesordnung der christlichen Offenbarung noch der des natürlichen Sittengesetzes und des Naturrechts entspricht und die Rechte der Persönlichkeit, der Familie und der kleineren Gemeinschaften vergewaltigt.

119. Jene ganz und gar verwerfliche Staatsgestaltung drückt sich teils theoretisch, sicher aber praktisch in dem unannehmbaren und unrichtigen Satz aus: „Jeder Mensch existiert nur durch den Staat und für den Staat. Jedes Recht des Menschen kommt ihm nur durch Übertragung vom Staate her zu." Zuständigerweise haben Wir demgegenüber in unserem Rundschreiben „Quadragesimo anno" die wahren Grundlinien, keineswegs die mannigfach möglichen konkreten und technischen Formen

der Beziehung und des Aufbaus von Gesellschaft und Staat entwickelt.

120. Schwer krank sind auch die heutigen zwischenstaatlichen Beziehungen; hier hat ebenfalls der erste Hauptabschnitt dieses Schreibens mehrfach eine sehr konkrete Ursache aufgedeckt, nämlich einen gewissen Dynamismus des neuzeitlichen Staates. Dieser Dynamismus droht ständig das sowieso schon dünn gewordene Band um die Staaten vollends zu zerreißen und endgültig die von uns schon früher betonte Familieneinheit aller Menscher und Völker endgültig zu sprengen, von der aber wenigstens Wir als der von Gott bestellte gemeinsame Vater aller nicht lassen wollen und dürfen. Denn auch die Völker sind sich gegenseitig Brüder in Gerechtigkeit und Liebe, nicht nur von Natur aus, was zur Beschämung der heutigen Christen selbst Heiden wie die Stoiker wußten, sondern noch mehr und noch inniger im gemeinsamen Erlöser der Welt.

121. Dieser brüderlichen Einheit muß man auch äußerlich Ausdruck geben, indem in geeigneter Weise über den Völkern eine mit eigener Autorität begabte Instanz errichtet wird, die bei vorkommenden Streitigkeiten pflichtmäßig um ihren Rat anzugehen oder die zur Raterteilung von sich aus befugt ist und die nötigenfalls einen für alle verbindlichen Schiedsspruch fällt. Die erleuchteten Lehrer der Kirche wie S. Augustinus, S. Thomas Aquinas, S. Robertus Bellarminus, große Theologen wie Franciscus de Vitoria und Franciscus Suárez haben die Grundsätze des Völkerrechts entwickelt; ihre Lehre führt eindeutig zu der Feststellung, daß die immer mehr der Vervollkommnung fähige menschliche Sozialnatur innerlich zu einer solchen Einrichtung der Gemeinschaft der Staaten nötigt, ohne daß die recht verstandene Souveränität der einzelnen Staaten irgendwie angetastet wird.

122. Freilich setzt dies – die bisherigen Mißerfolge in dieser Richtung zeigen es – eine Gemeinschaft der Gesinnung voraus, die

nur in den Lehren des Christentums einschließlich des wahren Naturrechts wurzeln kann, als deren Künderin und Anwalt die Kirche, so oft bewährt schon in dieser Mission des Friedens, anerkannt sein muß. Einstweilen aber möge die Heilige Schrift (Offb 13) die Staaten vor der ihnen naheliegenden Versuchung zu jenem Dynamismus warnen, der mit dem Gut und Blut ihrer eigenen Untertanen und mit den bleibenden Rachegefühlen der Besiegten und Unterworfenen nur zu teuer bezahlt ist; die Heilige Schrift vergleicht gemäß bedeutenden Erklärern einen solchen Staat, der sich in seinem entfesselten Dynamismus an die Stelle Gottes, seiner Gerechtigkeit und seiner Liebe setzt, mit dem Tier aus dem Abgrund; mögen dann auch andere in bleichem Schrecken das Tier anbeten und sprechen: „Wer kann sich mit ihm vergleichen, wer kann mit ihm kämpfen?" Gott wird seiner spotten. Die Weltgeschichte, dieser Heilige Stuhl selbst, sind dafür nicht einmal, sondern oft Zeuge. Denn „die Gerechtigkeit erhebt die Völker; die Sünde aber stürzt sie ins Unglück" (Spr 14,34).

123. So ist denn die Menschheit gemäß ihrer übernatürlichen und natürlichen Grundlage eine wirkliche Einheit, gefügt aus dem Geiste Gottes, dem Geist der Ordnung und der Liebe. Sein Reich auf Erden bindet „die Bürger mit den Bürgern, die Völker mit den Völkern und in der Erinnerung an die Stammeltern die Menschen überhaupt nicht nur durch ein gesellschaftliches, sondern auch durch ein brüderliches Band", um ein herrliches Wort des Hl. Augustinus (De mor. cath. E.ae Lib.I, c. 30) zu gebrauchen. Aber dies schließt auch aus, daß Christen einer Art Kult der Menschheit verfallen, wie dieser in allen möglichen Formen des alles und alle vermischenden und vereinerleienden Internationalismus vorliegt. Der Grund ist, weil die Menschheit zwar eine wirkliche Einheit ist, aber eine Einheit in wohlgeordneter Vielheit. Wiederum bewährt sich ihre Herkunft und Formung vom Geiste, zuletzt vom Geiste Gottes, der nur ein Gesellschaftsleben der Ordnung, der Einheit in der Vielheit, hervorbringen, billigen und heiligen kann. Gerade gegen jene Gesinnung, die alles vermischt, alles ver-

einerleit, alles vergleichgültigt und in dieser Weise die Menschheit allein erhebt, wendet sich derselbe Hl. Kirchenlehrer (De mor. cath. E.ae Lib.I, c. 30), wenn er für das Grundgesetz der inneren Beziehungen der Menschheit, der Einzelnen und der Gruppen, wiederum auf den Geist Gottes sich beruft und von seinem irdischen Reich sagt: Du zeigst, „wie zwar nicht allen alles, aber allen Liebe und nicht einem einzigen Unrecht gebührt".

124. Die Vielheit in der Menschheit liegt, wenn man von den Personen und Familien als dem unantastbaren, ursprünglichen und dauernden Ausgangspunkt gesellschaftlichen Lebens absieht, in zahlreichen Gruppenbildungen vor. In diesem Schreiben wurden nur jene berührt, die unmittelbar mit der menschlichen Natur und ihrer Lebensentfaltung zusammenhängen; solche Gruppenbildungen knüpfen an gemeinsame Eigenart körperlicher oder seelischer Eigenschaften der Menschen an; sie können aber auch an Gemeinsamkeiten anknüpfen, die aus dem Leben des Menschen in Raum und Zeit sich ergeben; ferner bietet die Gemeinschaft in derselben dauernden Arbeit oder die Gemeinsamkeit derselben wirtschaftlich-gesellschaftlichen Lebensbedingungen die Grundlage zur Bildung von Gruppen; weiterhin ist die der Menschennatur wesentlich notwendige Anlage zur Staatlichkeit Anlaß und Untergrund mannigfacher gesellschaftlicher Einheiten; und schließlich ist durch Gottes Fügung Christus als der „Eckstein, den die Bauleute verwarfen", Anlaß zur Gruppenbildung geworden. Diese Vielfalt von Gruppen, die sich zudem mannigfach überschneiden, birgt die Verschiedenheit der jeweiligen Interessen, die Gefahr der Reibungen und der Streitigkeiten in sich. Nur wer auf die Einheit aller in der Menschheit schaut und dann im Geiste Gottes, des Geistes der wahren Ordnung und Liebe, bereit ist, zwar nicht allen alles, aber jedem das Seine zu geben, wird dazu beitragen, jene Gefahr zu überwinden.

125. In allen diesen Gruppenbildungen liegt eine Besonderung, eine Trennung und Differenzierung. Aber man muß festhalten,

daß es sich immer nur um eine Besonderung innerhalb der umfassenden Einheit der Menschheit handeln kann; dies zeigt schon die bloße Vernunft, und erst recht lehrt dies die christliche Offenbarung, worauf wir schon mehrfach hinwiesen. Dieser Sachverhalt gestattet ganz allgemein über jede Besonderung wegen ihrer inhaltlich notwendigen Beziehung zur Menschheit zugleich negative und positive Feststellungen zu machen.

126. Zuerst die negativen Feststellungen. Diese wurzeln in dem Satz, daß keine Gruppe, keine gesellschaftliche Besonderung eine wahrhaft menschliche Einheit sein kann, ohne an dem allgemeinen Einheitsband der Menschheit Anteil zu haben. Dieser Grundsatz läßt sich in drei Kriterien näher umschreiben. Erstens: eine Gruppe, die in der Art ihres Entstehens und ihrer Verbundenheit den unantastbaren Quellgrund der Menschheit, nämlich die innere Einheit und Freiheit der menschlichen Person und die innnere Einheit der Familie, aufhebt und zersetzt, gibt sich damit selbst das Merkmal innerer Unwahrheit und Wertlosigkeit. Zweitens: eine Gruppe, die aus ihrer gesellschaftlichen Eigenart heraus Ziele und Werte verkündet, die mit den objektiven, die Menschheit innerlich einenden Zielen und Werten in Widerspruch stehen, gibt sich ebenfalls dadurch das Merkmal innerer Unwahrheit und Wertlosigkeit. Drittens: eine Gruppe, die für sich extensive Totalität beansprucht, d. h. von ihrem eigenen Ziel und Grundwert her alle anderen Ziele und Werte des gesellschaftlichen Lebens inhaltlich bestimmen will, mißachtet die Grundstruktur der Menschheit als einer echten Einheit in echter Vielheit und gibt sich somit wiederum das Kennzeichen innerer Unwahrheit und Wertlosigkeit.

127. Nun die positiven Feststellungen. Diese wurzeln in dem Satz, daß jede Gruppe, jede gesellschaftliche Besonderung, die eine wahrhaft menschliche Einheit ist, für die Menschheit als Ganzes fruchtbar ist. Auch dieser Satz läßt sich wiederum in drei Kriterien auseinanderlegen. Erstens: die Fruchtbarkeit bewährt

sich in einer gewissen Halt und Festigkeit gebenden Ausprägung und Eigenart, die die Gruppe den Personen und Familien gibt, die sie umschließt. Zweitens: die Sonderart, mit der die Gruppe die allgemeinen, objektiven Werte der Menschheit auffaßt und verwirklicht, bedeutet eine Bereicherung der Menschheit in dem Streben nach Verwirklichung jener Werte und Ziele. Drittens: indem jede Gruppe ihr eigenes Wesen bis in seine letzten Auswirkungen lebt und in dieser Weise intensiv total ist, erhält und belebt sie den inneren Aufbau der Menschheit, nämlich die echte Einheit in echter Vielheit.

128. So sichert das Gesetz des Maßes, der Harmonie und der Proportion dem Einzelleben und dem Menschheitsleben die Fruchtbarkeit; das „Geheimnis des Kreuzes" steigert diese Fruchtbarkeit und gibt jenem Gesetz eine Auslegung und Ausweitung, die nur der Glaube erkennt und nur die Hoffnung erträgt und nur die Liebe erfaßt. „Nicht allen alles, aber keinem Unrecht" ist das Gesetz des vom Geiste und nicht von triebhafter Vitalität bestimmten Gesellschaftslebens. Mag dann auch für die einzelne Gruppe einmal irgendein Ziel für den Augenblick erstrebbar und erreichbar sein und mag manches Mittel dafür nützlich sein, so handelt es sich dennoch um kein wahres Gut, wenn es nur auf Kosten der die Welt durchwaltenden Ordnung der Gerechtigkeit und Liebe verwirklicht werden kann. Der Grundsatz und die drei Kriterien, die in den soeben gemachten negativen Feststellungen aufgezeigt wurden, gehen immer und unter allen Umständen vor. Wie es auch für das größte Genie keine besondere Sittlichkeit gibt, so gibt es auch für ein noch so sehr entwickeltes oder vielleicht auch nur von sich eingenommenes Volk oder irgendeine andere Gruppe keine eigene Sittenordnung. Freilich zeigt sich hier klar, daß jenen negativen Feststellungen eine sehr positive, entscheidende Wahrheit zugrundeliegt, nämlich daß jede vom Menschen durch Tun oder Unterlassen ausgehende Wirkung ihren tiefsten Wert danach bemißt, ob sie die Spur Gottes, des Gottes der Gerechtigkeit und Liebe, in der Welt tiefer zieht und die Gottesebenbildlichkeit der handelnden Person oder

Personen mehr und mehr ausprägt. Ist dies nicht der Fall, dann steigern auch noch so nützliche oder erfolgreiche Wirkungen unmittelbar, indem sie verursacht werden, die Wertfülle der Wirklichkeit nicht, und es ist geradezu Blasphemie, wenn Völker und ihre Führer sich in solchen Fällen auch noch auf ihre Erfolge als Unterpfand des Segens Gottes, als Zeichen besonderer Auserwählung berufen.

129. Es gibt nur ein einziges, von Gott unmittelbar auserwähltes Volk – diese Auserwählung geschah wegen der Erlösung –, nämlich „sein Volk Israel", und es gehört sicherlich zu den höchsten Bezeugungen der Sittlichkeit des jüdischen Volkes, wenn man sich im Alten Testament nicht selten, immerhin doch nur bei sittlich einwandfreiem Tun, auf den Erfolg als Zeichen der Auserwählung beruft. Nein, über den Wert menschlicher Wirkung kann nur der umfassend urteilen, der weiß, was eine schwere Verletzung der Weltordnung des Gottes der Gerechtigkeit und Liebe, was eine schwere Sünde ist, und andererseits welcher Wert ihre Unterlassung auch um den schmerzvollsten Preis und Verzicht ist. Diejenigen Staatsmänner, die sich bei sittenwidrigem Tun auf ihren Erfolg berufen, sollen wissen, daß sie nur zugelassene Werkzeuge für die Ziele Gottes in der Geschichte sind; sie sollen aber auch im Interesse ihres Volkes bedenken, daß noch immer, wie die Geschichte bezeugt, Generationen getragen haben an den Sünden der Väter; und wir sind sicher, daß schon jetzt wieder der Wirrwar in der Welt auch auf die Strafe Gottes zurückzuführen ist, weil Staatsmänner skrupellos sogenannte Erfolge hatten. Aber die Geschichte ist so sehr in Gottes Hand, daß sie früher oder später diejenigen streng richtet, die sie gegen Gott zu machen scheinen.

130. Dies weiß in vollem Umfang der Christ; dies weiß aber auch jeder, der um das Dasein eines persönlichen Gottes, um das Ziel der Menschheit in ihm, um das eigene, persönliche, ewige Leben und um die eigene, persönliche Verantwortung vor Gott weiß. Wer dagegen zur allerletzten Richtschnur und

Rechtfertigung seines Tuns auf historische Zwangsläufigkeiten, auf schicksalhafte Notwendigkeit des nationalen oder rassischen Lebens sich beruft, denkt nicht mehr christlich, ja nicht einmal mehr im wahren Sinn gottgläubig, sondern ist in irgendeinem Pantheismus befangen. Er leugnet entgegen dem natürlichen Wissen und Erkennen die wahre Religion und Sittlichkeit, setzt sich in Widerspruch zum katholischen Glauben und bekennt – wenigstens faktisch – den in unserem Auftrag neulich als irrig bezeichneten Satz: „Wirkliches Sein hat lediglich der Kosmos oder das Universum als lebendiges Wesen. Alle Dinge, der Mensch miteinbegriffen, sind nur verschiedene Formen, in denen sich im Lauf der Zeit das lebendige All entfaltet".

131. Dieses sind die negativen und positiven Feststellungen, die ganz allgemein zum Zweck, zur gegenseitigen Beziehung und zur Einordnung in das Leben der Menschheit hinsichtlich der gesellschaftlichen Besonderungen, also der einzelnen Gruppen sich machen lassen. Einzelne Sondergebilde verlangen wegen der gegenwärtigen Verhältnisse auch eine eigene Behandlung.

132. Zuerst der Staat. Er ist nach der Familie die wichtigste von den Besonderungen des natürlichen Gesellschaftslebens. Einmal, weil er wie die Familie die tiefsten Wurzeln in den Wesensnotwendigkeiten der geistig-sittlichen Sozialnatur des Menschen hat; und dann, weil seine Gesundung heute vordringlicher ist als irgendeiner anderen Besonderung des natürlichen Gesellschaftslebens. In diesem Schreiben wurden mehrfach die Schwächen und Krankheiten des modernen Staates erwähnt. Man kann alles dahin zusammenfassen, daß der Staat sich wieder auf seine Eigenart besinnen muß. Denn er hat eine Eigenart, nämlich entsprechend seiner Wurzel und seinem Wesen ein besonderes Ordnungssystem für Rechtsschutz und Wohlfahrt des menschlichen Zusammenlebens zu sein. Daher geht er als eigenartige, gesellschaftliche Verbundenheit – dies ist wichtig – weder in den rassischen noch nationalen noch sonstigen Verbundenheiten auf. Deswegen ist

vom Wesen des Staates untrennbar, daß er den gleichen Anspruch auf Rechtsschutz allen seinen Gliedern zuerkennt. Und das Recht, das er zu wahren hat, kann nur auf jene Quelle zurückgeführt werden, der der Staat selbst entstammt, nämlich auf die allgemeine und allgemeingültige Sittenordnung einschließlich des Naturrechts; dort ist auch die höchste Richtschnur für die Rechtswahrung durch den Staat. Dies ist unter allen Umständen festzuhalten, auch wenn der Staat, was heutzutage kaum möglich ist, nur aus Gliedern einer einzigen Rasse bestünde. Wenn der Staat also Staat bleiben und seine volle Eigenart betätigen, d. h. intensive Totalität entfalten soll, dann muß man den Satz als völlig falsch verwerfen: „Die erste Quelle und die höchste Richtschnur der ganzen Rechtsordnung ist der Instinkt der Rasse". Das gleiche wäre selbstverständlich auch von einem etwa behaupteten Instinkt der Nation zu sagen.

133. Über die Autorität des Staates und die Formen der Bildung des staatlichen Willens haben Wir grundsätzliche Ausführungen in diesem Schreiben gemacht. Auch hier kann eine Gesundung nur durch Besinnung auf die staatliche Eigenart kommen, die heute praktisch eine Einschränkung der unmittelbaren Staatstätigkeit verlangt. Der grundsätzlich einzuschlagende Weg hierzu wurde ebenfalls von Uns angedeutet; solange allerdings beispielsweise die berufsständische Ordnung nicht ehrlich von allen Beteiligten gewollt und von irgendeiner Gruppe nur als Neubefestigung gesellschaftlicher Machtstellung verstanden werden sollte, wird es bei der bisherigen weitgreifenden, sozialpolitischen Tätigkeit des Staates, an deren Anregung und Förderung unser Vorgänger Leo XIII. und die Kirche überhaupt so hervorragenden Anteil hatten, bleiben müssen.

134. Jedenfalls würde aber die allgemeine Neubesinnung des Staates auf seine Eigenart dazu beitragen, dem beklagten Dynamismus des heutigen Staates, einem Dynamismus sowohl nach außen wie nach innen, zu begegnen. Dadurch wür-

de die Einordnung der einzelnen Staaten in ein wirklich handlungsfähiges System völkerrechtlich begründeter Einheit erleichtert, und es würde auch der etwa nützliche Zusammenschluß einzelner Staaten zu größeren wirtschaftlichen Einheiten begünstigt. Die Abschwächung jenes staatlichen Dynamismus würde auch das friedliche und fruchtbare Zusammenleben von verschiedenen, nationalen oder rassischen Gruppen in einem einzigen Staatsgebilde erleichtern; denn die übersteigerte, unmittelbare Staatstätigkeit, besonders auf den Gebieten des geistigen Lebens, hat zweifellos das beklagenswerte heutige Problem der sogenannten Minoritäten und nationalen Sondergruppen mehr verschärft als dem zulässigen Sinn der Forderung der Einheit des Staates entspricht.

135. Der in dieser Weise seine Eigenart lebende Staat, auch in seiner religiösen und sittlichen Grundlage im Bewußtsein der Glieder der staatlichen Gemeinschaft mehr und mehr erneuert, ist dann der würdige Gegenstand der von Gottes Sittenordnung verlangten Pflicht und Tugend des Patriotismus.

136. Ein Wort ist auch über die sogenannte volkliche Einheit oder die Verbundenheit in demselben Volkstum zu sagen. Obwohl hier der Sprachgebrauch wie übrigens auch bei den Bezeichnungen „Nation" und „Rasse" nicht überall derselbe ist, sei hier unter Volkstum eine mehr oder weniger ihrer Gemeinsamkeit sich bewußte Gruppe von Menschen verstanden, insofern und insoweit sie von demselben Heimatboden stammen und dadurch in ihrer persönlichen Eigenart eine dauernde Ausprägung erfahren.

137. In diesem Schreiben wurde mehrfach der Raum, näherhin der Boden, als ein wichtiges, gesellschaftlich fruchtbares Element bezeichnet. In der Tat hat er durch seine die Menschengruppe trennende und isolierende Funktion von jeher in der Form natürlicher Grenzen eine bedeutsame Rolle in der Entwicklung der Verschiedenheit der Rassen, der Nationen, der gebietlichen Einheiten der Selbstverwaltung und vor allem der

Staaten gespielt und spielt sie noch heute; diese Rolle ist nicht nur historisch gegeben, sondern auch durch die Natur des menschlichen Zusammenlebens bestimmt und in ihren Anfängen bereits in der Bildung sogenannter Nachbarschaften wirksam.

138. Aber man muß bei der gesellschaftsbildenden Auswirkung des gemeinsamen Bodens unterscheiden. Das dauernde Nebeneinanderleben im Raum erzeugt bei den beteiligten Menschen eine Gemeinsamkeit der Interessen, vorerst der äußeren Interessen; dies drängt dann zu institutionellen Formen zwecks Verwirklichung des Gemeinwohls, im äußersten Fall zur politischen Form der Staatsbildung. Aber es ist klar, daß diese Art der Zusammenfassung der Menschen, weil sie von dem dauernden Nebeneinanderwohnen und den dadurch bedingten sachlichen Interessen ausgeht, in sich und von sich aus keine unmittelbare Beziehung auf rein persönliche Verschiedenheiten der beteiligten Menschen, etwa rassischer oder nationaler oder sonstiger Art, hat; sie umfaßt von sich aus einfachhin alle, die dauernd nebeneinanderwohnen.

139. Ganz anderer Art ist die vom gemeinsamen Boden ausgehende, oben beschriebene Verbundenheit im Volkstum; sie ist eine Verbundenheit in der persönlichen Eigenart. Die Herkunft von demselben Heimatboden prägt Denken, Wollen und Fühlen, die Sprache und die ganze äußere Ausdrucksform der Menschen in einer bestimmten Weise aus; die Menschen desselben Volkstums bilden partikuläre nur für sie allein voll bedeutsame Werte aus, sowohl im materiellen wie im geistigen und religiösen Leben, im privaten wie im öffentlichen Leben. Darin liegt ein festigender Halt für den Einzelnen und für die Familien und eine Bereicherung des Ganzen der Menschheit. Die Anhänglichkeit an das Volkstum gehört daher zu den sittlichen Pflichten, zur Tugend der Pietas; sie bildet ein wichtiges Element der Erziehung und auch der Formung des religiösen Lebens.

140. Man muß aber festhalten, daß die Verbundenheit im Volkstum unmittelbar persönlicher, also ganz anderer Art ist, als die anderen, soeben beschriebenen, vom Boden ausgehenden Sozialbildungen. Die Folge ist, daß die Verbundenheit im Volkstum von sich aus und in sich keine unmittelbare Beziehung zur eigenen politischen Formung im Staate hat. Es wäre also falsch, es von vornherein für unnatürlich zu erklären, daß mehrere Menschengruppen, die verschiedenen Volkstümern angehören, einen Staat bilden, oder daß dasselbe Volkstum in verschiedenen Staaten lebt. Ebenso falsch wäre es, ein unbedingtes natürliches Recht oder gar eine unbedingte natürliche Pflicht zu behaupten, daß eine Volkstumsgruppe die politische Einheit mit seinem Staat suchen müsse, wo das betreffende Volkstum in der überragenden Mehrheit vertreten ist. Und ebenso falsch wäre es, wenn jener Staat einen unbedingten Anspruch erheben würde, eine zu einem anderen Staat gehörende Gruppe seines Volkstums irgendwie unter was immer für einem Titel seiner Hoheit zu unterstellen.

141. Die Falschheit eines solchen Anspruchs ergibt sich auch daraus, daß er eine beständige Quelle der Unruhe in der Welt wäre, die Glieder des betreffenden Volkstums überall in der Welt politisch verdächtig machen und anderen Staaten berechtigten Anlaß geben würde, sich gegen solche Menschen irgendwie zu wehren. Vielmehr soll ein Volkstum, das Glieder außerhalb seines Staatsraums hat oder in die Fremde schickt, sich darauf beschränken, jene Menschen nicht zu vergessen, sie, wenn nötig zu betreuen, und sich im übrigen freuen, mit diesen wertvollen, durch Bodenständigkeit geformten Menschen einen großen Beitrag zum Leben der Menschheit zu leisten. Es läßt sich natürlich ja auch nicht vermeiden und darf auch nicht vermieden werden, daß auch der neue Boden, auf dem die Ausgewanderten siedelten, anfängt, seine gesellschaftsbildende Kraft auf alle Menschen auszuüben, die ihn gemeinsam bewohnen. Aber je selbstloser die alte Heimat Menschen schenkt, umso mehr wird sie in Zeiten der Not wieder emp-

fangen, was so manche Völker der alten Welt in den letzten Jahrzehnten erfuhren.

142. Man soll also die Verbundenheit im Volkstum nicht politisieren; man würde dann aus der intensiven Totalität des Volkstums, aus der vollen Pflege seiner Eigenart, auf die es ein Recht hat, eine in sich verkehrte extensive Totalität machen. Anderseits soll der Staat, der mehrere Volkstumsgruppen in seinen Grenzen hat, ebenfalls keine extensive Totalität im Sinne einer übersteigerten Staatseinheit betreiben; er soll nicht schweres Unrecht tun und also die Eigenart des Volkstums nicht nur achten, sondern auch pflegen helfen. Dies soll er auch im eigenen Interesse tun, weil vom Volkstum geformte Menschen auch wertvolle Staatsbürger sind und weil verschiedene Staaten, die Menschen desselben Volkstums in sich schließen, daraus geradezu einen Anlaß zu größerer Verständigung entnehmen können; und außerdem wird dann der Staat von selbst an innerem Frieden und dadurch auch an Staatseinheit zunehmen.

143. Mit diesen der Sittenordnung entnommenen Grundsätzen über die gesellschaftliche Rolle des Volkstums ist natürlich nichts Abschließendes über die Gerechtigkeit oder Nichtgerechtigkeit gezogener Grenzen gesagt. Dafür sind auch noch andere Momente zu berücksichtigen. Aber man soll sich hüten, jene schweren und konfliktreichen Fragen mit falschen, naturrechtlich nicht begründbaren Aufstellungen über das Volkstum und seine Ansprüche noch mehr zu belasten.

144. Ähnliches wie über das Volkstum ist über die Verbundenheit in der Nation zu sagen. Sie entstammt nicht wie das Volkstum der räumlichen, sondern der zeitlichen Einbettung des Zusammenlebens der Menschen. Nation ist eine Großgruppe von Menschen, die dieselbe geschichtliche Erinnerung haben und von dieser einheitlichen Tradition dauernd, besonders auf dem Gebiet der geistigen Kultur, geformt wurden und werden. Auch die nationale Verbundenheit gibt wie das Volkstum dem

Einzelnen und den Familien im Denken, Wollen und Fühlen eine sichernde, feste Richtung und bereichert das lebendige Streben der gesamten Menschheit auf Verwirklichung der allgemeinen und objektiven Ziele und Werte des Menschenwesens. Deshalb ist auch der Einzelne seiner Nation, dem großen Traditionszusammenhang, dem er entstammt und von dem er ständig lebt, zum Dank und zur Anhänglichkeit durch die Tugend der Pietas verpflichtet.

145. Aber wie beim Volkstum und aus den gleichen Gründen fehlt auch bei der nationalen Verbundenheit die unmittelbare Hinordnung auf die eigene Staatlichkeit; sie ist auch der Nation aus sich und in sich nicht eigen. Die weitverbreitete, gegenteilige Auffassung kommt von dem Begriff der Nation, wie er besonders im Gefolge der französischen Revolution und ihrer Unwälzungen geläufig wurde. Aber dieser Begriff der Nation hat etwas Konstruiertes, beruht zu sehr auf der gemeinsamen Sprache, stellt die entscheidende Beziehung der nationalen Verbundenheit zur gemeinsamen geschichtlichen Tradition geradezu zurück und bedeutet vielmehr den auf Sprachgleichheit gegründeten oder zu gründenden Staat als die Nation. Dies haben wir persönlich erfahren. Denn die Lösung der sogenannten Römischen Frage wurde erst möglich, als man sich vom falschen Begriff der Nation, der die staatliche Integrität zwangsläufig einschloß, wieder dem richtigen, im historischen Leben begründeten Begriff zuwandte.

146. Deshalb müssen alle Folgerungen, die für das Volkstum im Verhältnis zum Staat und zu den Staaten gezogen wurden, auch bei der Nation gelten. Sie hat das Recht, ihre Eigenart voll auszuwirken, d. h. intensiv total zu sein; aber sie hat von sich aus nicht das Recht, alle anderen Verbundenheiten, vor allem nicht die Rechtsordnung, den Staat und noch weniger die Kirche, ausschließlich zu bestimmen, d. h. extensiv total zu sein. Dies wäre Nationalismus, ein Wort, dem deshalb an sich schon in manchen Sprachen ein schlechter Klang eigen ist. In diesen verkehrten Geist Menschen, besonders die un-

fertige Jugend, mit allen Mitteln der Beeinflussung hineinzuhetzen, ist ein schweres Verbrechen; das Verbrechen ist umso schwerer, weil man dabei edle Kräfte der Menschenseele, die bei jedem gesunden Menschen durch die Nation ebenso wie durch das Volkstum geweckt werden, im Dienste politischer Machtziele mißbraucht und verbraucht.

147. Dagegen Menschen, besonders junge Menschen, mit Anhänglichkeit und Treue zu ihrer Nation und nationalen Aufgabe erfüllen, ist ein gutes Werk; es entspricht der göttlichen Sittenordnung, vor allem dem Naturrecht; es wurde von Gott dem Herrn selbst bei seiner Erziehungsarbeit am Volk des Alten Bundes verrichtet; es hat den Messias und Christus über Jerusalem weinen lassen; es entspricht ganz und gar der Gesinnung der Kirche, die selber als geschichtliches Gebilde, wie schon gesagt wurde, von sich aus nicht anders als positiv mit den Nationen in der Geschichte sich begegnen kann.

148. Fügen wir aber noch hinzu, daß die Menschen, wie sie wahrhaft eine zweite Heimat und Volksverbundenheit sich zu eigen machen können, so auch durch einschneidende Ereignisse in einen anderen Traditionszusammenhang, in eine andere nationale Verbundenheit allmählich und ohne Gewaltsamkeit eingehen können; dies leugnen, heißt dem menschlichen Zusammenleben eine Starrheit beilegen, die es nun einmal gerade wegen seiner Einbettung in Raum und Zeit nicht haben kann; außerdem hätte sonst keine einzige der heutigen Nationen entstehen können.

149. Die falsche, einseitig gefühlsmäßige und beinah mystische Art, über Nation, Volkstum und auch Staat sich auszudrücken, rächt sich am meisten in der Auffassung von der Rasse. Die Verbundenheit in der Rasse ist im wissenschaftlichen und praktischen Gebrauch des Wortes so wenig eindeutig, daß sie meistens früher und nicht selten auch heute noch dies bezeichnet oder mitbezeichnet, was man eigentlich bei schärferer Unterscheidung unter Nation oder Volkstum verstehen

muß. Wenn man dies berücksichtigt, muß man als Verbundenheit in der Rasse in hinreichender Übereinstimmung mit den zuständigen Wissenschaften die Gemeinsamkeit einer Menschengruppe in bestimmten körperlichen, dauernden Eigenschaften ansehen, wobei zusammen mit der dadurch umschriebenen körperlichen Eigenart bestimmte, ebenfalls dauernd beobachtete geistige Eigenschaften vorhanden sind. Wenn man dies und nicht mehr sagen will und außerdem die Konstanz aller einzelnen Rassenmerkmale nicht über größere Zeiträume ausdehnt, bleibt man innerhalb dessen, was feststellbar ist.

150. Aber der sogenannte Rassismus will mehr sagen. Er setzt sich in Widerspruch mit den negativen Feststellungen, die wir in diesem Schreiben gemäß der Lehre des Glaubens, gemäß dem Zeugnis der Philosophie und der übrigen Wissenschaften und gemäß der Erfahrung hinsichtlich jeder wahrhaft menschlichen Besonderung im Gesellschaftsleben gemacht haben. Er leugnet nämlich theoretisch oder praktisch den Grundsatz, daß keine Besonderung eine wahrhaft menschliche sein kann, ohne an dem allgemeinen Einheitsband der Menschheit Anteil zu haben. Denn die Theorie und Praxis des Rassismus, wonach er höhere und niedere Rassen unterscheidet, verkennt jenes aus den genannten drei Erkenntnisquellen feststehende Einheitsband oder hebt wenigstens seine praktische Bedeutung auf. Man muß staunen, daß es angesichts dieser Sachlage noch Leute gibt, die behaupten, die Lehre und Praxis des Rassismus habe nichts mit der katholischen Glaubens- und Sittenlehre und nichts mit der Philosophie zu tun, sondern sei etwas rein Politisches.

151. Das Staunen über jene Leute wächst, wenn man die bei jenen negativen Feststellungen umschriebenen drei Kriterien auf die Lehre des Rassismus anwendet. Im ersten Kriterium war die Bedeutung der inneren Einheit und Selbstmächtigkeit der Person bei der Entstehung wahrhaft menschlicher Gesellung festgestellt, um diese Entstehung in ihrer Eigenart über jede

mechanische oder pflanzlich-tierische Weise der gesellschaftlichen Vereinigung zu erheben; dies müßte also erst recht im Rassismus gewahrt sein, wo die Rassengemeinschaft ja der Urquell aller anderen menschlichen Gemeinschaft sein soll. Aber der Rassismus wird der Bedeutung der Person beim Vorgang der Gemeinschaftsbildung in keiner Weise gerecht. Nach ihm ist es der gemeinsame Blutstrom, der die Individuen mit zwingender Gewalt zu einer Gemeinsamkeit körperlicher und seelischer Eigenschaften zusammenbringt; sonst ist nämlich die Unbedingtheit des Rassismus, seine Hoffnungslosigkeit hinsichtlich der sogenannten niederen Rassen, seine Zuversicht hinsichtlich der sogenannten höheren Rassen, die Mechanik seiner Rassengesetzgebung, wonach er alle Individuen einer Rasse nach demselben Schema beurteilt, nicht zu begreifen.

152. Aber wie steht es mit dem selbständigen Kern der Persönlichkeit, mit der physischen und noch mehr mit der seelischen Einheit, die jedes Individuum besonders darstellt? Wie steht es mit der Vielgestaltigkeit des Einflusses der geistigen und materiellen Umwelt? Denn im Blutstrom können doch höchstens Anlagen, nicht gewissermaßen fertige Eigenschaften vererbt werden; und die Entfaltung der Anlagen hängt, ganz abgesehen von den Möglichkeiten seitens des freien Willens, von der Umwelt, nicht zuletzt von der Erziehung ab, zumal bei etwa körperlich bedingten seelischen Anlagen.

153. Diese Andeutungen genügen schon, um auf nicht wenige hier einschlägige Lehren der katholischen Glaubens- und Sittenlehre hinzuweisen; erwähnt seien nur die Lehren über die menschliche Person, über den freien Willen, über den Aufbau der seelisch-leiblichen Einheit des Menschen und schließlich über die Gnade, und zwar nicht nur hinsichtlich ihrer Wirkkraft, sondern auch hinsichtlich ihrer Wirkweise. Ebenso kommen nicht wenige Wahrheiten der Philosophie und der anderen zuständigen Wissenschaften in Frage, die die Kirche weder übersehen darf noch will.

154. Dieselbe enge Beziehung zur Glaubens-und Sittenlehre und zur Wissenschaft ergibt sich bei der Prüfung des Rassismus im Lichte des zweiten Kriteriums, das wir an der schon erwähnten Stelle unseres Schreibens im Zusammenhang mit der unbezweifelbaren Einheit der Menschheit festlegten. Dort heißt es: eine Gruppe, die aus ihrer gesellschaftlichen Eigenart heraus Ziele und Werte verkündet, die mit den objektiven Zielen und Werten, die die Menschheit einen, in Widerspruch stehen, gibt sich dadurch selbst das Merkmal innerer Unwahrheit und Wertlosigkeit. Nun leugnet aber der Rassismus theoretisch oder wenigstens praktisch, daß es objektive Ziele und Werte, die der Menschheit gemeinsam sind, gibt.

155. Hören wir seine Sittenlehre, deren entscheidenden Satz Wir neulich als falsch bezeichnen lassen mußten. „Mit allen Mitteln müssen die Kraft der Rasse und die Reinheit des Blutes erhalten und gepflegt werden; alles, was dazu zweckdienlich ist, ist geradezu dadurch sittlich gut und erlaubt"; dies ist die Sittenregel des Rassismus. Wir fragen: ist hier nicht die für alle Menschen aller Zeiten objektiv gültige Sittenordnung, das natürliche Sittengesetz einschließlich des Naturrechts, geleugnet und durch die Willkür, den Instinkt einzelner Rassen ersetzt?

156. Und doch anerkannten schon die Heiden jene allgemeingültige Sittenordnung, indem sie ihren Ursprung in einem einheitlichen göttlichen Prinzip sahen. Bei Aristoteles heißt es[5]: „Wer verlangt, daß das Gesetz herrsche, verlangt, daß Gott und die Vernunft allein herrschen". Ähnlich Cicero[6]. Und unter den Christen der heilige Hieronymus[7]: „So umfaßt ein Gesetz, welches in unsere Herzen eingeschrieben ist, alle Nationen, und es gibt keinen Menschen, der dieses Gesetz nicht

---

[5] Polit. 3,16.1287a.
[6] De leg. 1.2, c. 4.
[7] Epist. 21. MPL XXII, 1029.

kennt". Schließlich S. Augustinus[8]: Es gibt „keine des vernünftigen Denkens fähige Seele, in deren Gewissen Gott nicht seine Stimme vernehmen ließe".

157. Jedenfalls aber ist die Existenz des natürlichen Sittengesetzes, das die Menschen in ihrem Herzen tragen, das Gott in dasselbe geschrieben, die Lehre der Heiligen Schrift;[9] somit ist die Sittenregel des Rassismus im Widerspruch zur katholischen Glaubens- und Sittenlehre. Sie ist außerdem geeignet, alle Sicherheit des privaten und öffentlichen Lebens, den Frieden und die Ordnung in der Welt dauernd zu gefährden. Schon bekommen alle zu spüren, wie der praktische Einfluß jener Irrlehre die Krise in der Welt, die schon lange nicht mehr in der Hauptsache eine soziale und wirtschaftliche war, noch einschneidender zu einer furchtbaren Krise der allgemeinen Moral macht.

158. Aber nicht nur die allgemeingültige Sittenordnung als ein Gut, das die ganze Menschheit eint, wird vom Rassismus geleugnet; er leugnet auch die Allgemeinheit und Gleichheit dessen, was Werte wie Wirtschaft, Kunst, Wissenschaft und vor allem Religion in ihrem Kern objektiv enthalten. Er behauptet beispielsweise, daß jeder Rasse eine Wissenschaft zugeordnet sei, die nichts mit der Wissenschaft einer anderen, vor allem einer niederen Rasse zu tun habe. Obwohl die Einheit der Gesamtkultur der Menschheit auch die katholische Glaubens- und Sittenlehre berührt, sei hier nur auf das Verhältnis von Rasse und Religion eingegangen. Darüber haben Wir ebenfalls neulich einen falschen Satz des Rassismus angemerkt; er lautet: „Die Religion ist dem Gesetz der Rasse unterworfen und muß sich ihm anpassen". Hierzu sagen maßgebende wissenschaftliche Untersuchungen durch Vergleichung der Völker untereinander und der Entwicklungsphasen des einzelnen Volkes, daß ein unmittelbarer Zusammenhang zwischen Rasse

---

[8] De sermone Domini in monte 1.2.
[9] Röm 2,15.

und Religion nicht besteht und daß die Ergebnisse deutlich auf eine religiöse Einheit des Menschengeschlechts hinweisen.

159. Erst recht, wenn die gesunde Philosophie das eigentliche Wesenselement der Religion herausarbeitet, ergibt sich klar, daß es ein innerer Widerspruch ist, in der Religion wesentlich das Erzeugnis, die Entsprechung jeweils menschlicher Veranlagung zu sehen, wie der Rassismus behaupten muß. Denn Religion besagt gerade umgekehrt wesentlich die Hinordnung des Menschen und seiner Person auf ein von ihm verschiedenes persönliches Wesen, von dem der Mensch ganz und gar abhängig ist.

160. Vor allem aber ist es eine Grundwahrheit des katholischen Glaubens, daß ein Gott für alle Menschen und Rassen ist, nämlich „der Vater unseres Herrn Jesus Christus" (Eph 1,3). Die eine, wahre, christliche Religion ist daher grundsätzlich allen Rassen angepaßt und zugeordnet. Wer diese Wahrheit leugnet, setzt sich außerdem in Widerspruch mit einer wesentlichen, unabdingbaren Lebensäußerung der Kirche, die durch den Missionsauftrag ihres Stifters ausgedrückt ist: „Mir ist alle Gewalt gegeben im Himmel und auf Erden; gehet also hin und lehret alle Völker, taufet sie im Namen des Vaters und des Sohnes und des Heiligen Geistes und lehret sie alles halten, was ich Euch befohlen habe"[10].

161. Die Kirche als der fortlebende Christus, der als Gottmensch zugleich wahrer Gott und wahrer Mensch ist, paßt sich zwar in ihrer Praxis mit Recht und notwendig allem wahrhaft Menschlichen und also auch allem wahrhaft geschichtlich Gewordenen bei den einzelnen Völkern und Gruppen an; sie will und darf kein Volk zu etwas ihm Unnatürlichen umbiegen; aber die christliche Religion selbst kann von allen nur als Gnade und Geschenk, als verpflichtender Auftrag Gottes angenommen, keineswegs verändert werden; sie hörte sonst auf,

---

[10] Mt 28,18-20.

Christentum zu sein, ja, sie würde mit dem Verlust des objektiven und verpflichtenden Charakters sogar den allgemeinen Wesenszug der Religion überhaupt einbüßen.

162. Die Ehrlichkeit gegenüber dem, was ist, wie es die christliche Offenbarungslehre, die Wissenschaften und die Erfahrung eindeutig darstellen, lassen den katholischen Menschen vor dem Rassismus nicht schweigen; denn die Ehrlichkeit vor dem, was ist, muß ein Wesenszug des katholischen Menschen sein. Und so muß noch gesagt werden, daß der Rassismus auch vor dem dritten der negativen Kriterien die Prüfung nicht besteht. Dieses Kriterium lautet: eine Gruppe, die für sich extensive Totalität beansprucht, d. h. von ihrem eigenen Ziel und Grundwert her alle anderen Ziele und Werte des gesellschaftlichen Lebens inhaltlich bestimmen will, zerstört die Grundstruktur der Menschheit als einer echten Einheit in echter Vielheit und gibt sich somit selbst das Kennzeichen innerer Unwahrheit und Wertlosigkeit. Gerade dies tut der Rassismus, theoretisch und praktisch. Er nimmt die Gemeinschaft der Rasse so zentral, so ausschließlich bedeutsam und wirklich, daß demgegenüber alle anderen Verbundenheiten und Lebenskreise keine Eigenart, weder ein Gesetz ihrer Eigenart noch irgendein Recht auf sie, behalten; das ganze Gesellschaftsleben wird durch Ausdehnung des Rassenwertes eine einzige mechanische Einheit und Totalität; somit wird es gerade dessen beraubt, was ihm die Formung durch das Geistige gibt, nämlich der echten Einheit in echter Vielheit.

163. Der zentrale Rassenwert vereinerleit, vermischt, vergleichgültigt alles andere außer ihm. In dieser seiner extensiven Totalität bewirkt er eigentlich ein Gesellschaftsleben, das dem von ihm und von uns bekämpften Internationalismus durchaus ähnlich ist. Sein Weltbild wird allzu einfach, geradezu primitiv einfach. Die Jugend, die man auf dieses Weltbild hin abrichtet, wird, solange sie es festhält, fanatisch, wenn sie es abwirft, nihilistisch sein; und beides ist nur möglich, wenn Verstand und Herz entwöhnt wurden, sich dem vielfältigen

Reichtum des Seins und des Guten zu erschließen, einem Reichtum, den in seiner Weite und doch wieder in seiner Einheit nur ein wahrhaft geistiges Leben vermitteln kann.

164. Arme Jugend, arme Eltern, arme Erzieher, denen das Grundgesetz rassistischer Erziehung nur den Ausblick auf Fanatismus oder Nihilismus läßt. Legen wir diesen schändlichen Erziehungsgrundsatz aller Welt vor, wie Wir ihn schon neulich als falsch brandmarken ließen; er lautet: „Das Ziel der Erziehung ist, die Eigenschaften der Rasse zu entwickeln und den Geist einer glühenden Liebe der eigenen Rasse als des höchsten Gutes zu entflammen". Wir können für diese durch den Rassismus mit geistiger Armut und Verkümmerung bedrohte Jugend nicht genug zu dem beten, der der göttliche Lehrmeister ist und der – Übernatur und Natur zu vorbildlicher Katholizität und Weite in seiner eigenen Person vereinigend – gesagt hat: „Ich will, daß sie das Leben haben und daß sie es reicher und reicher haben" (Joh 10,10).

165. Möchte man doch von diesem falschen und verderblichen Rassismus abkommen, der in der dargelegten unhaltbaren Weise eine starre Scheidung von sogenannten höheren und niederen Rassen vornimmt und aus ursprünglichen, unveränderlichen Blutunterschieden ableitet. Gewiß gibt es heute mehr oder weniger vollkommen und mehr oder weniger unvollkommen entwickelte Rassen, wenn man die Äußerungen des Kulturlebens als Maßstab anlegt. Aber dieser Unterschied kommt vom Einfluß der Umweltbedingungen, insofern sich nur durch sie – abgesehen vom freien Willen – ursprüngliche rassische Anlagen so oder so auswirken konnten und noch dauernd auswirken. Nimmt man dazu auch an, daß die ursprünglichen und auch die späteren rassischen Anlagen in ihrer Verschiedenheit jener Auswirkung und dem Einfluß der Umwelt jeweils von sich aus eine bestimmte Richtung und auch Begrenzung geben, so begründen sie doch keineswegs einen wesentlichen Unterschied in der Fähigkeit zu religiössittlich-kulturellem Leben bei den einzelnen Rassen; dies be-

weisen sowohl die Lehren der Offenbarung wie die der Philosophie und der anderen Wissenschaften.

166. Denn jene Erkenntnisse belegen die ursprüngliche und wesentliche Einheit des Menschengeschlechts; somit können auch die ursprünglichen rassischen Anlagen nicht ursprünglichen Blutunterschieden ihre Verschiedenheit verdanken, sondern nur dem Einfluß der Umwelt, übrigens einschließlich der geistigen; diesem Einfluß waren eben einzelne große isolierte Menschengruppen dauernd und lange ausgesetzt. Daher wirken sich die verschiedenen rassischen Anlagen an sich genau so positiv bei der Rassenbesonderung aus, wie es bei der jeweiligen Grundlage der übrigen gesellschaftlichen Gruppenbildung festgestellt wurde; sie geben an sich der gesamten Lebendigkeit des Einzelnen eine feste Prägung und dem Gesamtleben der Menschheit eine erhöhte Fruchtbarkeit. Es ist lediglich die Gunst oder Ungunst der bisherigen oder heutigen Umwelt, was – abgesehen vom freien Willen – jene positive Auswirkung der Rassenunterschiede so oder so beeinflußt.

167. Deshalb ist logisch das Vorhandensein mehr unvollkommen und mehr vollkommen entwickelter Rassen keine eigentliche Rassenfrage, weder eine biologische noch erst recht nicht eine theologische im Sinne göttlicher Auserwählung oder Verwerfung; sondern man hat es mit einer Frage der Umweltbedingungen in der Hauptsache und praktisch zu tun. Wenn kolonisierende Staaten durch politische, ökonomische und soziale Maßnahmen aus machtpolitischen Gründen und aus Gründen des materiellen Erwerbs den kulturellen Tiefstand bestimmter Rassengruppen nicht beheben und somit dem dauernden Beispiel der Kirche bei ihrem Missionswerk leider nicht folgen, wenn sie sogar jenen Tiefstand unter Umständen noch verfestigen, dann verstoßen sie zum oft geäußerten Leid der Kirche gegen die Grundsätze des christlichen Sittengesetzes und des Naturrechts: diese Grundsätze wurden innerhalb der Kirche möglichst bald nach Entdeckung der neuen Welt hinsichtlich des Rechts zur Kolonisation und des Rechts der einheimischen

Völker geklärt. Und wie sehr auch durch Erwerbsgier und politische Leidenschaften gegen jene Grundsätze oft und schrecklich gefehlt wurde, so hat doch ihr Einfluß dazu beigetragen, daß beispielsweise heute im südlichen Teil des amerikanischen Kontinents stolze, kräftige und zukunftsfrohe Völker wohnen. Sie sind ein lebendiger Beweis für die Absichten Gottes bei der Verschiedenheit der Rassen und ihrer Mischung. Was wäre geschehen, wenn der Rassismus dort bei der Kolonisation sein volles Unwesen getrieben hätte? Was wäre gar aus der führenden Rolle der europäischen Völker geworden, wenn ihre Rassenbestandteile – selbst wieder Mischrassen – vom Rassismus, wie er sagt, gereinigt worden wären?

168. In etwa, wenn auch nicht der letzten Begründung nach, wirkt er sich schon zu lange auf dem erwähnten amerikanischen Kontinent aus, wenn man weniger durch Umweltbedingungen als durch die künstliche Aufrechterhaltung von Vorurteilen das Bewußtsein angeblich ein für allemal gegebener niederer und höherer Rassen erhält. Zeugnis dafür sind sehr niedrige Instinkte, die sich in der Lynchjustiz austoben. Zeugnis dafür sind aber auch diejenigen, die Reben am Weinstock, der Christus ist, sind und sein wollen, die Glieder an seinem mystischen Leib sind und sein wollen, und die dennoch grundsätzlich oder auch nur tatsächlich sich nicht daran gewöhnen wollen, daß das eine Haus Gottes für alle Rassen der sichtbare Ausdruck ihrer Gemeinsamkeit in Christus sein muß.

169. Darum müssen durch beharrliche Anstrengung aller Gutgesinnten im öffentlichen Leben alle Unterschiede unter den Rassen fortfallen, die als herabsetzend und diskriminierend empfunden werden müssen. Aber solche Unterschiede und gesellschaftliche Besonderungen, die Liebe und Klugheit nach Lage der tatsächlichen Verhältnisse der Rassen allen Teilen nahelegen, wird an sich niemand als diskriminierend empfinden können. Und wie es ungeschriebene Ehehindernisse gibt, die aus dem Unterschied des Alters, der Bildung, der sozialen

Verhältnisse und Herkunft, schließlich auch der körperlichen Bedingungen stammen und die für gewöhnlich von jeher auf beiden Seiten die Klugheit der Eltern, die Besonnenheit der unmittelbar Beteiligten und die Führung durch eine erfahrene Seelsorge beachten, so gibt es auch solche tatsächlich, wenn auch nicht unveränderlich und nicht starr maßgebliche Umstände in den Beziehungen der Rassen; die Rassen werden sie aus eigenem Interesse beachten wollen gemäß dem schon mehrmals erwähnten Wort des Hl. Augustinus: „nicht allen alles, jedem Liebe, keinem einzigen Unrecht". Diese etwaigen ungeschriebenen Ehehindernisse zwischen den Rassen sind jedenfalls besser als geschriebene, zumal wenn diese in die persönlichen Rechte der Einzelnen und in die Einrichtung der Ehe als eines der Kirche ausschließlich unterstehenden Sakraments Christi eingreifen. Und erst recht: welche grauenhafte Beleidigung einer Rasse und welche Entwürdigung der Menschheit als solcher liegt darin, wenn man zwar da und dort die Ehe zwischen Angehörigen verschiedener Rassen schematisch verbietet, den Geschlechtsverkehr zwischen ihnen aber nicht anstößig findet.

170. Diejenigen, die die Rasse so sehr in den Mittelpunkt stellen, haben wahrhaftig der Menschheit einen schlechten Dienst erwiesen und das allgemein erwünschte Ziel einer größeren Einheit der Menschheit nicht gefördert. Man muß sich deshalb fragen, ob bei manchen maßgeblichen Vertretern der sogenannten Reinheit der Rasse dieses Ziel überhaupt ehrlich gewollt ist und ob sie nicht mit einem packenden Schlagwort die Massen lediglich für ganz andere Ziele gewinnen wollen. Dieser Verdacht wächst, wenn man beobachtet, wie Rassenteile derselben Rasse von denselben Menschen zur selben Zeit durchaus verschieden beurteilt und behandelt werden. Der Verdacht wächst noch mehr, wenn man feststellt, daß der Kampf um die Reinheit der Rasse konkret und ausschließlich zu einem Kampf gegen das Judentum wird; er ist weder in seinen wahren Beweggründen noch in seinen Formen, lediglich in seiner grausamen Konsequenz, von den Judenverfol-

gungen unterschieden, die man fast überall bis ins Altertum hinein feststellt; sie wurden von diesem Hl. Stuhl nicht nur einmal mißbilligt, zumal wenn sie sich des Christentums als eines Deckmantels bedienten.

171. Und doch hat dieser ungerechte und lieblose Kampf gegen das Judentum unter christlichem Deckmantel das eine vor dem heutigen Rassenkampf voraus – wenn man so sagen darf –, daß nämlich an den eigentlichen Kern, an die wahre Grundlage der gesellschaftlichen Besonderung der Juden gegenüber der übrigen Menschheit erinnert wird. Diese Grundlage ist unmittelbar religiös; die sogenannte Judenfrage ist in ihrem Wesen weder eine Frage der Rasse, noch der Nation, noch des Volkstums noch der Staatlichkeit, sondern sie ist eine Frage der Religion und seit Christus eine Frage des Christentums.

172. Tatsächlich behält und besagt das Judentum in der Geschichte bis heute nur als religiöse gesellschaftliche Besonderung eine völlige und radikale Andersartigkeit, indem es mit dem „Eckstein" Jesus Christus die auf den gottmenschlichen Erlöser gegründete tiefste Einheit der Menschheit ablehnte, damit aber auch Gott als den „Vater unseres Herrn Jesus Christus". Diese in der Geschichte einzigartige Ablehnung des „Eckstein" durch die erstberufenen „Bauleute" selbst mußte eine tiefe, von sich aus unverrückbare Grenze ziehen zwischen dieser Menschengruppe und allen denen, für die der Bau des Reiches Gottes mitbestimmt war und ist. Deshalb ist die gesellschaftliche Besonderung der Juden innerlich so betont religiös und behält als solche in geradezu wunderbarer Weise das Dasein wie in keinem anderen Fall religiöser gesellschaftlicher Besonderung.

173. Denn alle anderen gesellschaftlichen Grundlagen sind seit jener Ablehnung dem Judentum durch die Zerstreuung in der Welt, durch das Leben in sehr verschiedenartiger Umwelt als wirksame Stützen der Einheit genommen. Es verlor die Reste von Staatlichkeit völlig, durch die es den Messias mitgerichtet

hatte; es verlor das lebendige Volkstum mit dem Heimatboden, auf dem es seinem Gesalbten das Schandholz errichtet hatte; es verlor das lebendige Leben der Nation mit dem größten Augenblick der Weltgeschichte auf Golgotha, wo es seinen erhabenen geschichtlichen Beruf im Erlösungsplan endgültig verspielt hatte; es verlor das umfassende Gemeinschaftsleben in der Rasse, indem es gegen das eigene kostbarste Blut sich wandte und es gegen sich und seine Kinder zur Rache aufrief. Und nicht nur dies: seitdem ist es dem jüdischen Volke so oft und so ungerecht erschwert, nach allen diesen Gemeinschaften hin Aufnahme, Anschluß und Würdigung zu finden.

174. Man hat einst in der sogenannten Emanzipation der Juden ihr Schicksal anders wenden wollen. Kein Gutgesinnter wird dem einzelnen Juden und erst recht nicht dem in vielen Fällen und in vieler Hinsicht so lobenswerten Familienleben der Juden die Vorteile dieser Emanzipation mißgönnen; denn die Stellung des Volkes Israel gegenüber Gott nach Verwerfung des „Ecksteins" bezieht sich nicht unmittelbar in ihren Folgen auf den Einzelnen für sich genommen, und so können sich auch jene Folgen wandeln. Aber der Fehler dieser Emanzipation lag darin, daß man jene religiös begründete Stellung des Volkes Israel nicht mehr anerkannte, daß man geradezu aus Indifferentismus gegen das Christentum und gegen alle religiöse Wahrheit, schließlich gegen alle Wahrheit handelte. Man handelte aus jener alles vereinerleienden Gesinnung des mechanischen Atomismus und Pluralismus, die im ersten Teil dieses Schreibens beschrieben wurden.

175. Darum ist es kein Wunder, sondern bestätigt nur unsere Gesamtauffassung von der gesellschaftlichen Entwicklung, daß man in dem Augenblick, wo man des mechanischen Pluralismus überdrüssig den Indifferentismus aufgibt und in Staat oder Rasse oder Nation willkürlich absolute Wahrheiten und Werte sich macht, auch das Judentum anders sieht. Und da man das Christentum als eine absolute Wahrheit nicht an-

nimmt, sondern es sogar samt der Kirche jenen angeblich absoluten Werten unterordnet, kann man auch das Judentum als eigenartige religiöse gesellschaftliche Besonderung nicht mehr sehen; es kommt im Gegenteil zu einer Auffassung von den Juden, zu Zielen und Mitteln ihrer Behandlung, die mit der Lehre der Kirche, mit der Heilsordnung Christi und der Weltordnung Gottes, mit seiner Gerechtigkeit und Liebe nichts mehr zu tun hat, ja ihnen unmittelbar widerspricht. Leute, die selber den „Eckstein" verwerfen, die Lehre Christi und seiner Kirche nicht anerkennen, können eben das Dasein des Volkes Israel nicht verstehen und werden es immer gegen Gottes Absicht und Ordnung, also schlecht oder falsch behandeln.

176. Was war die Folge jener Emanzipation? Wiederum ist an sich nichts dagegen zu sagen, wenn überlebte, geschichtlich gewordene Formen der Beschränkung des Verkehrs von Christen und Juden fallen, solange grundsätzlich und praktisch das Bewußtsein der religiös begründeten Schranke bleibt. Aber gerade dies war in steigendem Maße nicht der Fall; und so waren es immer mehr religiös indifferente Christen, die mit religiös indifferenten Juden zusammenkamen und zusammenarbeiteten. Aus dieser Art von Zusammenarbeit, die eine Zusammenarbeit im und aus Indifferentismus war, entstand dann auf allen Gebieten des Kulturlebens, nicht nur des Wirtschaftslebens, sondern noch mehr des geistigen Lebens jene schwüle Luft des blasierten Skeptizismus und saturierten Frivolismus, eine Luft, in der nichts heilig und alles käuflich, alles wichtig und jedes nichtig, alles interessant und nichts unbekannt war.

177. Niemand hat unter jenem christlich-jüdischen Indifferentismus mehr gelitten als die Kirche im letzten und auch in diesem Jahrhundert; sie litt und leidet in vielen Ländern, geistig und auch physisch materiell. Wenn bei den großen Revolutionen der jüngsten und jüngeren Vergangenheit, die in Rußland, Mexiko und Spanien das Christentum verwüsteten, intellektu-

elle Kreise mitbeteiligt waren, so waren es immer Menschen dieses religiösen Indifferentismus, und immer fanden dabei derartige Juden ihre entsprechenden christlichen Partner. Wenn in nicht wenigen Ländern die wirtschaftliche Tätigkeit gewisser Juden bei Bauern, Handwerkern und Kaufleuten einen so geeigneten Boden für die Judenverfolgung schafft, dann nicht selten deswegen, weil der praktische Indifferentismus der in jenen Gebieten führenden christlichen Kreise gegenüber den ernsten sozialen Forderungen der Kirche seit Leo XIII. bis zu Unseren Rundschreiben Quadragesimo anno und Divini Redemptoris jenem gewissen, praktisch ebenfalls religiös oberflächlichen Judentum in die Hände arbeitet. Möchten doch alle diese christlichen Kreise, die Großen und die Kleinen, begreifen, daß diesen schweren sozialen Nöten nicht die Propaganda für einen sogenannten Antisemitismus abhilft, sondern nur ein volles, ganzes, lebendiges Christentum der Christen.

178. Erst recht sind aber solche Leute unfähig, das Zusammenleben mit den Juden zu ordnen, die zwar nicht den Indifferentismus gegenüber den ernsten Forderungen des Christentums üben, sondern ihren absoluten Charakter grundsätzlich ablehnen; Menschen also, die zu Gunsten irgendeines eingebildeten höchsten Wertes wie einst die Juden ebenfalls den „Eckstein" Jesus Christus verwerfen. Genossen derselben Sünde pflegen sich oft tödlich zu hassen. Und so häuft man Unrecht auf Unrecht, Lieblosigkeit auf Lieblosigkeit und beseitigt die Juden oder unterdrückt sie völlig. Aber was geschieht? Entgegen aller Theorie von der Rasse stellt sich die Gefahr ein, daß das, was man so laut als angeblich Jüdisch unterschiedslos gebrandmarkt hat, im Lande bleibt, obwohl, wie man vorgibt, der Blutstrom gereinigt ist. Im Spiel ist eben wirklich nur der verkehrte Geist und nicht das Blut, nämlich der verkehrte Geist, der Christus verwirft und mit ihm die Gerechtigkeit und Liebe in den Beziehungen der Menschen. Im Spiel ist wirklich nur der Geist und nicht das Blut, der heute allerdings nicht nur wie damals sich stolz absondert, sondern auch haßt und

schlägt, weil er ist „nicht wie die übrigen Menschen". Lk 18,11.

179. Gewiß hat Gott durch die Erhaltung der religiös begründeten gesellschaftlichen Besonderung des Volkes Israel die Menschheit vor ernste Aufgaben gestellt. Man kann nur dann hoffen, sie in Gerechtigkeit und Liebe zu lösen, indem man die tiefe christliche Grundlage des nunmehrigen Daseins des Volkes Israel vor Augen hat. Damit ist die Gesinnung eines praktischen und erst recht grundsätzlichen Indifferentismus gegenüber Christus und seiner Kirche unvereinbar. Wo diese Gesinnung vermieden wird, wird man immer, den Zeiten und den Umständen entsprechend, im privaten und öffentlichen Leben Mittel und Formen finden, gleichzeitig zwischen Christen und Juden schädlichen Einfluß abzuhalten und den christlichen Geist im Christen zu fördern. Wenn man immer auf diese Gleichzeitigkeit Wert legt, wird man der Gefahr entgehen, gegen Gottes Gebote, vor allem gegen Gerechtigkeit und Liebe zu verstoßen.

180. Die Linie, die die Kirche selbst in der Behandlung des Volkes Israel grundsätzlich eingehalten hat, war jedenfalls von diesem Grundsatz geleitet; denn die Verstöße einzelner können der Kirche als Kirche nicht zur Last gelegt werden. Weil für die Kirche die gesellschaftliche Besonderung der Juden unmittelbar mit Gottes Heilsordnung zusammenhängt, war es auch aus diesem Grunde für die Kirche selbstverständlich, daß die Juden nur gemäß der allgemein gültigen Sittenordnung, also auch gemäß dem Naturrecht behandelt werden durften. Gewahrt blieben die allgemeinen Rechte der Person bis hin zur Freiheit, den Übertritt zum Christentum abzulehnen und den jüdischen Kult auszuüben; gewahrt blieben die Naturrechte des Familienlebens, der Heiligkeit von Heim und Haus bis hin zum Elternrecht in der Kindererziehung, so daß gegen den Willen der Eltern das Kind zur christlichen Erziehung nicht weggenommen und getauft werden durfte; gewahrt blieben Naturrechte wie das Recht auf Eigentum und Erwerbsar-

beit; gewahrt blieb die naturrechtliche Staatsbürgerschaft mit dem gleichen Anspruch wie bei den übrigen Bürgern auf Wahrung des Gemeinwohls durch die staatliche Gemeinschaft, besonders im Rechtsschutz.

181. Die dann noch verbleibende unterschiedliche Behandlung der Juden hielt sich grundsätzlich auf der entwickelten allgemeinen Linie und war von dem berechtigten Bestreben geleitet, widerchristlichen Einfluß im Rahmen der gegebenen Zeitverhältnisse abzuwehren; deshalb traf man gleichzeitig auch Maßnahmen gegen den widerchristlichen Einfluß anderer Gruppen.

182. Gerade dies letztere schließt es vollends aus, sich heute bei Maßnahmen gegen die Juden auf die Kirche und auf die unterschiedliche Behandlung der Juden unter dem Einfluß der Kirche zu berufen. Die Linie der Kirche in dieser Sache ist vollkommen klar. Die sogenannte Judenfrage ist und war stets in Wahrheit wesentlich eine Frage des Christentums und nicht der Rasse. Nur mit Entrüstung und mit Schmerz sieht die Kirche heute eine Behandlung der Juden auf Grund von Anordnungen, die dem Naturrecht widersprechen und also niemals den Ehrennamen von Gesetzen verdienen. Ganz grundlegende Ansprüche von Gerechtigkeit und Liebe werden ohne Scheu und Hemmung verletzt. Der Taufe eines vom Judentum bekehrten Menschen verweigert man die bürgerlichen Rechtsfolgen und greift in die Verwaltung des Ehe-Sakramentes unbefugt ein. Darin liegen schwere öffentliche Sünden, die sich rächen werden. Sie rächen sich heute schon in einer durch Rassenkampf und Judenhetze verursachten Verrohung von Sprache und sittlichem Empfinden im öffentlichen Leben, in Wort und Schrift, leider auch vor und bei Jugendlichen. Sie rächen sich vor allem dadurch, daß das Gut, das das Volk Israel auch in seiner religiösen Abtrennung für den Einzelnen und für die Menschheit bedeutet, nicht zur Geltung kommt, nämlich durch sein Dasein hinzuweisen auf die ernste Verantwortung, die im Geschenk der Gnade des wahren Glaubens

liegt; wehe dem christlichen Volke, das diesen sichtbaren dauernden Hinweis entbehren zu können glaubt; auf Israel schauend, hört der Völkerapostel nicht auf, den anderen zuzurufen: „überhebe Dich nicht, sondern fürchte" (Röm 11,20).

183. So nehmen wir noch einmal wie schon oft in der Geschichte das Volk Israel vor ungerechter Bedrückung in Schutz und bestätigen nochmals jene Verurteilung, mit der das Hl. Officium am 25. März 1928 wie allen Neid und alle Uneinigkeit unter den Völkern so „ganz besonders jenen Haß, den man heutzutage mit dem Namen Antisemitismus zu bezeichnen pflegt", verurteilt hat.

... Und wie die Kirche feierlich für jenes Volk betet, so mögen alle durch ein wirklich christliches, in Gerechtigkeit und Liebe geführtes Leben dem entsprechen, wofür uns das dauernde Fortbestehen des Volkes Israel zeugt; ebenso möge man das verdienstvolle Werk fortsetzen, dafür zu beten und zu arbeiten, daß die geheimnisvollen Absichten Gottes hinsichtlich des jüdischen Volkes sich erfüllen und daß das Wort des Hl. Paulus vom „Rest" der Geretteten auch in unserer Zeit sich verwirklicht. „Reliquiae salvae factae sunt" (Röm 1,5).

Anton Rauscher

Gegenüberstellung der bezifferten Abschnitte in der deutschen und in der französischen Fassung

Deutsche Fassung		Französische Fassung	Deutsche Fassung		Französische Fassung
1	=	1	29	=	29
2	=	2	30	=	30
3	=	3	31	=	31
4	=	4	32	=	32
5	=	5	33	=	33
6	=	6	34	=	34
7	=	7	35	=	35
8	=	8	36	=	36
9	=	9	37	=	37
10	=	10	38	=	38
11	=	11	39		fehlt
12	=	12	40		
13	=	13		}	39
14	=	14	41		
15	=	15	42		
16	=	16		}	40
17	=	17	43		
18	=	18	44	=	41
19	=	19	45	=	42
20	=	20	46		fehlt
21	=	21	47		fehlt
22	=	22	48		fehlt
23	=	23	49		fehlt
24	=	24	50	=	43
25	=	25	51	=	44
26	=	26	52	=	45
27	=	27	53	=	46
28	=	28	54	=	47

Deutsche Fassung		Französische Fassung		Deutsche Fassung		Französische Fassung
55		fehlt		89		fehlt
56	=	48		90		fehlt
57				91	=	70
	}	49		92	=	71
58				93	=	72
59	=	50		94		fehlt
60	=	51		95	=	73
61	=	52		96	=	74
62		fehlt		97	=	75
63	=	53		98	=	76
64	=	54		99		fehlt
65	=	55		100	=	76
66	=	56		101	=	77
67	=	57		102	=	78
68	=	58		103	=	79
69	=	59		104	=	79
70				105	=	80
	}	60		106		fehlt
71				107	=	81
72	=	61		108		fehlt
73	=	62		109	=	82
74	=	63		110	=	83
75	=	64		111	=	84
76	=	65		112	=	85
77		fehlt		113	=	86
78	=	66/1		114	=	87
79		fehlt		115	=	88
80	=	66/2		116	=	89
81	=	67/1		117	=	90
82	=	67/2		118	=	91
83	=	68		119		fehlt
84	}			120	=	92
85	}	69		121	=	93
86	}			122		fehlt
87	=	69		123	=	94
88		fehlt		124	=	95

Deutsche Fassung		Französische Fassung	Deutsche Fassung		Französische Fassung
125	=	96	161	=	122
126	=	97	162	=	123
127	=	98	163	=	124
128	=	99	164	=	125
129		fehlt	165	=	126
130		fehlt	166	=	127
131	=	100	167	=	128
132	=	101	168	=	129
133		fehlt	169	=	130
134	=	102	170	=	131
135	=	102	fehlt		132
136	=	103	171	=	133
137		fehlt			
138		fehlt	172		134
139		fehlt	bis		bis
140	=	104	183		179:
141	=	105			durchweg
142		fehlt			anderer
143		fehlt			Text
144	=	106			
145	=	107			
146	=	108			
147	=	109			
148	=	110			
149	=	111			
150	=	112			
151	=	113			
152	=	114			
153	=	115			
154	=	116			
155	=	117			
156	=	118			
157	=	119			
158	=	120			
159	=	121			
160	=	122			

Gustav Gundlach S.J.

Sechs Briefe an P. LaFarge
in der Zeit von Oktober 1938 bis Mai 1940[1]

Gundlach an La Farge: Rom, 16. Oktober 1938

„Hochwürdiger, lieber P. LaFarge! Pax Christi! Dieser Sonntag ist nun der dritte, den ich seit der großen Reise wieder in R[om] zubringe. Verabredungsgemäß war ich mit dem 1. Oktober hier, obwohl mir der Erholungsaufenthalt in der Schweiz ebenso notwendig wie bekömmlich war. Wer beschreibt mein Erstaunen, als ich bei meinem Antrittsbesuch bei R. P. Rektor[2] erfuhr, E[euer] H[ochwürden] seien abgereist. Ich glaubte nun, daß im Borgo[3] etwas zu erfahren sei und rief den Ass. Germ.[4] an. Auffälligerweise kam dieser persönlich sofort zu mir, und zwar, wie ich merkte, in der Absicht, zu erfahren, ob ich in P[aris] diese oder jene interessante Persönlichkeit getroffen hätte. Dies mußte ich verneinen, da Sie ja wissen, wie zurückgezogen ich dort gelebt habe. In *unserer Angelegenheit* wußte er gar nichts und bestätigte mir nur, daß E. H. abgereist seien; im übrigen habe sein und unser Chef[5] über die Angelegenheit mit ihm nie gesprochen. Wie üblich, konnte und wollte er mir keinen Rat geben, was nun in unserer Sache geschehen könne.

Am Montag (3.10.) kam dann der Brief E. H. vom 28.9. in meine Hände, der mir erstens ein Lebenszeichen von Ihnen und zweitens etwas Licht brachte. Ich überlegte dann die Sache einen Tag mit mir und entschloß mich dann, an den Subst[ituten] Americ[ae] zu schreiben und unter Hinweis auf mein begreifliches Interesse wenigstens nach dem Schicksal unserer Dokumente zu fragen. Am Sonntag (9.10.) hat mich dann der Subst. Am. besucht, traf mich aber nicht an. Am 10.10. bekam ich dann ein Schreiben von ihm, worin

---

[1] Abgedruckt in: Passelecq/Suchecky, 99f.; 103f.; 105f.; 106–110; 112–116; 117–119.
[2] Vincent P. McCormick, Rektor der Päpstlichen Universität Gregoriana.
[3] Borgo Santo Spirito. Sitz der Kurie des Jesuitenordens in Rom.
[4] Deutscher Assistent des Ordensgenerals.
[5] Pater Ledóchowski, der Ordensgeneral der Jesuiten.

er mir mitteilte, daß unser Chef [6] den von Ihnen verkürzten Text an Herrn Rosa von der bekannten Zeitschrift zur Begutachtung gegeben habe. Der Subst. fügte bei, dies sei vor drei Tagen geschehen, also etwa am 8.10., und er selbst habe alle unsere anderen Dokumente beigegeben, um auf diese Weise dazu beizutragen, daß keine Änderungen erfolgen, die den Absichten der Urheber weniger entsprechen. Endlich versprach er noch, mich auf dem Laufenden zu halten, wenn etwas Neues ihm bekannt würde. Selbstverständlich muß diese freundliche Aufklärung des Subst. Am. völlig vertraulich behandelt werden.

Dies ist die Situation; seitdem habe ich nichts mehr gehört. Lieber P. LaFarge! Sie sehen, daß Ihre Absicht, das Dokument nicht in andere Hände gelangen zu lassen, nicht erreicht wurde. Ihre Loyalität gegenüber dem Chef, für die ich schon in P[aris] alles Verständnis aufbrachte, die mir aber schon dort zu weitgehend schien, ist nicht gelohnt worden. Ja, es könnte Ihnen der Vorwurf gemacht werden, daß unter jener Loyalität die Loyalität gegenüber Herrn Fischer [7] gelitten habe. Wenn man außerdem bedenkt, daß der Chef vierzehn Tage brauchte, um die Sache dem genannten Begutachter zu geben, und seitdem sich in Schweigen hüllt, bekommt man einen eigenartigen Gedanken. Ein Außenstehender könnte in alldem einen Versuch sehen, aus Gründen der Taktik und Diplomatie den Ihnen unmittelbar von Herrn Fischer gegebenen Auftrag durch dilatorische Verfahren zu sabotieren. Daß der Chef es nicht für notwendig hält, mich in der Sache zu hören, ist schon an sich merkwürdig; vor allem ist es unter den gegebenen Umständen für mich geradezu peinlich. Ich würde und werde dies aber tragen. Dagegen ist es aber unerträglich, daß das, was im Interesse der guten Sache geschehen, und zwar bald geschehen müßte, nun nicht geschieht.

Unter diesen Umständen bin ich der Auffassung, daß E. H. überlegen müssen, ob Sie nicht verpflichtet sind, unmittelbar an Herrn Fischer zu schreiben, denn *Sie* – niemand sonst – haben damals unmittelbar den Auftrag bekommen. Um diesen Schritt nicht dolos zu machen, schlage ich vor, daß Sie folgendes schreiben. Sie hätten den Text unserem Chef zur weiteren Übermittlung übergeben, da Sie aus persönlichen Gründen hätten abreisen müssen. Nunmehr, wo Sie wieder in Am[erika] seien, hätten Sie aus der Beobachtung der Ver-

---

[6] Synonym für den Ordensgeneral der Jesuiten.
[7] Synonym für Pius XI. mit Anspielung auf den Fischerring, den der Papst als Nachfolger des „Menschenfischers" Petrus trägt.

hältnisse *erneut* die Überzeugung gewonnen, daß der vorgeschlagene Text und die vorgeschlagene Methode den tatsächlichen und *dringenden* Bedürfnissen entsprechen. Dies möchten Sie mit ihrem Schreiben erneut bestätigen. Dieses Schreiben kann u. U. durch den apost[olischen] D[elegierten] in W[ashington] gehen. E. H. dieses mitteilen zu müssen, bedauere ich sehr. Aber die völlige Unmöglichkeit für mich, etwas in der Sache zu tun, und anderseits die Not der guten Sache nötigen mich dazu. Ich mache für Sie ein Memento, daß der Hl. Geist das Richtige eingibt.

In der Hoffnung, daß Heimat, Volkstum und Nation dort Sie gesundheitlich wieder stärken, bin ich Ihr stets dankbarer Gust. Gundlach SJ"

Gundlach an LaFarge: Rom, 18. November 1938

„Hochwürdiger lieber P. LaFarge! Ihr Brief v. 5.11. erreichte mich am 16.11. mittags. Ich war sehr froh, eine Antwort von Ihnen zu bekommen. Heutzutage hat ja die Post oft merkwürdige Schicksale. Sie erwähnen allerdings nur einen Brief, den Sie von mir empfingen; ich hatte in demselben Umschlag noch einen anderen Brief verpackt, der sich mit der Stellensuche für Herrn Dr. Friedmann-Friters befaßte. Hoffentlich haben Sie auch diesen Brief erhalten und hoffentlich können Sie in der Sache etwas finden. Ich sehe die großen Schwierigkeiten, die dort sind, vollkommen ein. Aber Sie müssen sich auch in unsere Lage hinein-denken, die wir täglich hier im Hause von solchen wirklich unglücklichen Menschen aufgesucht werden. Doppelt schlimm ist es, wenn es sich wie im vorliegenden Fall um sehr ernsthafte Konvertiten handelt.

Nun zu unserer eigenen Angelegenheit. Ich bin sehr froh, daß Sie den von mir angeregten Brief geschrieben haben. P. L....r[8], mit dem ich über die Angelegenheit sprach, ist ebenfalls der Auffassung, daß der von Ihnen nunmehr begangene Weg richtig ist. Nun bin ich neugierig, was dabei herauskommt. Sehr mißlich ist, daß nach übereinstimmenden Auskünften der letzten Zeit der Zustand des betreffenden Herrn physisch sehr hinfällig geworden ist, sodaß man anscheinend auch in der nächsten Umgebung ihm nicht mehr viel Zeit gibt. Die Dinge liegen also allem Anschein nach jetzt so,

---

[8] Pater Robert Leiber SJ, Privatsekretär des Kardinalstaatssekretärs Eugenio Pacelli, auch nach dessen Wahl zum Papst (Pius XII.).

daß nur noch dies an ihn herankommt, was andere an ihn herankommen lassen; er selbst soll zwar noch geistig frisch sein, aber doch nicht mehr viel Initiative aus sich heraus entwickeln.

Eine andere Schwierigkeit dürfte in der augenblicklichen Beziehung zu dem hiesigen starken Mann[9] liegen. Offenbar geht man beiderseitig einer Auseinandersetzung in der Frage der bekannten Gesetzgebung[10] aus dem Wege. Die eine Seite hat formell durch den Protest ihren Standpunkt gewahrt, und die andere Seite wird vorkommendenfalls *praktisch* auf dem Wege von Ausnahmen der konkordatären Rechtslage Rechnung tragen. Dies ist hier die verbreitete Meinung. Ob man dann durch unsere Sache den ›Frieden‹ gefährden will?

Einstweilen schließe ich mich Ihrem Memento und der Hoffnung auf die Fürbitte der sel[igen] M[aria] Cabr[al] herzlich an. Die neue Entwicklung der Dinge in D[eutschland] ist doch so, daß das Ansehen der K[irche] als Hüterin von Gottes Ordnung sehr leiden wird, wenn sie ganz und gar schweigt.[11]

Der von Ihnen erwähnte hohe Herr von dort hat nach einigen Gewährsleuten *nicht* die von Ihnen angedeutete Absicht. Im übrigen gibt es auch hier Leute, die wie der amerikan[ische]Episk[opat] solchen Plänen sehr skeptisch gegenüberstehen.

Zum Schluß übermittle ich Ihnen noch mein herzliches Beileid zum Tode Ihres Bruders, dessen ich schon im Memento gedachte. Nun bin ich doch ganz damit versöhnt, daß Sie so zeitig abreisten. Es war Fügung.

Und so wollen wir alle Anliegen der göttlichen Vorsehung anheimstellen und in Geduld warten.

Ich verbleibe mit freundlichen Grüßen Ihr in Christus ergebener – G."

---

[9] Mussolini.
[10] Es handelt sich um die antisemitischen Gesetze, die vom italienischen Ministerrat am 10. und 11. November 1938 verkündet wurden. Vgl. Passelecq/Suchecky, 159–171.
[11] Gundlach spielt wahrscheinlich auf die von den Nazionalsozialisten verübten antisemitischen Gewalttaten in der Nacht vom 9. auf den 10. November 1938 an („Reichskristallnacht"). Zu den Reaktionen auf katholischer Seite: Passelecq/Suchecky, 161ff.

Gundlach an LaFarge: Rom, 28. Januar 1939

„Hochwürdiger, lieber P. LaFarge! Schon lange ists her, daß ich Ihnen schrieb, und Sie selbst ziehen anscheinend ebenfalls das Schweigen vor. Für Sie ist dieser Zustand leichter zu ertragen, denn Sie haben ein öffentliches Wirken mit vielen Beziehungen auf heimatlichem Boden. Unsereiner aber sitzt hier zwischen vier Wänden in einer fremden Umgebung und ist auf die Gnade der hohen Herren angewiesen, ob sie einem etwas sagen wollen oder nicht, ja ob sie einem auf Fragen antworten wollen oder nicht. Kurz: das Dasein eines unmündigen Kindes für einen Mann Ende der Vierziger! Nach Rückkehr des amerik[anischen] Ass[istenten] war ich persönlich bei ihm und besprach unsere Sache. Er war im Besitz der Schriftstücke mit Ausnahme des seiner Zeit an P. R[osa] gegebenen französ. Textes. Er sagte mir, daß er ‚morgen' – es war Ende Dezember – mit Admodum[12] über die Sache sprechen wolle und mir dann Bescheid gebe. Bis heute warte ich auf Antwort. In der ersten Januarwoche war P. D[esbuqois] von Vanves acht Tage hier; er gab eine Art Retraite[13] bei den franz[ösichen] Ursulinen; er hielt sich anscheinend ganz verborgen und hat auch mich nicht besucht. Sehen Sie: so geht es nicht weiter. Wenn Adm[odum] wirklich die Sache verhindern will, dann möge man mir wenigstens die von mir gearbeiteten Sachen herausgeben. Ich besitze, wie Sie wissen, keinen Durchschlag des deutschen Textes und auch nicht des Inhaltsverzeichnisses. Ich besitze nur den ungekürzten Text in franz. Sprache vom ersten und zweiten Teil. Deshalb schreiben Sie, bitte, dem P[ater] Ass[istent], daß er mir das eben Bezeichnete herausgibt. Vielleicht ist dies, was man in mühsamer und langer Arbeit geschafft hat, doch soviel Wert, daß man daraus ein Buch macht. Schließlich geht es doch nicht an, daß andere Leute in diesen Fragen publizieren können und unsereiner nicht, weil das, was man hat, unter Vormundschaft steht.

Die zweite Sache, mit der ich Sie leider belästigen mußte, nämlich die Angelegenheit meines jüd[ischen] Konvertiten Dr. Friedmann-Friters, ist leider auch noch eine offene Frage. Unterdessen

---

[12] Synonym für den Ordensgeneral der Jesuiten.
[13] Exerzitien.

rückt der verhängnisvolle Termin – der 14. März – immer näher, bis zu dem alle ausl[ändischen] Juden das Land verlassen müssen.[14]

Für die Grüße, die Sie mir durch Frl. Dr. Herz zukommen ließen, danke ich sehr. Wir selbst hier halten unsere Schule weiter, aber die Furcht, daß wir in kurzem vor einer neuen September-Situation stehen, ist allgemein. Hinzu kommt, daß nicht wenige auch hier kirchliche Entwicklungen wie in D[eutschland] voraussehen. Der Arm Gottes wirft uns ganz von unseren eigenen Plänen und Gedanken weg hinein in seine immer gütige, aber dunkle Vorsehung.

Indem ich mich mit meinem Mißtrost recht sehr Ihrem Memento empfehle, bin ich Ihr in Christus erg[ebener] Mitbr[uder] Gust. G."

Gundlach an LaFarge: Rom, 15. März 1939

„Hochw. lb. P.! Ihre l[ieben] Zeilen v. 16.II. wollte ich nicht eher beantworten, bis der gute Dr. Fr[iedmann-Friters] glücklich über das große Wasser abgereist ist. Dies wird nun heute der Fall sein, denn heute geht sein Schiff *Excambion* (Export-Linie) von Genua ab. Er ist Ihnen überaus dankbar für die Einladung, die der hiesige amerikan[ische] Konsul als genügend für ein Visite-Visum erklärte, zumal er einen der im Schreiben genannten Herren persönlich kenne. Lediglich wollte er noch zur eigenen Sicherung die Erklärung einer kompetenten, am besten amerik. Person, daß Herr Fr[iedmann-Friters] nach Erledigung des Zwecks des Besuchs auch wieder die Ver[einigten] St[aaten] verlassen *könne*. Dies war eine Formsache; wir wollten aber nicht kabeln, sondern ich ging zu unserem hiesigen Rektor, und dieser hatte die große Güte, die vom Konsul verlangte Erklärung schriftlich zu geben. Ich sagte ihm, daß es sich lediglich um eine Formsache handle, bei der er selbst praktisch kein Risiko eingehe. So bekam denn Herr Dr. Fr[iedmann-Friters] für wenig Geld sein Visum, was, wie gesagt, hier eine große Seltenheit bei derartigen Fällen ist. Also nochmals herzl[ichen] Dank! Inzwischen kam dann noch eine zweite Einladung von drüben, die aber nicht mehr hier gebraucht wurde. Sehr schwierig gestaltete sich dann die Verhandlung mit dem Reisebüro American-Express. Hier mußte

---

[14] Ein im Oktober 1938 verabschiedetes Gesetz gab den ausländischen Juden, die sich nach dem 1. Januar 1919 in Italien niedergelassen hatten, sechs Monate Zeit, um das Königreich und seine kolonialen Besitzungen zu verlassen; s. Passelecq/Suchecky, Anm. 22, S. 303.

unser Patient schwer bluten. Er mußte eine Karte für die Hinfahrt (175 Doll[ar]), eine Karte für die Rückfahrt (160 Doll.) lösen und außerdem noch eine Garantiesumme von 500 Doll. hinterlegen, falls Schwierigkeiten entstünden, die der Schiffahrtsgesellschaft evtl. eine Geldstrafe zuzögen. Sie sehen: es wird dieser Kategorie armer Menschen wirklich von keiner Seite leicht gemacht. Nun ist ja das Geld für die Rückfahrt und die Garantiesumme für ihn nicht verloren; er bekommt es wieder. Aber es war doch schwer, das Geld aufzutreiben, und er mußte sozusagen seine letzten Groschen in London in Anspruch nehmen. Ich habe dann hier noch 2000 Lire leihweise aufgetrieben, damit er noch andere notwendige Reise-Ausgaben bestreiten kann; diese zahlt er im April vom Londoner Guthaben zurück. Leider ist man hier immer noch nicht soweit, daß die im Vat[ikan] eingerichtete Fürsorgestelle auch mit Geldmitteln nötigenfalls einspringen kann; Schwierigkeiten aus den italien[ischen] Devisenbestimmungen kommen hinzu. Dann kam noch ein zwei Wochen langes Warten bei den verschiedenen Amtsstellen, um mindestens drei Erlaubnisscheine zur Ausreise zu erwirken. Gestern war nun alles glücklich erledigt, und er kommt am 29.III. in New York an. Ich schreibe auch gleichzeitig an Frl. Dr. Herz, damit er bei der Landung abgeholt wird, damit nicht neue Schwierigkeiten entstehen. Vielleicht machen auch Sie die Doktorin nochmals darauf aufmerksam.

Nun unsere andere ›große‹ Sache. Gerade heute bekam ich ein Schreiben des R. P. Ass[istant] Am[éricain] v. 14.3. Darin schreibt er, daß gestern Abend mit ARPN[15] die erste Gelegenheit gehabt habe, über die Sache zu sprechen. ARPN meinte, daß er gelegentlich mit Herrn Fischer[16] sprechen wolle, was er mit der Sache machen wolle. Die Dokumente seien, wie ich ja wisse, Herrn Fischer senior[17] gegeben worden und seien zweifellos in seinem Arbeitszimmer zurückgelassen. Nun weiß ich erstens nicht, daß die Dokumente tatsächlich übergeben wurden, was also jetzt feststeht; und zweitens hat der gute Ass[istent] über zwei Monate gebraucht, um die Sache zur Sprache zu bringen. Wenn Sie ihm nicht geschrieben hätten, wäre der *timor reverentialis*[18] zweifellos auch jetzt noch nicht über-

---

[15] *Admodum Reverendus Pater Noster*: Anrede des Ordensgenerals.
[16] Pius XII.
[17] Pius XI.
[18] Lat.: Respekt vor der Autorität.

wunden. – Ein weiteres: Ein guter Bekannter hier im Haus[19] –Sie kennen ihn auch – sprach am zweiten Tag des neuen Fischers mit dem neuen Herrn und verwies ihn unter Namensnennung – es fiel Ihr Name und meiner – auf die bereits vorliegenden Entwürfe. Der Hohe Herr wußte von nichts (!) und sagte, er werde mal ARPN fragen, was da sei und wo die Sachen seien. – Also, irgendetwas wird jetzt geschehen, und zum Glück habe ich jetzt einen guten Faden dorthin. Die Sache kam zur Sprache, weil Herr Fi[scher] jun.[20] die anscheinend von anderer Seite ihm nahegelegte Idee ventilierte, zur Verhandlung unserer Probleme das Vatikanum fortsetzen zu lassen. Sein Gesprächspartner – mein Gewährsmann – betonte die technischen Schwierigkeiten und die daraus resultierende Schwerfälligkeit des Arbeitens einer solchen Riesenveranstaltung und verwies stattdessen auf ›unseren‹ Weg. Dies war der Zusammenhang. – Gestern hatte ich außerdem Gelegenheit, mit dem Episc[opus] Berolinensis[21] zu reden, der mit Fi[scher] jun. gut befreundet ist. Einstweilen warte ich also ab und werde auch nichts veröffentlichen, was die Materie der Dokumente betrifft.

Die Einstellung von ARPN hinsichtlich der verschiedenen ›Ismen‹ ist schwankend. Wenn er Nachrichten hat, was alles in D[eutschland] auf dem Gebiet der Volksmoral und besonders der religiösen und moralischen Erziehung der Jugend im antichristlichen und gesellschaftsdestruktiven Sinne geleistet wird, kann man Dikta hören, wonach der N[ational] S[ozialis]mus doch mindestens so gefährlich sei wie der K[ommunismu]s. Dann kommen wieder Leute, die aus D[eutschland] von diesem oder jenem Nachgeben (scheinbar!) des N[ational] [Sozialis]mus auf religiösem Gebiet berichten, und schon schwimmt alles wieder an d[er] Kur[ie] des G[e]n[erals] im Optimismus. Kommen dann noch entsprechende Berichte aus Am[erika] über den K.s, dann ist wieder *nur* der K.s der eigentliche Feind! Es fehlt eben an einer grundsätzlichen und vor allem *naturrechtlich* unterbauten Einstellung, die leider auch noch mit einem großen Mangel an Sachkenntnis und Kenntnis der Tatsachen sich verbindet. Leider sind auch Einflüsse der vornehmen und besitzenden Kreise aus beinahe allen Ländern bei ARPN sehr wirkungsvoll. Jede soziale Gesetzgebung, die irgendwie den konkreten Eigen-

---

[19] P. R. Leiber SJ.
[20] Pius XII.
[21] Der Bischof von Berlin und spätere Kardinal Konrad von Preysing.

tümern und der sogenannten ‚Wirtschaft' lästig wird, wird ohne weiteres als Weg zum K.s, als Einfluß des K.s hingestellt und entsprechend gebrandmarkt. Dabei sind bürgerliche und Wirtschaftskreise in manchen Ländern so blind, daß sie, um den sogenannten Druck der Gewerkschaften und Arbeiterorganisationen zu entgehen, mit Staatsformen der Manier von D. sympathisieren; denn dort sind ja die Arbeiter ganz kusch und haben keine Macht mehr. Also machen wir es politisch auch so – sagen diese Leute –, und die Wirtschaft geht gut. Sie bedenken aber nicht, daß das System in D. vollendeter Staatssozialismus ist, und daß der eigentliche Leidtragende der *Mittelstand*, aber bereits jetzt schon auch ‚das Kapital' ist. Diese Leute sind blind, und meine Meinung ist und bleibt: bekämpft den K.s, und zwar ob er rot oder anderswie gefärbt ist. Bekämpft den K.s positiv, indem Ihr die von der Kirche gelehrte Linie des Naturrechts und des Evangeliums in den Fragen des Gesellschafts- und Wirtschaftslebens vertretet. Aber aus Furcht vor dem roten K.s die Bourgeoisie, vor allem die katholische, von allen realen Opfern dispensieren wollen, indem man den Antikommunismus als eine *bloße* Reform der Gesinnung hinstellt und mit kommunistischen Greuelbildern gegenüber Religion und Kirche beim ‚braven' Bürgertum Gänsehaut weckt, das ist verkehrt. Es ist klar, daß ARPN mit denen, die *seinen* Antikommunismus so sehen, nicht zufrieden ist. Aber die Kirche wird nur dann in Ehren und mit Erfolg bestehen können, wenn sie klar für die Forderungen des Evangeliums und des Naturrechts *überall* und gegenüber *allen* eintritt. Lesen Sie, bitte, in der letzten großen Biographie von Montalembert, was dieser große Patriot und Katholik zur Zeit des bonapartistischen Absolutismus sagte und schrieb, wo ebenfalls so manche Prälaten mit dem System sich abfanden, weil die Kirchen offen blieben, und wo diese Prälaten über alles Naturrechtswidrige – administrative Verhaftungen, Verletzung des Briefgeheimnisses usw. – hinwegsehen zu können glaubten. – Heute, wo die Zeitungen melden, daß nunmehr auch die Resttschechei und Prag gefallen sind, muß man sich darüber klar sein, daß jener Rassenwahn keine geringere Weltgefahr zu werden droht als der rote K.s. Möge der Herrgott andere Länder davor bewahren, daß sie erst durch praktische Erfahrung von ihrer Blindheit geheilt werden müssen.

Wir erhoffen hier die Fortsetzung der geraden Linie, die war. Wir sind allerdings in Sorge, daß diplomatisierende Einflüsse mehr als recht sich Geltung verschaffen wollen. Aber sicher ist, daß der neue Herr sich nichts vergeben wird und niemals entgleist, mögen seine Entschlüsse und Kundgebungen vielleicht auch weniger temperamentvoll, sondern mehr fein abgewogen sein.

Und nun, hochw[ürdiger] lb. P., danke ich Ihnen nochmals für Ihre große Hilfe in Sachen Dr. Fr[iedmann-Friters]. Ich werde für Ihre Anliegen eine hl. Messe lesen. Wenn ich wieder etwas höre in unserer großen Sache oder wenn ich sonst etwas Wichtiges zur Lage habe oder, wenn mir bei der Lektüre der A[merica][22] etwas auffällt, werde ich mich melden. Schreiben Sie mir nur englisch, denn ich werde mich selbst notgedrungen ans liebe Deutsch halten müssen. Stets Ihr in Christus ergebener – G."

Gundlach an LaFarge: Rom, 10. Mai 1939

„Hochwürdiger, lieber P.! Pax Christi! Ihr letzter Brief kam an, nachdem ich etwa vierzehn Tage vorher das deutsche Manuskript von Ass[istant] Am[éricain] zurückerhalten hatte; beigefügt war als Abschrift eine Zusammenfassung dessen, was man Ihnen geschrieben hatte, nämlich daß einer anderweitigen Veröffentlichung nichts im Wege stehe, wenn die Vorschriften der Zensur innegehalten und der damalige hohe Auftrag nicht erwähnt würde. Sie können sich denken, daß ich sehr erschüttert war, weniger wegen des Inhalts des Bescheids, den ich schließlich nicht mehr anders erwartet hatte, als wegen der eigenartigen Weise, mit der diese Angelegenheit und wir auch persönlich behandelt worden sind. Ich bemühe mich, sine ira et studio folgendes festzustellen: 1) Der Entwurf ist, nachdem er ziemlich lang im Nachlaß von R[osa] gelegen hatte, entweder überhaupt nicht Fisch[er] sen. vorgelegt worden oder erst zu einer Zeit, wo – im Unterschied zum Spätsommer und Frühherbst 1938 – eine Behandlung der Angelegenheit wegen des Gesundheitszustandes physisch einfach nicht mehr möglich war. 2) Eine Vorlage bei F[ischer] jun. ist wohl überhaupt nicht mehr erfolgt, sondern die Angelegenheit dürfte mehr oder weniger im Vorbeigehen bei einer Unterredung zwischen dem höchsten Herrn und Pat[ernität][23] begraben worden sein; Gründe: zu delikate Sachen, um gleich den Anfang des neuen Herrn zu belasten, der sowieso schon durch möglichstes Schweigen und Schonen in den ersten Wochen abtasten wollte, ob

---

[22] Wochenzeitung der Jesuiten.
[23] Papst Pius XII. und P. General Ledóchowski.

von der anderen Seite Entgegenkommen gezeigt würde. Ich füge hinzu, daß dieser Versuch negativ verlaufen zu sein scheint und daß man dies wohl auch jetzt hier festgestellt hat. Unsere Sache jedenfalls ist einstweilen den Weg alles Irdischen gegangen, was ja wohl auch von Anfang an mehr den Ansichten und Absichten von Pat. entsprach.

Mir selbst bleibt nur übrig, Ihnen nochmals von Herzen zu danken, daß Sie freigebig die Gelegenheit boten, die betreffenden Probleme einmal gründlich und im Zusammenhang durchzudenken und bei dieser Gelegenheit die schöne Stadt an der S[eine] zwar nicht kennen zu lernen, aber doch wenigstens zu sehen. Was nun die wietere Verwendung der Ausarbeitung angeht, so stimme ich Ihnen durchaus bei und bin der Meinung, einstweilen *keinen* Gebrauch zu machen. Die Hoffnung, die Sie äußern, daß man nämlich von oben her gelegentlich darauf zurückgreifen werde, ist zwar zur Zeit sehr schmal, aber sie ist immerhin vorhanden und nicht völlig unbegründet. Und so wollen wir einstweilen von irgendwelcher Veröffentlichung Abstand nehmen. Fiat.

Die allgemeinen Dinge scheinen von Fisch[er]'s her einen Kurs zu nehmen, der mehr diplomatisch bestimmt ist. Dies war zu erwarten. Ob freilich der Erfolg entsprechend sein wird, steht dahin. Heute, wo der Status Propagandisticus zum Typus zu werden scheint, scheint weniger die diplomatische, stille Arbeit als die Bearbeitung der öffentlichen Meinung vordringlich zu sein. Dies scheint mir auch der entscheidende Wert des Schritts zu sein, den neulich Ihr hoher Herr dort unternahm[24]; unabhängig vom unmittelbaren sachlichen Erfolg bleibt immer wichtig, die öffentliche Meinung dauernd zu beschäftigen und dieses Geschäft nicht ausschließlich den bekannten zwei ›starken Männern‹ zu überlassen. – Im Augenblick, wo das Weichselland[25] bedroht ist und wo das Gespenst einer Allianz B[er]l[i]n – Mosk[au] von nicht wenigen bereits gesehen wird, stürzen natürlich bei unserem unmittelbaren hiesigen Chef[26] ganze Himmel ein. Denn wegen der bisherigen Freundschaft zwischen Spree[27] und Weichsel hatte man ja den Antibolschewismus

---

[24] Gundlach spielt vermutlich auf die Erklärung des Präsidenten der Vereinigten Staaten, Franklin D. Roosevelt, vom 14. April 1938 an; s. Passelecq/Suchecky, Anm. 38, S. 304.
[25] Gemeint ist Polen.
[26] P. General Ledóchowski.
[27] Berlin.

B[er]l[in]s ernst genommen und den Kampf gegen Kirche und Christentum nur für eine ›Episode‹ gehalten und mit stillem Wohlwollen teils mehr teils weniger übersehen. Auch hatte man immer noch im stillen gehofft, durch den eigenen Antikommunismus den Autoritären und Totalen sich irgendwie als Bundesgenossen empfehlen zu können. Waren schon alle diese Auffassungen und Hoffnungen von jeher für den Sachkundigen in sich falsch, so fällt natürlich jetzt durch die praktische Entwicklung jener angeblich ›rein religiöse‹ und im Grunde doch politisch gemeinte Antikommunismus in sich zusammen. Hinzu kommt, daß durch die sozialen und wirtschaftlichen Begleiterscheinungen aut[oritärer] und total[itärer] Staaten die kommun[istische] Gefahr nicht nur nicht geschwächt, sondern in den ausgeplünderten und entrechteten Massen erst recht heraufbeschworen wird.

Es gibt eben keinen ‚rein religiösen' Antikommunismus. Ohne ein auf den Prinzipien des Naturrechts und der Offenbarung aufbauendes gesellschaftspolitisches Programm von Richtlinien, das natürlich nicht in allen Ländern gleich sein kann, ist ein Antikommunismus von uns aus wirkungslos. Wer ein solches Programm als ‚Politik' ablehnt, ist entweder unkatholischer, geradezu protestantisierender Idealist und Spiritualist oder eben seinerseits versteckter ‚Politiker', weil er bestimmten Kreisen kein Christentum des Opfers zumuten oder herrschenden Systemen gefallen will. Noch schlimmer ist, daß ein solcher ‚Rein-religiöser' kathol[ischen] Radikalisten wie dem bekannten dortigen Radioprediger in die Hände arbeitet, weil die ‚Rein-religiösen' dem kathol[ischen] Radikalismus nichts Positives entgegenzustellen haben.

Deshalb muß man ein soziales Programm von wenigstens einigen Richtlinien haben, das auf Grund der naturrechtlichen und offenbarten Grundsätze aus den dortigen Verhältnissen heraus sich ergibt. Ohne mir auch nur entfernt eine Kenntnis dieser Verhältnisse anmaßen zu wollen, müßte nach meiner Meinung der Hauptgesichtspunkt lauten: Sicherung und Förderung des sogenannten *Mittelstandes* und dies bedeutet: Sicherung und Förderung vor allem jenes *Eigentums*, das *persönlicher Arbeit* verdankt wird und die *wirtschaftliche Einheit der Familie* stützt. Im Unterschied zu den europäischen Industrieländern scheint mir eine christliche Sozialreform *dort* auch heute noch weniger auf die Existenzsicherung des Lohnarbeiters als Lohnarbeiter ausgerichtet werden zu müssen als auf den Mittelstand. Also: Pflege des Eigentums aus persönlicher

Arbeit zur Stützung der wirtschaftlichen Einheit der Familie! Negativ schließt dies ein, daß man die Staatsintervention in gesellschafts- und wirtschaftspolitischen Fragen nicht nur grundsätzlich, sondern auch praktisch bejaht und nicht sofort alle derartigen Maßnahmen als ›Sozialismus‹ ablehnt. Freilich würde eine vom Staat her betriebene Sozial- und Gesellschaftspolitik notwendig die föderalistische Struktur der Verein[igten] Staaten von der Wirtschaftsseite her antasten, was sich dann vielleicht für die übrigen Kulturgebiete, vor allem für das Erziehungs- und Schulwesen, ungünstig auswirken könnte. Aber ich sehe nicht, wie man diesem vielleicht anderweitig zu mildernden Risiko ausweichen kann, denn das einzige, sonst noch anwendbare Mittel zur angeregten Sozialreform scheint mir dort zur Zeit nicht möglich. Dieses Mittel wäre nämlich die Verlagerung der Sozialreform auf die autonomen Berufsstände – Korporationen – als Träger der entsprechenden Gesetzgebung; dafür aber scheinen mir heute noch in den USA die soziologischen Vorbedingungen zu fehlen, sowohl von den Menschen wie von den Sachen her. – Negativ wäre weiterhin zu sagen, daß unsere antikommunistische Bewegung dort die Worte und Propagandaformeln der Kommunisten nicht lediglich christlich umprägen darf; etwa statt ‚Weltrevolution des Proletariats' formulieren: ‚Weltrevolution für Christus'. Das ist doch als Methode zu einfach, stößt außerdem unnötig andere Kreise von der Mitarbeit ab und ist leider nur geeignet, den Mangel eigener positiver Sozialideen zu verdecken.

Warum ich wohl diese Ausführungen im Zusammenhang mit unserer verunglückten Aktion vom vorigen Sommer mache? Weil die Lücke, die damals ausgefüllt werden sollte, nun leider bleibt, aber jetzt unbedingt in den einzelnen Ländern selbst ausgefüllt werden muß. Und die Gefahr scheint groß – übrigens noch mehr als in den USA in Südamerika –, daß auch bei den Katholiken sich der Gedanke festsetzt: *entweder* Kommunismus *oder* nationaler Totalismus. Das muß in jeder Weise vermieden werden. Dafür muß man ein passendes und richtiges Sozialprogramm haben. Denn weder die ‚Reinreligiösen' noch die kath. Radikalisten werden der Kirche in den kommenden, schweren Auseinandersetzungen einen festen Standpunkt geben können. Beide werden nämlich zu einer Situation mitbeitragen helfen, wo ‚das Kapital', um sich vor dem ‚Sozialismus' der Massen zu retten, nach europäischen Mustern zu einem amerikanisch-nationalen Totalismus seine Zuflucht nimmt. Dann aber kann man nur noch für die Kirche dort beten. Denn sie wird einem solchen nationalen Totalismus noch mehr als zu bekämpfender Fremdkörper erscheinen als etwa dem deutschen Totalismus. Oder aber es kommt zu gefährlichen, kommunistisch-revolutionären Explosionen, die dann auch auf die Einheit der dortigen Gläubigen von innen her verheerend wirken werden. Dann aber werden die ‚Reinreligiösen' mangels eines Sozialprogramms niemandem von den kämpfenden Gruppen etwas Reales zu sagen haben, und die Radikalen unter den Katholiken werden selber entweder rechts oder links stehen und so oder so das Feuer mitschüren. Die Kirche dort wird somit das Bild großer Orientierungslosigkeit bieten.

Diese sozialen Gefahren werden sicherlich wachsen, denn sie sind schon da. Auch die bloße Tatsache eines Sozialprogramms wird die Kirche nicht aus dem Spannungsfeld herausheben. Aber sie wird für ihre Gläubigen Leuchtturm und Halt sein. Freilich muß das Sozialprogramm in einer hohen geistigen Kultur und vor allem in den Gnadenkräften des Glaubens und der Hoffnung lebendig in den Seelen werden. Mir scheint, daß da die Geschichte unserem im übrigen so elenden Europa eine bessere Position beschieden hat. Denn seine Kultursubstanz ist trotz allem immer noch christlich. Wo eben einmal mit allem Ernst Ketzer verbrannt und Religionskriege geführt wurden, ist die *Absolutheit* des Christentums erlebt worden und wirkt nach. Dort aber hat es viel zu früh gleich mit objektiver Toleranz und mit der Anerkennung von Spaltungen angefangen, die man ähnlich hinnahm, wie es auch in anderen Dingen Angebote von verschiedenen ‚Waren' gibt. Mir scheint also die besondere, geschichtliche Erschwerung der katholischen Position dort darin zu liegen, daß das Christentum nicht in der gleichen Weise – sagen wir sogar: Tiefe – Substanz der Kultur ist. Mit dieser Situation, die natürlich auch ihre guten Seiten hat, muß man rechnen. Bei einer kommenden Gesamtkrise, die eben eine totale Kulturkrise sein wird, dürfte sich eben vornehmlich die negative Seite der dortigen, besonderen geschichtlichen Entwicklung auswirken.

Und nun, hochwürdiger, lb. P., mache ich mit meiner Aussprache Schluß, die mich an so manchen fruchtbaren Gedankenaustausch im vorigen Sommer erinnert. Ich danke Ihnen wieder für die zugesagte Gebetshilfe, an der es auch meinerseits nicht fehlen soll.

Mit herzlichem Gruß Ihr in Christus ergebener – G."

Gundlach an LaFarge: Rom, 30. Mai 1940

„Hochwürdiger, lieber P.! Die günstige Gelegenheit der Reise unseres Bibliothekars benütze ich, um Ihnen nach langer Zeit meine herzlichen Grüße zu senden. Nun sind es schon zwei Jahre seit Ihrer Anwesenheit hier und fast zwei Jahre seit unserer gemeinsamen Arbeit in Paris. Mein Manuskript aus diesen Tagen habe ich jetzt an einen sicheren Ort gebracht; man befürchtet nämlich hier, daß, *wenn* in kurzer Zeit der hiesige Herr[28] ebenfalls in den Krieg gehen sollte, die Polizei des nordischen Herrn[29] mehr oder weniger große Vollmachten in der Ewigen Stadt bekommen könnte. Meiner Meinung nach sind diese Befürchtungen übertrieben, weil die Deutschen hierzulande sowieso schon beim Volke sehr unbeliebt sind, nicht zuletzt wegen ihrer starken Beeinflussung der Ministerien, der Presse und auch der Polizei. Der hiesige Herr wird also sehr vorsichtig sein müssen, zumal wenn er dem Volke das ganz und gar unpopuläre onus des Krieges an der Seite des Herrn im Norden auflegen sollte. Übrigens ist der Kriegseintritt an zwei Bedingungen geknüpft, die sich aus der Situation des hiesigen Landes ergeben: 1) Der Partner, dem man sich anschließt, muß mit Sicherheit der Sieger sein. 2) das Kriegsabenteuer darf nicht lange dauern. – Allerdings könnte der hiesige Herr auch zwangsläufig in den Krieg hineingeraten, dann nämlich, wenn die Sowjets, bei denen der Affront gegen D[eutschland] dauernd wächst, die Führung der Slawen in einem Aufstand und Widerstand gegen D. übernehmen sollten. Dann käme nicht nur die tschechische und polnische, sondern auch die ganze Balkanbevölkerung in Bewegung, was den hiesigen Herrn nicht gleichgültig lassen könnte. Jedenfalls stehen wir noch nicht am Ende aller möglichen Entwicklungen, und ich möchte meinen, daß die Suprematie des nordischen Herrn umso gefährdeter wird, je mehr sie sich, was die Westmächte angeht, der Verwirklichung zu nähern scheint.

Die Lage im Westen ist in der Tat sehr ernst. Der mit unerhörten Opfern an Menschen und Material vorgetragene Blitz- und Stoßkrieg D[eutschland]s könnte m. E. immer noch ernsthaft gefährdet werden, wenn es Frankreich gelänge, den Blitz- und Stoßkrieg der Deutschen durch mehrwöchigen Widerstand in ein langsames oder gar stagnierendes Stadium zu bringen. Dann dürfte die Schwäche

---

[28] Mussolini.
[29] Hitler.

des nordischen Herrn, nämlich, daß er wegen der wachsenden Opposition im Lande, wegen der finanziellen und rohstofflichen Schwierigkeiten zum Krieg, und zwar zum schnellen und erfolgreichen Krieg *gezwungen* war, voll zur Auswirkung kommen. Aber vielleicht ist es dafür schon zu spät. Die Westmächte haben den Diktator nicht genug ernst genommen. Zuerst haben sie nach dem Weltkrieg durch eine intransigente und wenig entgegenkommende Außenpolitik dem nationalistischen Diktator in D. den Weg bereitet; dann haben sie nach 1933 seine Stellung durch Entgegenkommen und Nachgiebigkeit gestärkt und ihm eine ganze Reihe außenpolitischer Erfolge ermöglicht. Diese Grundsatzlosigkeit, diese praktisch bewiesene Gleichgültigkeit gegen[über] dem durch den Diktator tausendfach verletzten Naturrecht und Gottesrecht rächt sich jetzt furchtbar an den Westmächten. Der Diktator hat eben keine Hemmungen, weder religiös-sittliche noch rechtliche. Die Gegner, die dies nicht wissen oder nicht wissen wollen, stellen sich nicht richtig ein; sie bereiten nicht mit voller Kraft die voll wirkenden Mittel der Abwehr; sie kommen politisch und militärisch in eine Praxis der Halbheiten und werden eines Tages von dem Diktator überrannt. So ist es in der *inneren* Politik D[eutschland]s gegangen, so ist es nunmehr auch in der Außenpolitik gegangen, und dies trotz aller Warnungen durch die bösen Erfahrungen der letzten Jahre. Das Entscheidende aber ist, daß man gegenüber dem an sich hemmungslosen Diktator noch zu anständig war, um ihn ebenfalls entsprechend zu behandeln, daß man aber anderseits doch wieder nicht anständig *genug* war, um ihn rechtzeitig und vollständig abzulehnen. Wie gesagt, so war es seinerzeit in der inneren Politik D.s, so ists jetzt auch in der Außen-politik gegangen. Aber im letzteren Fall ist es noch weniger verzeihlich, weil allmählich alle wissen konnten, was die Ziele des Diktators sind und welche Methoden er anwendet. Kurz und gut: wir haben die Situation, daß die vexilla Luciferi[30] aufgerichtet ist mit allem, was darüber im Exerzitienbuch gesagt ist. Wir haben aber auch die Niederlage derjenigen, die gegenüber einer solchen Fahne nur ›Halbheiten‹ anwenden. Ich erinnere mich, daß Sie mir seinerzeit in Paris sagten, man müsse in dem bekannten Dokument auch die Rolle des Teufels stark unterstreichen. Sie haben immer mehr Recht bekommen. Und vielleicht ist es das eigentliche Unglück der Staatsmänner, die gegenüber der Verletzung der göttli-

---

[30] Das Banner Luzifers.

chen Sittenordnung, zumal des Naturrechts im öffentlichen Leben, blind oder gleichgültig geworden sind, daß sie die Macht des Gegenspielers Gottes, des Teufels, nicht mehr kennen oder wenigstens nicht rechtzeitig erkennen, und deshalb auch nicht richtig abschätzen, was ein vom Teufel gerittener und besessener Kriegsgegner mit den Mitteln der modernen Technik und Organisationskunst anfangen kann. Er leistet in der Tat Erstaunliches und fast Übermenschliches. Ich tröste mich nur mit dem Gedanken, daß der abgrundtiefe Sturz des überheblichen Luzifer sich nochmals wiederholen kann, wenn es Gott gefällt, die gerechte Zuchtrute von den Völkern Europas zu nehmen.

Der Hl. Vater ist somit in eine schwierige Lage geraten. Seine bekannten drei Telegramme waren gut und heilsam. Aber nunmehr kommen die ewig lebendigen Opportunisten und Erfolgsanbeter und mahnen zum Schweigen. Nunmehr kommen die ewig Unbelehrbaren und sagen: der Diktator wird, wenn er siegreichen Frieden diktiert hat, milde und weise herrschen und sich mit der Kirche verständigen. Die ewigen Torheiten, die unter den Katholiken aller Länder schon so viel Unheil und Verwirrung angestiftet haben! Alles, was wir konkret über die Absichten des Diktators hier wissen, deutet auf das Gegenteil: *er will Kirche und Christentum vernichten und zum mindesten aussterben lassen!* Immerhin muß jetzt auch der Hl. Vater mit dem Sieg des Diktators als einer Möglichkeit rechnen, denn in dem dann kommenden Imperium wohnen Millionen und Millionen von Katholiken, in D. selbst, in der Tschechei, in Polen, in Österreich, in der Schweiz (?), in Belgien, Holland, und auch in Dänemark und Norwegen, ganz abgesehen von den gerade jetzt so blühenden Missionen im Kongo-Gebiet.

Und nun noch eins: im April ließ mir Herr Fischer sagen, ich möchte für das fünfzigjährige Jubiläum von Rerum Novarum ein Dokument vorbereiten über und gegen den Kollektivismus – *confidentiell*! –. Somit wird unsere Arbeit in Paris wieder zu Ehren kommen.

Sehr empfehle ich mich in Ihr Memento, damit der Geist des unbedingten Vertrauens auf die Göttl[iche] Vorsehung mich aufrechterhalte und damit ich nie der scheußlichen Erfolgsanbetung verfalle.

In dieser Gesinnung verbleibe ich Ihr stets dankbarer Mitbr. – G."

Gustav Gundlach S.J.

Was ist politischer Katholizismus?[1]
(1. April 1938)

Im Zusammenhang mit der Diskussion um das „Schweigen" der katholischen Kirche und Papst Pius' XII. gegenüber dem Nationalsozialismus gewinnt der Kurzvortrag im Radio Vatikan vom 1. April 1938 eine besondere Bedeutung. Der Vortrag bezieht sich auf einen Artikel im Schwarzen Korps vom 17. März 1938 über das Ende des politischen Katholizismus. Der Artikel bildete für Gundlach den Anknüpfungspunkt, um gegen die Stellungnahme des österreichischen Episkopats, in der der Anschluß Österreichs an das Dritte Reich begrüßt wurde, zu protestieren.[2]

„Das ‚Schwarze Korps' vom 17.3.38 schrieb in bezug auf die erste Erklärung des Kardinalerzbischofs von Wien über die neue Situation in Österreich wie folgt: ‚Der politische Katholizismus [...] – dieses infamste aller politischen Systeme hat auf dem Boden Österreichs und in den Herzen der Deutschen jetzt die furchtbarste Niederlage seines Daseins [...] erlitten. Wir haben von nun an jeden Versuch, dennoch Politik zu machen, nur noch kriminell zu werten.'

Auf diese Bemerkung des ‚Schwarzen Korps' gilt es grundsätzlich wie folgt zu antworten:

---

[1] Vortrag im Radio Vatikan am 1. April 1938. Abgedruckt bei Passelecq /Suchecky, 85–88.

[2] Hintergründe und Folgen der Ansprache sind dargelegt bei Johannes Schwarte, a.a.O., 66–71; ebenso bei Passelecq/Suchecky, 83–89. – Der Vortrag Gundlachs richtete sich besonders gegen die gemeinsame Erklärung der österreichischen Bischöfe, die am 27. März „in allen Kirchen" verlesen werden sollte im Hinblick auf das am 10. April stattfindende Referendum über den Anschluß Österreichs. Wenig bekannt ist, daß Kardinal Innitzer von Wien nach Rom beordert wurde und bereits am 6. April – also noch vor dem Referendum – „im Namen aller österreichischen Bischöfe" eine neue Erklärung erfolgte, die allgemein als Widerruf aufgefaßt wurde (ebda., 88).

1. Nach Meinung der Gegner der Kirche bedeutet politischer Katholizismus, daß der Papst oder die Bischöfe oder die Gläubigen moralische Prinzipien nur als Vorwand benutzen, um gegen Staat und Gesellschaft zu agieren, aber in Wirklichkeit darauf abzielen, weltliche Vorteile oder Machtpositionen zu erlangen oder zu bewahren.

Diese Auffassung des politischen Katholizismus bestand bereits bei den bürgerlichen Liberalen und den Marxisten, so daß der Nationalsozialismus, der sich heuzutage mit Nachdruck als antiliberal und antimarxistisch bezeichnet, in bezug auf diesen Punkt nicht anders spricht als der Liberale oder der Marxist und in diesem Falle wie auch sonst überall dieselbe kulturelle Haltung einnimmt.

2. Politischer Katholizismus im echten und wahren Sinne, wenn man das unschöne und sehr mißverständliche Wort gebrauchen will, besagt, daß Bischöfe, Äbte und Gläubige sich dafür einsetzen, daß die Grundsätze des Schöpfers und Erlösers der Welt in allen Bereichen der Schöpfung, so auch in Staat und Gesellschaft, zur Durchführung kommen. Dieser politische Katholizismus ist also eine innerreligiöse, christliche Angelegenheit. Ihn kriminell werten zu wollen, wie dies ‚Das Schwarze Korps' tut, heißt also das Wesen des Christentums mißbrauchen. Im Dienste dieses politischen Katholizismus hat das kirchliche Lehramt, nicht zuletzt der gegenwärtige Heilige Vater, in feierlichen Rundschreiben und in Verkündigungen zu sittlichen Grundfragen des staatlichen und gesellschaftlichen Lebens Stellung genommen. In diesem Dienst haben sich auch die Gläubigen im Bewußtsein ihrer in Taufe und Firmung übernommenen Verpflichtung in den verschiedensten Ländern und den verschiedensten Formen zusammengetan, um die Durchsetzung jener eben erwähnten Grundsätze zu betreiben. Auch die vom Heiligen Vater verkündete Katholische Aktion kann, wenn sie dem vielfach bekundeten Willen ihrer Urheber treu bleiben will, nicht davon absehen, alle Bereiche des irdischen Lebens, keinen einzigen ausgenommen, mit den Normen des göttlichen Sittengesetzes zu durchdringen. Ein grundsätzlicher Verzicht, ein grundsätzlicher Rückzug der katholischen Praxis in das sogenannte Rein-Religiöse,

wie man heute gerne und so mißverständlich sagt, wäre gleichbedeutend mit einer Häresie, einem Glaubensirrtum.

3. Allerdings gibt es auch einen falschen politischen Katholizismus. Dieser ist freilich nicht das oben geschilderte Wahngebilde, welches sich heute der Nationalsozialismus in Nachahmung der alten Liberalen und Marxisten einbildet. Dieser falsche politische Katholizismus ist vielmehr eine Art und Weise des Verhaltens der Katholiken [...], die lediglich aus übergroßer Vorsicht, Taktik und aus schwächlicher Anpassung an gegebene oder erwartete Tatsachen besteht. Es ist kein Zweifel, daß er im Laufe der Geschichte der Ehre und dem Ansehen der Kirche und gerade dadurch auch der Seelsorge oft schwersten Schaden gebracht hat, zumal in Zeiten, wo sich der Gegner des Christentums mit seiner Grundsatzfestigkeit brüstet und die Christen der geistigen Knochenerweichung beschuldigt. Am größten war und ist der Schaden dann, wenn sogar die berufenen Hüter der göttlichen Sittenordnung von jenem Geiste des falschen politischen Katholizismus erfaßt waren oder sind, und zwar irgendwie befangen unter dem Eindruck der Mächtigen und Erfolgreichen des Tages.

Da mag es kommen, daß die Augen solcher Hirten nicht mehr, wie es doch eigentlich ihre Pflicht ist, den Wolf im Schafspelz erkennen und daß sie Versprechungen sogar von Menschen glauben, vor denen sie traurige Erfahrung anderer, ja sogar das Wort des obersten Hirten selbst hätte warnen müssen. Die Folge dieser Haltung wird dann stets sein, daß solche Hüter der kirchlichen Interessen wirkliche und beklagenswerte Übergriffe vom religiös-sittlichen auf das ausschließlich politische Gebiet sich zuschulden kommen lassen.

Sie nützen beispielsweise ihre religiös-sittliche Lehrautorität aus, um die Gläubigen von der Wahrheit bestimmter Behauptungen in rein praktischen Dingen des politisch-gesellschaftlichen Lebens zu überzeugen, selbst wenn diese Behauptungen und die Tatsachen, auf denen sie beruhen, von vielen ernsthaften und kompetenten Menschen anders beurteilt werden. Zum Beispiel ist es nicht Sache der kirchlichen Lehrautorität als solche, Erklärungen abzugeben, welche die rein wirtschaftlichen, sozial-politischen und volkswirtschaftlichen Erfolge einer Regierung messen und werten. Kein Gläubiger ist im Gewissen verpflichtet, diesen Urteilen der christlichen Lehrautorität seine Zustimmung zu geben und den Gebrauch seiner politischen Rechte daran zu orientieren.

Noch verwerflicher wäre jener falsche politische Katholizismus überkluger Anpassung, wenn er zur selben Zeit die einfachen Gläubigen aller Stände, weil sie mutig für die Grundsätze der Gottesordnung, vor allem des Naturrechts im öffentlichen Leben, eintreten, büßen läßt, während sich die Hirten kurzerhand den Erfolgreichen des Tages anschließen. Alle aufrechten Menschen weit über den Bereich der Kirche hinaus müssen in solchem Verhalten der Hirten nur Würdelosigkeit und Treulosigkeit erblicken. Es ist wahr, daß gute persönliche Absichten vorliegen können; doch hat man in diesem Fall nicht nach ihnen zu urteilen. Die Gegner der Kirche können triumphieren, weil sie das notwendige persönliche Band innerhalb der Kirche brüchig werden sehen, nämlich das unbedingte Vertrauen zwischen Hirten und Herde. Diese Art des politischen Katholizismus wäre allerdings eine merkwürdige Verwirklichung der Katholischen Aktion und ihres wesentlichen Ziels, das in der Zusammenarbeit der Laien mit dem hierarchischen Apostolat besteht. Denn dies würde bedeuten, daß praktisch alle Mühen und die Last dieser Aktion ausschließlich auf den Laien lasten würden.

Und aus diesem Grund ist jener falsche politische Katholizismus immer und überall zu verurteilen und zu brandmarken. Es ist wahr, daß der Nationalsozialismus diesen politischen Katholizismus nicht als falsch verurteilen würde, nicht mehr, als ihn das ‚Schwarze Korps' nicht als ‚kriminell' beurteilen würde; sie benutzten ihn im Gegenteil als ein Mittel, um die Katholiken vom rechten Glauben abzubringen.

Vor dem Richterstuhle Christi kann dieser falsche politische Katholizismus wegen seiner inneren Häßlichkeit gewiß nicht bestehen. Er kann auch nicht bestehen vor dem Richterstuhle der Braut Christi, der Hl. Kirche, die, was immer auch kommen mag, als Braut ohne Runzeln und Makel für alle treuen Katholiken so hoch erhaben ist über all jene feige Menschlichkeit. Darum nieder mit dem falschen und hoch, sosehr die Wortfülle mißfällt, mit dem wahren und echten politischen Katholizismus."

Gustav Gundlach S.J.

Meine Bestimmung zur Sozialwissenschaft (23. Februar 1962)

Meine Bestimmung verdanke ich P. Bernhard Bley, der noch heute hochbetagt nach vielen Ämtern und Verdiensten in Berlin lebt. Er war damals Provinzialoberer der westdeutschen Ordensprovinz der Jesuiten, als er mich mit dem Auftrag überraschte, mich in das Arbeitsgebiet von P. Heinrich Pesch, also in die Nationalökonomie, einzuarbeiten. Dies war in den Maitagen 1924 im Ignatiuskolleg in Valkenburg im holländischen Limburg. Ich stand damals mit 32 Jahren vor dem großen Abschlußexamen in Philosophie und Theologie und dachte für meine Zukunft an nichts weniger als an Nationalökonomie. Aber nach zwei Unterredungen war die Bestimmung vollzogen. Das hohe Alter von P. H. Pesch und das Erlahmen seiner Schaffenskraft durch die Folgen der Zuckerkrankheit machten es unaufschiebbar, ihm zwar keinen „Nachfolger" zu geben – was in sich nicht möglich war –, aber doch einen jüngeren Mitbruder, der im persönlichen Kontakt sich in seine Grundideen hineinarbeitete. So mußte ich im Interesse des „Gemeinwohls" des Ordens in eine Lücke springen, die man offenbar zu lange offen gelassen hatte. Ich mußte also meine private philosophische Liebhaberei in der Beschäftigung mit Scotus über Nacht aufgeben, machte drei Tage später mein Examen und war nach zwei Tagen auf der Reise nach Berlin.

Das Verhältnis zu P. Heinrich Pesch

Die immer kluge und gütige Beratung durch den damaligen Berliner Obern, P. Rembert Richard, führte dazu, daß ich auch räumlich im täglichen, persönlichen Kontakt mit P. Pesch war, der – unter der Herrschaft des Jesuitengesetzes – schon vor dem ersten Weltkrieg seine Wohnung im Kloster vom Guten Hirten in Marienfelde genommen hatte. Auch ich konnte dort durch das nie versagende Entgegenkommen der Ordensfrauen ein Zimmer finden. Allerdings war die Lösung mit der Beschwernis belastet, täglich den weiten Weg zur Universität zu machen. Erst das letzte Jahr vor meinem Doktorat hatte ich den großen Vorteil, in nächster Nähe der Universität, nämlich im Hedwig-Krankenhaus, zu wohnen, in einer Zeit, wo P. Pesch nicht mehr in Berlin war. Mein erster Empfang bei ihm spielte sich in seinem großen Studierzimmer über der Pforte des Klosters ab. Viele Besucher des Alten im Patriarchenbart haben dort dieselbe Empfangszeremonie erlebt. Er erhob sich vom Sitz am Schreibtisch inmitten der vollen Büchergestelle und geleitete mit großer Liebenswürdigkeit den Gast zum Sofa, um mit ihm dort Platz zu nehmen. Irgendein Scherz, zu dem der Kölner immer aufgelegt war, eröffnete das Gespräch. Aber der gewählte Scherz war auch schon ein Abtasten, wes Geistes Kind der Besucher war. Die großen gütigen Augen hinter der Brille verrieten die Spannung auf die erste Reaktion des Ankömmlings. Ich muß dieses erste Examen offenbar gut bestanden haben, denn spürbar war beiderseitig der Kontakt da, um dann immer mehr sich zu vertiefen.

Natürlich kam dann das Gespräch sofort auf sein Lebenswerk, das „Lehrbuch der Nationalökonomie". Ein Jahr vorher hatte P. Pesch den letzten, fünften Band vollendet. Seit dem Erscheinen des ersten Bandes im Jahre 1905 waren also achtzehn Jahre vergangen, die, wie alle wissen, mit außerordentlichen Erschütterungen und Veränderungen in Gesellschaft und Wirtschaft erfüllt waren. Dies verursachte vor allem die lange Erscheinungszeit des Lehrbuchs, zumal inzwischen auch Neuauflagen der erschienenen Bände neue Arbeit der Ergänzung und Literaturdurchsicht erforderten. Dies alles legte mir der alte Herr dar und machte so glaubhaft, was er mir in aller Bescheidenheit von seiner täglichen, eisernen Arbeitsdisziplin, von seiner Not, durch den riesigen Stoff den Grundgedanken des „Christlichen Solidarismus" wie einen roten Faden durchzuziehen, erzählte. Und dies alles bei einer von langer Zuckerkrankheit belasteten Energie. Kein Wunder, daß er dabei auch der religiösen Wurzel seines Tuns gedachte, des Zielgedankens der Exerzitien des hl. Ignatius, angewandt auf ein auf sich selbst gestelltes Gelehrtenleben für das Reich Gottes.

Beim Zuhören wurde ich kleiner und kleiner. Ich fühlte mich der in Pesch verkörperten und etwa von mir nachzuahmenden Lebenserfüllung nicht gewachsen, weder stofflich-sachlich noch in der Arbeitsweise. Er schien dies zu merken, denn er betonte plötzlich den besonderen Vorteil, den ich in seinem Arbeitsgebiet durch mein theologisches und philosophisches Spezialinteresse hätte. Er halte die weitere Vertiefung von dorther für die Begründung seines „Christlichen Solidarismus" für besonders nötig angesichts der eher zunehmenden Unklarheit um die Methode sozialwissenschaftlicher Erkenntnis, was leicht zur Kluft zwischen Wissenschaft und Praxis auf jeglichem Feld der Politik führen könne. So war ich vom Meister selbst auf die Grundlagenforschung für seinen Solidarismus verwiesen; die Wegweisung lag mir persönlich und sie war ja die von ihm selber gewünschte „Nachfolge". Ihr glaube ich mit meinen Kräften seit jener Unterredung treu geblieben zu sein.

Die „Nachfolge" in der konkreten Erbschaft der künftigen Betreuung des fünfbändigen „Lehrbuchs" ist weder bei dieser ersten Unterredung noch nachher je erörtert worden. Vielleicht hielt die innere Vornehmheit des sein Ende herannahen Fühlenden ihn davor zurück, die Selbständigkeit und das Leben des Jüngeren mit fremder Last zu bedrücken. Vielleicht spürte er aber auch die Tragik des „Ein-Mann-Werkes" von riesigem Ausmaß, die er ja bei ähnlichen wissenschaftlichen „Riesen-Unternehmungen" von Patres seiner Generation in der deutschen Ordensprovinz erlebt hatte. Ich hatte gehört, daß ihm, dem Autor eines einzigartigen, weithin anerkannten Lebenswerkes, der Scharfsinn, aber auch die unbekümmerte Wahrheitsliebe eines Jüngeren, des P. Oswald von Nell-Breuning, das Urteil geäußert hatte: Reduktion auf zwei Bände ist nötig, um dem Ganzen das Beste zu sichern, nämlich den in allen Teilen durchsichtigen Zusammenhang im Grundgedanken des Solidarismus. Solchen Auftrag als Erbe zu hinterlassen, war wohl keinem geistigen Vater der Frucht eines mühevollen Lebens zumutbar. Auch mir hat P. Pesch solchen Auftrag nie gegeben, den ich vorsichtigerweise auch nie erbat. Von uns selber aus, nach dem Tode von P. Pesch (1926) die Reduktion durchzuführen, war weder mir noch P. von Nell-Breuning beschieden, weil die Zukunft uns beiden die außergewöhnlich günstigen Lebensbedingungen äußerer Art versagte, die der Meister des Solidarismus hatte. Auch ihm war die von Bismarck den deutschen Jesuiten verordnete Ruhe zugutegekommen. Wir Jungen waren von ihr erlöst, aber auch nicht mehr gesegnet.

Studium in Berlin und Doktorat

Gleich nach meiner Ankunft begann ich noch im Sommersemester 1924 an der philosophischen Fakultät das damals übliche Studium der Nationalökonomie. Ich besuchte außerdem noch philosophische und geschichtliche Vorlesungen, vor allem in Verfassungs- und Wirtschaftsgeschichte. Wegen meiner wissenschaftlichen Lebensaufgabe sollte ich den Doktor in Philosophie auf Grund einer nationalökonomischen Arbeit erstreben. Was diese Arbeit angeht, kam es allerdings ganz anders. P. Pesch riet mir, mit einem „Systematiker" unter den Professoren der Sozialwissenschaft ein Thema zu vereinbaren. Es war aber im Augenblick nur einer da: Werner Sombart, und dieser war als Führer der „Wertfreien" ein Gegner der Richtung von Pesch. Ich machte mit einiger Beklemmung einen Besuch bei Sombart in seiner Wohnung am Rüdesheimer Platz. In sein Arbeitszimmer geführt, bemerkte ich sofort die fünf Bände von Pesch als vorhanden. Sombart begann dann auch das Gespräch mit einem riesigen Lob des „Gegners". Aber dann kam es anders. „Sie kommen mir wie gerufen. Ich brauche eine Arbeit zur Soziologie des Jesuitenordens". Ich: „Aber ich weiß noch nicht mal, was Soziologie ist". Er: „Das weiß ich auch nicht, obwohl ich das Fach hier eingeführt habe". Dann begann er mir auseinanderzusetzen, daß er in der demnächst erscheinenden, völlig veränderten Neuauflage seines „Modernen Sozialismus" die Ansicht vertrete, die religiöse Wurzel des Sozialismus liege nicht, wie der von ihm als Systematiker hochbewertete P. Cathrein behaupte, im Protestantismus, sondern im Katholizismus, und zwar in seiner jesuitischen Spielart. Er könne seine Ansicht nicht recht beweisen und brauche deswegen eine soziologische Untersuchung des Jesuitenordens. Ich bemerkte, daß ich im Hinblick auf Pesch ein nationalökonomisches Thema vorzöge. Er aber meinte, ich brauchte ja das Nationalökonomische im Studium nicht zu unterlassen, er selber nehme mich sofort fürs nächste Semester in sein Seminar auf, was ja viel war und was er auch tat. Ich schied mit dem Versprechen, mir die Sache zu überlegen. Zuhause machte P. Pesch große Augen und wußte sich unter dem Thema nichts vorzustellen. Aber er meinte, das Arbeiten unter einem Mann wie Sombart sei ein solcher Vorzug, daß man annehmen müsse. So nahm ich an. Sombart war erfreut, meinte aber, daß ich nun selber zusehen möge, daß aus der Sache etwas herauskomme.

Ich war dann durch Monate in einer qualvollen Dunkelheit, denn außer dem Hinweis auf französische Frühsozialisten als Jesuitenschüler brachte die Neuauflage in der Tat nur die Sombart'sche Behauptung. In einer wahren Damaskusstunde entdeckte ich dann aber in der vorzüglichen Pesch-Bibliothek in einer Erstausgabe von Proudhon das Kapitel „Jansenisten" in seiner Untersuchung über „Die Kirche und die Revolution". Dort las ich, daß wenn die Jansenisten und nicht die Jesuiten in der Kirche gesiegt hätten, es nie zur Idee des Sozialismus als Selbsterlösung der Menschheit zur Gerechtigkeit gekommen wäre. Dies war der mir bestimmte Geistesfunke. Die These wurde im Lauf des Wintersemesters 1926/7 fertig und eingereicht. Das Rigorosum bestand ich, und zwar bei Werner Sombart und Max Sering in der Nationalökonomie, bei Eduard Spranger in der Philosophie und bei Fritz Hartung in der Geschichte. Auch die These war von der Fakultät ehrenvoll aufgenommen worden. Mit Sombart war ich die Jahre über durch sein wöchentliches Abendseminar bei höchstens 15 hochstudierten Teilnehmern und bei dem folgenden „Nachseminar" in einem Bierkeller in der Jägerstraße in Kontakt geblieben, aber über die These hatten wir nie mehr gesprochen. Sie fiel gegen seine Auffassung aus; aber er anerkannte die Leistung und bewahrte mir während meiner ganzen Berliner Zeit sein Wohlwollen. Der Korreferent aber, Max Sering, die große Agrar-Autorität, hatte die These übernommen, weil er, wie er mir sagte, vor Jahrzehnten in Berlin mit dem späteren Heidelberger Nationalökonomen Eberhard Gothein eng verkehrte, als dieser über die Jesuiten-Reduktionen in Paraguay arbeitete. So hielt die Vorsehung sichtbar die schützende Hand über meinem Doktorieren in Berlin, und das sehr gute Prdäikat war die äußere Bestätigung dafür.

Im geistigen Hexenkessel des Berlin von Weimar

„Wie haben Sie gewählt?", war die Frage Pesch's an mich, als er in meiner Begleitung auf der Reise zur endgültigen Ruhe in Valkenburg das Wahllokal in Düsseldorf verließ, wo wir beide mit Wahlschein an der Stichwahl zum Reichspräsidenten zwischen Wilhelm Marx und v. Hindenburg teilgenommen hatten. „Richtig" antwortete ich. „Also Marx", sagte er sehr ernst. In der Tat, wer die Weimarer Staatlichkeit grundsätzlich bejahte, konnte zwischen zwei an sich möglichen Kandidaten nur den wählen, der die größere Sicherung vor dem Einfluß der „Leute mit Vorbehalt" bot. Aber die Selbstgesundungskräfte der Weimarer Demokratie drangen nicht durch, der Einfluß der „Leute mit Vorbehalt" wuchs und drängte mit den Mitteln des Weimarer Wahlapparats entweder zu einer plebiszitären Massenherrschaft oder zu einem Regime, das autoritativ die Volksgemeinschaft, die man immer mehr vermißte, setzte. Wir Solidaristen gerieten angesichts solcher handfester Strömungen „konkreten Ordnens" und „Integrierens" immer mehr mit unserm zentralen Personbegriff in den Ruf abstrakter „Individualisten". Carl Sonnenschein, der gewiß nicht „abstrakte" Sozialapostel von Berlin, bat mich trotzdem öfters um Hilfe durch Übernahme von Vorträgen. Heute erscheint er mir in der Art, die sozialen Dinge und Ordnungsfragen anzusehen, wie eine Antizipation des Hl. Vaters Johannes XXIII. Aber eines Tages stürzte er ganz aufgeregt mit einer Zeitung in der Hand in mein Zimmer und rief: „Die Leute haben ja keine *Prinzipien* mehr klar". Das Berliner Boulevardblatt enthielt in großen Lettern die Nachricht: „Schutzbund deutscher Katholiken zur Verteidigung des siebten Gebotes gegen die Bischöfe gegründet". In der Tat hatten katholische Linkskreise in dieser Weise reagiert, als die Bischöfe das von den Kommunisten ausgehende Volksbegehren auf Enteignung der Fürstenvermögen für unmoralisch erklärt hatten. Etwas triumphierend lächelnd setzte ich mich mit dem Kerygmatiker zusammen, um die von ihm gewünschte *Prinzipien*erklärung gegen die katholische ‚apertura a sinistra' zu überlegen. Verwirrend gefährlicher im Angriff gegen den Solidarismus als „Individualismus" waren jene Kreise, die mit den für katholische Ohren besonders klingenden Begriffen wie „Gemeinschaft", „Autorität", „Führung" arbeiteten. Antiintellektualistischer Emotionalismus in der Jugendbewegung, historizistischer Glaube an eine angeblich durch den Solidarismus unterbrochene „katholisch-soziale Einheitslinie", liturgizistisch-supranaturalistische Entwertung des Naturrechts, seine Leugnung durch den „konkreten Dezisionismus" Carl Schmitt's, die platonisch-romantische Ganzheitslehre von Othmar Spann – dies alles unterspülte im katholischen Boden die Fundamente der Weimarer Demokratie und sollte einmal auch katholische Wasser auf die Mühlen der hitlerischen „nationalen Einigung" leiten. Auch ich wurde in viele Streitgespräche verwickelt; alle bedeutenderen Vertreter der erwähnten Richtungen traten ja dauernd in Berlin auf. Aber ich wurde durch die Sympathie und die sachliche Unterstützung vieler Freunde gestärkt. Drei meiner Bundesbrüder aus der Freiburger „Hohenstaufen" arbeiteten beim Reichsarbeitsministerium unter dem mir gewogenen Minister Brauns und nachher: Max Sauerborn, Ludwig Münz und Alexander Grünewald. Zu Paul Jostock beim Statistischen Reichsamt hatte ich ebenfalls freundschaftliche Beziehungen. Ich erfreute mich der Beratung durch Fritz Kühr und Heinrich August Berning, die beim Generalsekretariat des Zentrums das Referat für Wirtschafts- und Sozialpolitik bzw. für Kulturfragen verwalteten. Ich verkehrte mit Dr. Röhr von den Christlichen Gewerkschaften und mit Dr. Fonk von den Handels- und Industriebeiräten der Zentrumspartei, unter den unmittelbaren Politikern mit Heinrich Vockel, Heinrich Krone und Helene Weber. Die führenden Männer und Frauen der großen katholisch-sozialen Organisationen lernte ich bei einer oft aktiven Teilnahme an Arbeitstagungen kennen. Johannes van Acken vom Caritasverband führte mich in die Probleme des Krankenhauses ein, und die Berliner Bekanntschaft mit Hermann Josef Schmitt von den Katholischen Arbeitervereinen wurde für mich zu einer folgenschweren Freundschaft. Im Rektorat des Klosters in Marienfelde hatte der Hausherr, Nikolaus Meier, ein gebürtiger Wolgadeutscher, offene Tür für die russische Emigration, was für mich sehr instruktiv war, und Ortsansässige wie Franz Ferrari, damals Direktor bei der AEG, und der Statistiker Burghard Baldus waren oft fruchtbare Gesprächspartner. Auch Bernoth, künftiger Senator in Berlin, kam ab und zu.

Keine Rückerinnerung an die erlebten Krisenzeiten und an das traurige Schicksal so vieler meiner Berliner Bekannten in der Hitler- und Russenzeit kann den Zauber wegnehmen, den heute noch das Berlin von Weimar mit seiner Arbeitsamkeit, erfüllten Großräumigkeit und vor allem geistigen Lebendigkeit für mich hat. Ich selbst wurde schon früh zur wissenschaftlichen Mitarbeit an den Neuauflagen des „Staatslexikon", des „Lexikon für Theologie und Kirche" herangezogen. Ich wurde Mitarbeiter der „Stimmen der Zeit" und lieferte 1925 noch zu Lebzeiten Pesch's und zu seiner Freude den ersten Artikel. Schicksalhaft für mich wurde, als ich aus dem Kreis derer, die „Quadragesimo anno" vorbereiteten, mit Erlaubnis der zuständigen römischen Stelle konsultiert wurde und, wie man mir sagte, Substanzielles beisteuern durfte. Mit dem Apostolischen Nuntius, dem späteren Pius XII., hatte ich allerdings in Berlin keine Beziehung. Nur einmal nahm ich sein Frühstück, als man mich plötzlich rief, für ihn in seinem Hause die Heilige Messe zu lesen. So blieb ich von dieser Seite frei für meine wissenschaftliche Arbeit. Dafür sorgte auch der ständige Kontakt mit Götz Briefs, die öftere Aussprache mit Theodor Brauer und mit seinem wissenschaftlichen Vertrauten, dem jungen Freund von P. Pesch, Franz Mueller, heute Professor in St. Paul (Minn.).

Nach Rom

Alle Wege führen nach Rom, auch der über den Gauleiter von Hessen, Jakob Sprenger. Dies kam so. Seit 1929 kam ich jährlich von Berlin für Monate nach Frankfurt, um an der Philos.-Theolog. Hochschule St. Georgen zur Entlastung von P. von Nell-Breuning die Professur für Ethik und Sozialwissenschaft wahrzunehmen. Wir beide, bis heute eng verbunden im Bekenntnis zum Solidarismus, konnten und wollten die uns anvertrauten Theologen nicht ohne Orientierung lassen, als die öffentlichen Dinge mit Papen den verhängnisvollen Weg zu Hitler nahmen. Die katholischen Blindgänger jenes Weges arbeiteten ja vor allem mit philosophischen und theologischen Argumenten für das angeblich echte Gemeinschaftsdenken und gegen den vermeintlichen „Individualismus" der Solidaristen. Das abwertende Gerede über „nachtridentinische Theologie" und über „Neuscholastik" und über den „Pluralismus" der katholischen Verbände, fern ab, wie gesagt wurde, von der „echt dogmatischen" autoritären und unitären Interpretation des pianischen Gedankens der „Katholischen Aktion" - alle diese Theologemata drohten ja unmittelbar politisch zu werden und wurden es auch. Deshalb veranstalteten wir beide jeden Samstag nachmittag eine nicht pflichtmäßige Freivorlesung, wo wir sachlich, aber deutlich Grundsätzliches zum Gang der öffentlichen Dinge sagten. Wir hatten immer volle Besetzung im großen Hörsaal. Außerdem bereiste ich in einem Sommer alle Dekanate der Diözese Limburg.

Als ich nun Ende Februar 1934 von Berlin wieder nach Frankfurt kam, wurde mir gleich bei der Ankunft bedeutet, man sehe es, um St. Georgen keine Schwierigkeiten durch die Nationalsozialisten zu bereiten, lieber, wenn ich, wenigstens für die nächste Zeit, auf meine Tätigkeit an der Hochschule verzichte. Man habe gehört, der Gauleiter habe gesagt, mein Wirken sei für die Partei untragbar. Ich reiste also, früher als geplant, weiter nach Valkenburg, um an dem Abschluß des philosophischen Kursus unseres Scholastikats teilzunehmen. Ich hatte den Eindruck, daß an der Sache in St. Georgen der kühle Kopf am allerwenigsten beteiligt war, und konnte in diesem Falle hinter den menschlichen Entschließungen die „List der Vernunft" nicht vermuten. Sie war aber doch da und stak – ganz unhegelisch – in der singulären, starken Persönlichkeit unseres P. General Ledóchowski. Dieser hatte irgendwie gehört, daß ich „überflüssig" sei, und so kam ein Telegramm: „P. Gundlach quam citissime urbem petat. Ledóchowski".

Sofort sollte ich also nach Rom kommen. Das „sofort" interpretierte ich im Zeitmaß des „Ewigen Rom", führte noch die Examina in Valkenburg durch und reiste über Deutschland und die Schweiz nach Rom. Hier sagte mir P. General, eine erhöhte Aufklärungsarbeit über die Weltgefahr des Kommunismus sei nötig, er wolle deswegen im und durch den Orden ein eigenes Aktionszentrum gründen und habe mich als wissenschaftlichen Leiter ausersehen. Ich bat, darüber beten und reflektieren zu dürfen, und meinte schließlich, dem Plan mich versagen zu müssen. Es war nämlich die Zeit des Berlin-Warschauer Nichtangriffspaktes und Wirtschaftsvertrags. Ich vermutete, daß unter solchen Umständen die geplante

Gründung wie eine moralische Unterstützung der Achsenmächte wirken müsse, die Katholiken im Achsenraum politisch verwirren könne und außerhalb dieses Raumes an moralischem Gewicht verlieren würde. P. General nahm meine Ablehnung an, wenn auch nicht meine Gründe. Als ich aber daraufhin meinte, in Rom nicht mehr nötig zu sein, erklärte er, er brauche mich als Professor an der Gregoriana, und, wenn St. Georgen nicht endgültig auf mich verzichte, sollte ich abwechselnd in Rom und in Frankfurt lesen. Da das mir von P. General immerhin bezeigte Vertrauen auch in St. Georgen ermutigend wirkte, geschah es denn auch so. Mit Ausnahme von 1937, wo ich in Deutschland schwer erkrankte, war ich in den nächsten Jahren abwechselnd in Rom und Frankfurt auf dem Katheder und in der verbleibenden Zeit in Berlin.

Zwischen Rom, Frankfurt und Berlin

Das internationale Auditorium in Rom erfreute mich; aber das weithin mangelnde Interesse der Hörer aus den Gebieten der Achse war enttäuschend. Was, wie alle wissen, vom Auslandsdeutschtum durchschnittlich galt, machte sich auch in Rom bemerkbar: die irrige, national-positive Einstellung zu Hitler und seinen Zielen. Daß zudem ein Theologe über sozialwissenschaftliche Gegenstände sprach, galt beinah auch bei jenen Leuten als „politischer Katholizismus" und war zudem überflüssig, weil man ja sowohl in Berlin wie in Rom den „christlichen Staat" hatte. Die Goebbels'sche Propaganda war auch in Rom gewaltsam aufdringlich und stark; diejenigen, die die Wahrheit wußten und sagten, mußten bescheiden und vorsichtig sein, denn es gab nicht wenige beauftragte „Schönfärber" und Aushorcher, auch in geistlichen Kreisen, woran man sich mit peinlichem Widerstreben gewöhnen und wovor man sich dauernd schützen mußte. Unter diesen Umständen stellte Pius XI. das Vatikan-Radio, das an sich nur für seine persönlichen Zwecke bestimmt war, in den Dienst der Wahrheit, sei es für grundsätzliche Erklärungen, sei es für Tatsachenvermittlung. Er gab das Radio den Jesuiten. Es war eine harte Arbeit, zumal niemand dafür literarisch und technisch geschult war. Der Sprecher seufzte, wenn er z. B. von mir eine in meinem schweren, akademischen Stil verfaßte grundsätzliche

Sendung erhielt. Trotzdem sollte das Vatikan-Radio mein Schicksal bestimmen.

Erfreulicher war das Bild, das die innerkatholische Klärung in Deutschland bot, als ich Ende Juni 1934 dorthin zurückkehrte. Auch die „Antiindividualisten" hatten allmählich einsehen müssen, daß sie verspielt hatten. Vorbei war die Zeit, wo die Philosophie und Theologie eines von ihnen im Streitgespräch mit mir den damaligen Bischof von Berlin, Christian Schreiber, veranlaßte, ostentativ den Saal zu verlassen. Vorbei war auch die Zeit, wo man nicht überall in katholischen Kreisen Interesse hatte für den Kampf, den im Auftrag des Episkopats der Berliner Domkapitular Heufers zusammen mit dem heutigen Generalvikar Adolf gegen die „Gleichschaltung" auch der kirchlichen Presse führte; einst hatte er mir über einige bäuerliche Gegenden bitter geklagt: „Die Leute sind mit Hitler zufrieden, weil er ihnen die Messe und mehr Geld für die Milch konzediert". Nun wußte man überall, daß auch die Kirche ein wichtiges Mittel der Meinungsäußerung verloren hatte. Jetzt war es auch nicht mehr möglich wie ein Jahr vorher, daß mir ein dem Berliner Ordinariat aus Papen'schen Kreisen zugegangenes Projekt vorlag über die „Einordnung der Kirche in die Berufsständische Ordnung", worin eine völlige Verkennung des Wesens der Kirche lag. Aber auf demselben falschen Grundgedanken hatte damals der Versuch beruht, den Caritasverband mit der „Nationalsozialistischen Volkswohlfahrt" gleichzuschalten, wogegen sich die Caritasdirektoren wandten, die mich zu ihrer Konferenz nach Freiburg gerufen hatten. Am nächsten Morgen ganz früh – es war der Tag der Paraphierung des Reichskonkordats – rief mich der Erzbischof zu sich und war mit meiner Grundhaltung auf der Caritaskonferenz unzufrieden. Ich verkennte, daß die Kirche in Deutschland an der „nationalen Erhebung" als Tatsache nicht vorbeigehen könne und daß die neue Staatlichkeit eben nicht liberal sei. Ich erwiderte, daß gerade beide Momente für mich voll Unklarheiten seien, und die erstmalige Lesung des Konkordatstextes, mit dem er mich dann zwecks kritischer Prüfung alleinließ, konnte mich an seiner äußeren Zufriedenheit erst recht nicht teilnehmen lassen, offenbar der Zufriedenheit eines von heiklem Auftrag endlich Befreiten. Denn schon jetzt, 1934, war das Konkordat gerade für ihn nur die Schützengrabenstellung, aus der heraus die Kirche, so gut es ging, sich der würgenden Dynamik in der konkordatären Einung erwehrte. So schlimm die Lage jetzt für das kirchliche Leben wurde, so waren doch bei meiner Rückkehr 1934 manche innerkatholische Blendlichter des Jahres vorher erloschen.

Die innerkatholische Klärung war besonders grausam für den zweiten der drei bischöflichen Verhandler in der Sache des Reichskonkordats, für Bischof Bares von Berlin. Gerade er, der sich wohl nie Illusionen hingegeben hatte, mußte zusammen mit seinem Domkapitel anwesend sein, als man die Aschenreste des Führers der Katholischen Aktion im Bistum Berlin, des Ministerialdirektors Erich Klausener, bestattete, der den Mördern des 30. Juni zum Opfer gefallen war. Als ich in jenen aufgeregten Tagen den Bischof auf seinen Wunsch aufsuchte, hatte er gerade in der Zeitung seine offizielle Teilnahme an der Bestattung ankündigen lassen. Ich traf den Bischof im Arbeitszimmer, und es fiel mir sein blasses und beinah verstörtes Gesicht auf. Auf meine Frage nach seinem Befinden wies er nur auf die andere Tür, aus der soeben der Apostolische Nuntius hinausgegangen sei. Der Nuntius habe geglaubt, Bedenken gegen die bischöfliche Teilnahme an der Bestattung äußern zu müssen, und *er* habe mit einiger Energie darauf hinweisen müssen, was er als Bischof von Berlin dem gesunden Empfinden des katholischen Volkes und der Öffentlichkeit überhaupt in solchen Tagen der Rechtlosigkeit schuldig sei.

Schon im nächsten Jahr war der edle Mann der Last seines hohen Amtes erlegen, und Bischof Konrad von Preysing, der spätere Kardinal, trat die Nachfolge an. In den Tagen, bevor er vor Göring als preußischem Ministerpräsidenten den Eid leistete, suchte mich der später hingerichtete preußische Finanzminister Johannes Popitz auf. Ich möchte dem neuen Bischof anraten, bei seiner Rede vor Göring einige versöhnliche Wendungen vorzubringen. Militärische und andere Kreise seien der Meinung, man könne im Augenblick möglicherweise auf Göring rechnen, um eine gegen Hitler gerichtete Spaltung in der Parteihierarchie hervorzurufen. Ich mußte aber Popitz sagen, daß ich grundsätzlich einen solchen Auftrag nicht übernehmen könne, zumal ich dem neuen Bischof unbekannt sei. Ich sprach dann Bischof Preysing zum ersten Mal in den Märztagen

1938, als Hitler in Österreich eingefallen war. Ich kam zu ihm, weil man mich geschickt hatte, um etwaige Nachrichten von ihm nach Rom zu überbringen. Er aber sagte in seiner trocken-humorvollen Art zu mir: „Sagen Sie in Rom, daß ich nur den einen Wunsch habe, die österreichischen Bischöfe mögen schweigen". In diesem Augenblick war aber das Unlück schon geschehen. Die Partei schickte sich an, das Wiener „Heil Hitler" bis ins letzte katholische Dorf des „Groß-Reiches" zu verbreiten. Ich verließ Berlin im vollen Flaggenschmuck für den Empfang des unheimlichen Triumphators, um es erst 1947 in Trümmern wiederzusehen.

Endgültig in Rom

In Rom traf ich eine eigenartige und gedrückte Stimmung an. Man hatte das richtige Gefühl, daß das Wiener „Heil Hitler" dem Ansehen der Kirche in der ganzen Welt geschadet hatte. Aber man konnte nichts tun, ohne sich dem Vorwurf des Eingreifens in die Politik auszusetzen. Aus dieser Verlegenheit befreite die neueste Nummer des „Schwarzen Korps", die die österreichischen Ereignisse in einem groß aufgemachten Leitartikel „Das Ende des politischen Katholizismus" behandelte. Das Vatikan-Radio nahm nun den Anlaß wahr, um in einer grundsätzlichen Polemik gegen jenen Artikel den Standpunkt der Kirche zu den Vorgängen in Österreich vor aller Welt klarzulegen. Die Sendung erregte größtes Aufsehen und zwei Protestschritte Hitlers und des Botschafters. Aber der Kardinalstaatssekretär Pacelli, der die Sendung überprüft und gebilligt hatte, wurde von Pius XI. voll gedeckt. Aber ich sollte auf der Strecke bleiben. Man hatte mich als wahrscheinlichen Verfasser in Berlin denunziert, und bei meiner regelmäßigen Rückkehr nach Frankfurt sollte ich vorgenommen werden. Am Vorabend des Junitages, an dem ich reisen wollte, kam aus dem damals noch freien Prag von unserem dortigen Provinzial ein lateinisches Telegramm, ich solle nicht reisen. Mein Erstaunen wuchs, als am nächsten Morgen ein ebenfalls lateinisches Telegramm mit dem wörtlich gleichen Wortlaut von dem Rektor unseres Kollegs in Maastricht eintraf. Damit war klar, daß ich überhaupt nicht mehr nach Deutschland reisen konnte. Später stellte sich heraus, daß Freund Hermann Josef

Schmitt in Berlin einem Mann vom Reichssicherheitshauptamt an einem Abend guter Stimmung „Offenbarungen" über mich entlockt hatte. Er hatte dann den Warnapparat in Bewegung gesetzt, was damals sehr schwierig war. Die „Gegenspionage" hatte also mit Gottes Hilfe gut geklappt. Dem armen Freund sollte es allerdings später, wo man Letterhaus und Groß von den Katholischen Arbeitervereinen im Gefolge des Juli-Attentats 1944 sogar hinrichtete, durch die Gestapo sehr schlecht ergehen.

Die Sommerferien 1938 verbrachte ich in schwerer Arbeit und Hitze im Häusermeer von Paris. Die Arbeit bestand darin, mit einem anderen ein Dokument vorzubereiten, das Pius XI. als Grundlage für eine Enzyklika dienen sollte. Der Papst beabsichtigte, den Standpunkt der Soziallehre der Kirche zu Staat, Nation und Rasse systematisch darzulegen. Wir konnten zwar den Auftrag des Hl. Vaters bis zum Spätherbst erledigen. Aber dann stockte alles. Der Gesundheitszustand des Papstes wurde schlechter und schlechter. Als er im Februar 1939 gestorben war, mußte sein Nachfolger Pius XII. seine erste Enzyklika naturgemäß einem anderen, weniger der Politik ausgesetzten Thema widmen. Wie so manche römische Arbeit ging auch die harte Frucht unserer Pariser Monate ins Aktengrab.

An den gewesenen Kanzler Heinrich Brüning mußte ich denken, als nach dem Polenfeldzug Hitler's deutsche Kreise den Militärputsch gegen ihn bis zur letzten Stunde des Losschlagens vorbereiteten und Pius XII. bis zur letzten Grenze des seinem hohen Amte Zumutbaren bemühten, politische Sicherungen für die neue deutsche Regierung von den Westmächten zu erlangen. Brüning, den ich erst in der Hitlerzeit im Berliner Hause von Prof. Hermann Muckermann näher kennengelernt hatte, hatte mir kurz vor seinem erzwungenen Weggang von Berlin in einem Nachtgespräch in der Nähe des Hedwig-Krankenhauses gesagt, wohl aus eigener bitterer Erfahrung, daß man auf Generale und Wirtschaftsführer als politische Akteure sich nicht verlassen könne. Für mich persönlich am interessantesten in jener ganzen Angelegenheit war eine Winterreise nach Luzern, wo ich Informationen aus dem Kreis des ehemaligen Wehrministers Gessler erhalten sollte, der im übrigen auch mehrmals in Rom selbst war. Unabhängig von jener Angelegenheit war eine Zusammenkunft in Luzern mit dem nach Protest gegen den Hitlerkrieg aus Deutschland geflüchteten Fritz Thyssen, der dem Hl. Vater seine Gedanken zur Lage übermitteln wollte. Ich lieferte über alles Gehörte ein Memorandum in Rom ab.

Der Pontifikat des Heiligen Vaters Pius XII. ist ganz und gar vom zweiten Weltkrieg gezeichnet, denn auch die Friedenszeiten, die der große Papst erlebte, waren vom Krieg, von der Furcht vor ihm und von seinen Folgen geprägt. Folgenreich für mich war, daß der Papst von der verantwortungsvollen Erkenntnis durchdrungen war, daß die Cathedra Petri die einzige hohe Warte sei, die noch in der Lage war, der armen Menschheit in ihren drängenden Problemen jeder Art ewige Lichter zu zünden. Daher seine, in den letzten Jahren des Pontifikats manchmal als überreich empfundene Tätigkeit in Wort und Schrift. Aber man darf nicht vergessen, daß die Menschen, die Organisationen aus aller Welt und aus allen Berufen sich drängten, um ein Wort von ihm zu hören, eine Belehrung schriftlich oder mündlich zu empfangen. Er machte sich die Sache nicht leicht, denn – im Gegensatz zu seinem Vorgänger – liebte er das Improvisieren nicht; er konnte es auch nicht. Er arbeitete bis in die Nacht hinein, um die von ihm bestellten Entwürfe, auch für die kleinsten Anlässe, zu prüfen, sie nach seinem hochentwickelten Sprachgefühl zu formen. Oft litt der ihm vorgelegte Gedankengang durch den Reichtum der stilistischen Begabung des Papstes und büßte an Präzision ein. Man konnte dann noch Einwände erheben, mußte aber manchmal hören: ich kann es nicht anders aussprechen, und es ist ja nicht falsch. Nur in einem Punkte war er scharf: wer ihm in kontroversen Fragen etwas ausarbeitete, mußte ihn auf die kontroversen Positionen aufmerksam machen. Denn er war sich bewußt, als oberster Lehrer der Kirche zu sprechen. Nicht, daß ihn die Lust trieb, zu entscheiden und zu verurteilen. Er, der der öffentlichen Meinung auch in der Kirche den Platz sicherte, wußte um den Wert der freien, öffentlichen Diskussion. Aber gerade diese war in manchen Ländern und allüberall bei den Kriegsverhältnissen gehemmt oder unmöglich. So mußte er sprechen, und andere gewöhnten sich später zu sehr daran oder fanden es sogar bequem, dem Papst mehr oder weniger Unangenehmes und Ungeklärtes überlassen zu können.

Mit jedem Septemberende dieses langen Pontifikates und noch im Todesjahr, also wenige Wochen vor dem Heimgang, erreichte mich der Auftrag, Thema und Disposition der kommenden Weihnachtsansprache vorzuschlagen und einzusenden. Die Pflicht der Geheimhaltung zwang dann zu einsamem Denken, und der Papst konnte nie lange warten. Dann folgte die mühsame Arbeit der Textgestaltung, die man glücklicherweise in der Muttersprache vorlegen durfte, zumal das Urteil des Papstes über mein sonstwie gedrucktes Italienisch sehr ungünstig war, wie ich wußte. Der Heilige Vater goß dann mit seiner kleinen, aber klaren Handschrift auf denselben Textbogen alles in sein Italienisch oder – bei internationalen Anlässen – ins Französische, hielt Rückfragen um Veränderungen oder Einschaltungen, und zwar bis knapp vor dem Auftreten oder der Veröffentlichung, was alle Beteiligten bis zum Setzer nicht zur Ruhe kommen ließ. Wie es mit der Weihnachtsansprache ging – auf sie legte der Papst höchstes Gewicht –, ging es auch bei allen Gelegenheiten, wo ich vorbereiten mußte, bei den vielen Anlässen allgemein kirchlicher, gesellschaftspolitischer, wirtschaftspolitischer und sozialpolitischer Art. Es war eine harte Arbeit, wie jeder von den anderen Mitarbeitern des schier unermüdlichen Pontifex bestätigen kann. Aber ich mußte sie neben meiner gewöhnlichen Arbeit als Professor leisten, dem ja an der Gregoriana leider die anderswo vorhandenen personellen und technischen Hilfen nicht zur Verfügung standen.

Dies alles vollzog sich anonym und durch mündliche oder schriftliche Vermittlung. Ich habe den Papst nur einmal gesehen und gesprochen, als ich, Mitglied der 30. Generalkongregation des Ordens, 1957, zusammen mit den anderen empfangen und vorgestellt wurde. Da erkundigte er sich teilnehmend nach einer gerade von mir überstandenen Krankheit, offenbar froh, den langjährigen Arbeiter nicht zu verlieren. Wer für Pius XII. arbeitete, war mit ihm in den objektiven Dienst an der Kirche eingespannt. Die Anerkennung bestand darin, daß man eben weitere Aufträge erhielt. Nur zu Weihnachten schickte er eine Gabe, bei mir war sogar eine Kiste Zigarren beigefügt. Mir war es recht so, daß alles der persönlichen Note fast entbehrte, denn ich war immer mit dem Prinzip gut gefahren, zu Höheren nur zu gehen, wenn man gerufen wurde. Zweifellos hätte der Papst mich empfangen, wenn ich je darum gebeten hätte. Aber bei dem untergründigen Gerede um den „deutschen Ring" um den Papst war meine Zurückhaltung besser. Was mir an Pius XII. gefiel, war seine prinzipielle Einstellung zu den Problemen des kirchlichen Lebens der Zeit. Es mag sein, daß die Katholizismen in den angelsächsischen Ländern, besonders in den Vereinigten Staaten von Nord-Amerika, gut – oder besser: zur Zeit noch gut – bei einer mehr praktischen Einstellung fahren, zumal sie im allgemeinen ein der Religion und der Kirche nicht feindliches öffentliches Klima haben. Aber in Deutschland, in Österreich, in den romanischen Ländern und vor allem auch in Italien ist es anders. Die prinzipielle Orientierung und zum Teil auch die prinzipiell-katholische Bildung der führenden Schicht im Klerus und im Laientum ist eine bittere Notwendigkeit. Die pianische Linie sollte keiner praktisch-pastoralen Wendigkeit geopfert werden. Ich selber bleibe dem Solidarismus treu.

Rom, 23.II.62